应用型 SAP 物流实训人才培养模式的探索　课题批准号：2017－GX－041

SAP 供应链管理操作实务

张春喜　双海军　著

中国财富出版社

图书在版编目（CIP）数据

SAP 供应链管理操作实务 / 张春喜，双海军著．—北京：中国财富出版社，2020.9（2025.2 重印）

ISBN 978－7－5047－7077－6

Ⅰ.①S… Ⅱ.①张… ②双… Ⅲ.①供应链管理—计算机管理系统 Ⅳ.①F252.1－39

中国版本图书馆 CIP 数据核字（2019）第 276808 号

策划编辑	郑欣怡	**责任编辑**	赵雅馨		
责任印制	梁　凡	**责任校对**	杨小静	**责任发行**	敬　东

出版发行	中国财富出版社		
社　　址	北京市丰台区南四环西路 188 号 5 区 20 楼	**邮政编码**	100070
电　　话	010－52227588 转 2098（发行部）		010－52227588 转 321（总编室）
	010－52227566（24 小时读者服务）		010－52227588 转 305（质检部）
网　　址	http://www.cfpress.com.cn		
经　　销	新华书店		
印　　刷	北京九州迅驰传媒文化有限公司		
书　　号	ISBN 978－7－5047－7077－6/F・3207		
开　　本	787mm×1092mm　1/16	**版　　次**	2020 年 9 月第 1 版
印　　张	17.5	**印　　次**	2025 年 2 月第 6 次印刷
字　　数	373 千字	**定　　价**	53.00 元

前　言

本人在苏州外资企业从事物流管理工作20多年，作为SAP关键用户，有丰富的SAP使用经验，其间培训过大量的企业员工。随着培训经验的积累，本人一直想写一本有关SAP供应链管理方面的书，但始终未能实现，原因有二：一是SAP供应链管理培训涉及的范围很广，模块很多，但企业的每次培训只涉及某一模块的一小部分功能，总觉得不全面、不具体；二是SAP系统的逻辑性很强，较难融会贯通，很难将整个供应链的运作逻辑讲清楚。直到五年前本人来到大学从事物流专业的教学工作，开设了SAP供应链管理方面的实训课程，才有时间系统地研究与供应链相关的所有SAP功能模块，并结合本人以前的企业管理方面的培训资料，将所有SAP供应链方面的功能用企业常见的两种生产模式——MTO（按订单生产）和MTS（按库存生产）串联起来，形成了一本较为全面阐述SAP供应链管理方面的书。

本书的特点如下。

（1）应用型：本书所有的内容均来源于企业生产过程中的实际物流操作或是受到内部的培训资料的启发。

（2）职业型：本书中的六大模块章节正好对应学生未来就业的物流与供应链行业的六大工作岗位。

（3）端到端流程型：本书每章讲解的逻辑遵从端到端的流程，从供应链流程的开始点一直到该流程的结束点。

（4）集成型：本书将供应链的六大模块串联打通，讲清楚了客户需求的信息流是如何推动计划、生产、采购、仓储、运输等环节高效协同运作的。

（5）实操型：本书紧密围绕ERP信息流传递的每一个环节，具体讲述每个操作的要点，书中的图片对应企业内部工序，全书基本涵盖供应链信息流操作的所有环节。因此本书既可以作为企业员工或高校物流与供应链专业学生的学习教材，也可用于相关从业者自我提升。本书的学习内容和企业操作的内容高度契合。

在撰写本书的前期，本人研读了大量相关的专业图书。市场上有关SAP物流与供应链的图书主要分为两类，一类以乐立骏编著的《SAP后勤模块实施攻略——SAP在生产、采购、销售、物流中的应用》为代表，主要从SAP顾问的角度研究如何解决

SAP 供应链管理实施的问题；另一类以李沁芳主编的《SAP ERP 原理与实训教程》为代表，主要从 SAP 原理的角度讲 SAP 供应链的实训。这两类图书都从不同角度对 SAP 供应链原理与实训进行了阐述。本书与上述图书明显的区别是，本书从企业实际操作的角度讲解 SAP 供应链管理实操的每一个操作步骤，具有鲜明的应用特色。

当然，编写一本实训书籍，仅靠一个人的力量是远远不够的，在开展 SAP 供应链管理实训教学的过程中，我们同时成立了 SAP 供应链课题组，同步开展该课题的研究，通过深入调查企业应用在物流与供应链管理中的模块、功能及具体操作，确定了课程的模块和功能设置。在调查中，课题组得到了很多企业的帮助，在此深表感谢。特别要感谢的是马培德、肖特、康宁、联邦快递、飞利浦等公司的大力协作。在本书的编写过程中，本人采用一边教学一边著书的方法，在教学过程中检验书的内容，让重庆人文科技学院物流专业的同学们提出意见和建议以便完善书中内容，在此向同学们表示感谢。

撰写内容如此全面的应用型图书，加之应用的是 SAP 这么复杂的软件，本人深感能力不足，理解不够全面，书中错漏之处在所难免，恳请各位同行批评指正。您的意见和建议将为本书的修订以及为本门课程的教学提供很大帮助，为本书能够打造成物流与供应链的核心 ERP 应用类精品图书奠定坚实的基础。感谢您的阅读！

张春喜

2019 年 10 月

目　录

1　SAP 供应链管理概述 …… 1
1.1　供应链管理的发展 …… 1
1.2　ERP 的发展 …… 4
1.3　SAP 供应链管理模型内容 …… 7

2　SAP 工具 …… 11
2.1　SAP 登录和退出 …… 11
2.2　SAP 主界面 …… 12
2.3　会话窗口应用 …… 13
2.4　SAP 功能运行 …… 13
2.5　SAP 主界面介绍 …… 14
2.6　SAP 工具栏介绍 …… 15
2.7　用户个人参数设置 …… 16
2.8　如何添加收藏夹 …… 18
2.9　如何保存个人数据 …… 18
2.10　SAP 常用提示信息 …… 19
2.11　如何使用帮助功能 …… 19
2.12　SAP 工具常用的事务码 …… 20

3　物料主数据 …… 21
3.1　物料主数据的概述 …… 21
3.2　物料主数据的组织结构 …… 22
3.3　物料主数据相关的概念 …… 25
3.4　物料主数据维护的流程 …… 27
3.5　物料主数据维护操作的步骤 …… 28

3.6 修改物料主数据 …… 47
3.7 物料主数据查询显示 …… 48
3.8 物料主数据常用代码 …… 49
3.9 本章问题 …… 49
3.10 案例分析 …… 49

4 生产主数据 …… 51
4.1 生产主数据概述 …… 51
4.2 生产主数据相关概念 …… 52
4.3 生产主数据的内容及创建步骤 …… 52
4.4 生产主数据常用代码 …… 66
4.5 本章问题 …… 66
4.6 案例分析 …… 66

5 销售管理 …… 69
5.1 销售管理模块概述 …… 69
5.2 销售组织结构 …… 72
5.3 销售管理的相关概念 …… 75
5.4 销售管理的内容及操作步骤 …… 76
5.5 销售管理常用代码 …… 97
5.6 本章问题 …… 98
5.7 案例分析 …… 98

6 主生产计划与物料需求计划 …… 99
6.1 主生产计划与物料需求计划概述 …… 99
6.2 生产计划相关概念 …… 100
6.3 主生产计划（MPS） …… 103
6.4 物料需求计划（MRP） …… 105
6.5 主生产计划及物料需求计划关键字段解释 …… 107
6.6 主生产计划及物料需求计划创建操作步骤 …… 108
6.7 主生产计划与物料需求计划常用代码 …… 120
6.8 本章问题 …… 120
6.9 案例分析 …… 121

7 生产管理 …… 122
7.1 生产管理概述 …… 122
7.2 生产管理的组织结构 …… 123
7.3 生产管理相关概念 …… 123
7.4 生产订单管理的内容及操作步骤 …… 125
7.5 生产管理常用代码 …… 136
7.6 本章问题 …… 137
7.7 案例分析 …… 137

8 采购管理 …… 140
8.1 采购管理概述 …… 140
8.2 采购管理的组织结构 …… 142
8.3 采购的相关概念 …… 142
8.4 采购管理的操作流程及步骤 …… 145
8.5 采购管理常用代码 …… 183
8.6 本章问题 …… 184
8.7 案例分析 …… 184

9 库存管理 …… 186
9.1 库存管理的意义 …… 186
9.2 库存管理组织结构 …… 188
9.3 库存管理的相关概念 …… 188
9.4 库存管理的内容及操作步骤 …… 190
9.5 库存管理常用代码 …… 224
9.6 本章问题 …… 225
9.7 案例分析 …… 225

10 运输管理 …… 228
10.1 运输管理概述 …… 228
10.2 运输管理的组织结构 …… 229
10.3 运输管理相关概念 …… 230
10.4 运输管理的内容及操作步骤 …… 231
10.5 运输管理常用代码 …… 250
10.6 本章问题 …… 250

10.7 案例分析 …… 250

11 MTO 模式下的 SAP 供应链管理案例操作练习 …… 252

11.1 案例学习的内容及学习方法 …… 252

11.2 物料主数据的创建 …… 252

11.3 生产主数据的创建 …… 253

11.4 销售订单的创建 …… 255

11.5 物料需求计划 …… 256

11.6 采购管理 …… 260

11.7 库存管理 …… 263

11.8 生产管理 …… 265

11.9 运输管理 …… 267

11.10 流程综述 …… 270

11.11 供应链管理绩效评估 …… 270

11.12 案例总结 …… 271

参考文献 …… 272

1　SAP 供应链管理概述

引言 随着经济全球化的发展，世界范围内的社会文化与经济环境发生了巨大变化，加剧了全球范围内的竞争。企业之间的竞争产生了新的模式，竞争主体从企业间的竞争逐渐转变为跨国企业集团间的竞争。竞争的方式不再是单一的价格竞争，而是全方位的竞争，包括计划、销售、生产、采购、仓储、运输，即整个供应链的竞争。

本章学习目的

- 了解供应链及供应链管理的相关概念
- 了解供应链的发展史
- 了解 ERP 及 ERP 理论的发展
- 了解 SAP 的应用及 SAP 的模块
- 掌握供应链管理的思想
- 掌握 SAP 供应链管理的模块内容

1.1　供应链管理的发展

当代社会，国与国之间的竞争和合作正逐渐发展为全球供应链之间的竞争和合作。随着国际层面分工合作以及跨国公司在全球范围内进行资源配置，供应链已触及全球的每一个国家和地区。供应链能否在全球竞争中取得战略优势，已成为评价一个国家全球经济竞争力不可忽略的标准。

1.1.1　供应链的定义

早在 20 世纪，就已经有了供应链的概念，甘沙恩和哈德逊两位学者将供应链定义为“一个获取原材料，并将其转化为半成品和成品，再将产品送到客户手中的设施和分销渠道组成的网络”。李效良（1992）、埃文斯（1994）、菲利普（1996）对供应链的增值功能做了不少研究，马歇尔（1997）、李效良（1994）等人对供应链的设计以及客户需求的服务功能做了深入的研究。苹果、丰田公司围绕供应链的组成结构以及上下游的关系连接做了不少探索性的实践研究，进而哈理森将供应链定义为：执行采购原材料，将它们转换为中间产品和产成品，并且将成品销售到用户的功能网链。

从以上供应链的发展历史和定义可以看出，人们对供应链的认识经历了一个较长的过程，对供应链的功能也有一个逐渐认识的过程。从内部供销网络，到供应链的增值功能，再到满足客户需求，最后到上下游集成性的功能网链，人们对供应链的认识在广度和深度上有不同程度的提升。

近几年将供应链定义为围绕核心企业，通过对信息流、物流、资金流的控制，从采购原材料开始，到制成中间产品及最终产品，最后由销售网络把产品送到消费者手中，将供应商、制造商、分销商、零售商、最终用户连成一个整体的功能网链模式。

1.1.2 供应链管理的定义

马士华、林勇等编著的《供应链管理（第5版）》一书中给出的定义为：供应链管理就是使以核心企业为中心的供应链运作达到最优化，以最少的成本，让供应链从采购开始，到满足最终顾客的所有过程，包括物流、信息流、单证流、资金流等均能高效率运作，将合适的产品以合理的价格及时准确地送到消费者手上。

供应链管理主要涉及的内容包括：需求管理、计划、订单交付、生产、采购供应、仓储、运输以及逆向物流。

1.1.3 供应链管理产生的背景

随着科学技术和经济快速发展，全球化信息网络和市场逐步形成，技术革新加快，新产品的市场竞争也愈演愈烈。技术的提升和需求的多样化使产品的生命周期逐渐变短，企业承受着交货期缩短、产品质量提升、成本降低和服务标准提高的压力。以上问题要求企业在面对不停变化的市场时能及时做出反应，连续不断地开拓出满足客户需求的“个性化产品”去占据市场，从而取得竞争的胜利，市场竞争主要源自新产品竞争。毫无疑问，这样的情况将会延续下去。

综上所述，企业面临着以下五个方面的问题。

第一，信息膨胀的压力。大批量信息的高速产生和通信技术的进步促使企业把工作重点从如何快速获取信息转移到如何精准地筛选和高效运用各种信息。

第二，新技术、新产品的持续出现让企业面临史无前例的压力，更多的企业意识到研发新产品对企业获取收益的重要性。

第三，竞争全球化的发展方向。跨国公司相继在全球配置资源，生产布局国际化。

近年来，跨国公司在全球经济中占据更加重要的地位。企业在拓展全球化市场的同时，也在全球范围内遭遇了比以前更多的竞争者。全球性技术支持以及全球化的售后服务是赢得客户信赖、打造企业经久不衰的竞争力的重要因素之一。

第四，消费者对产品和服务的期望越来越高。由于全社会范围内物质财富的日益富足，让企业以往生产推动需求的模式难以为继，而广大居民收入水平的不断提高，让消费者在消费过程中越来越占据主导地位。于是，曾经的卖方市场开始向买方市场转变。此外，消费者对商品服务有了更严格的要求，不仅对外观、规格、功能等的需求趋向多样化和个性化，还对产品质量、价格、服务等有所期待，这也是如今产品品种数飞速增长的原因。

第五，消费者对交货期的要求越来越高。随着科技的不断进步，消费者需求逐渐增多，个性化需求得到了充分的发展，市场竞争的方式也发生了改变，客户的要求更加多变，对时间的要求也更加紧迫，时间竞争已经发展成为另一种竞争方式，时间也成为取得竞争优势的重要资源。这就迫使企业必须具有快速的响应速度以及高效的内部组织协调能力，谁能针对市场的变化做出快速反应，以最快速度将新产品投放到市场，最大化满足客户的需要，谁就能取得市场竞争的竞争优势。

在这样的背景下，企业的传统经营模式面临着前所未有的挑战。“大而全”的企业规模看似完备，实则臃肿，负担日渐加重；同时，对内部资源和运营的重视与对外部环境的忽视，让企业无法对新形势下的市场需求做出快速响应，导致库存积压居高不下，供应链总成本很高；另外，企业资源的过度分散，使其在各个业务领域均面临众多竞争，核心优势难以凸显，经营风险不断增大。杰出的企业会把主要精力集中在企业的核心业务，和世界上更杰出的企业成为战略合作伙伴，并将非核心业务外包出去。如今行业中的领头企业更加清晰地意识到在维持领先地位的同时，应把重点放在建立长久的战略合作伙伴关系上。而供应链管理重点提出的市场需求快速反应、战备管理、高柔性、低风险、成本—效益目标等，引发了很多学者和企业人员学习和实践，国际上部分知名企业，如惠普、戴尔等在供应链管理实践中获得的成功，让人们越来越相信供应链管理是适应 21 世纪全球竞争的有效模式。

1.1.4 供应链管理的思想

供应链管理的思想可以概括为以下四点。

（1）将客户满意放在首位，强调客户服务的理念，强调以客户需求为中心的“拉式”管理，强调以客户为中心是供应链管理的出发点和落脚点，强调给客户提供更多的价值，强调以市场为原动力去组织生产和运营。以客户为中心是企业发展成长的关键，要提高客户服务水平就必须正确理解供应链上的每一环节、每一节点对供应链的时间和成本的影响，从而真正改进供应链的总成本、总交货期以及总的客户服务水平。

（2）强调核心竞争的管理思想。要明辨企业的核心业务，然后聚集企业全部的核心资源，全力打造企业的核心竞争力。面对非核心业务，企业要通过强强联合的方式，寻求有竞争力的供应商，与之结成战略联盟，将非核心业务外包给合作伙伴，并通过信息流加强外包的管理和监督。

（3）强调三流合一，即物流、信息流、资金流的集成。供应链是一个将客户、制造商、分销商和供应商组合在一起的链状结构，链上的每一环节都不能相互孤立，供应链的三流合一将它们有机地整合成一个集体。高度激烈的市场竞争使任何一个企业都不可能具备全面的资源去应付市场的竞争压力，也不可能单独地与其他企业抗衡，只能以联盟整体与其他企业抗衡，以维护企业的共同利益。企业只能抓住自己的核心竞争优势，抓住比竞争对手更有竞争力的核心业务，而对于非核心业务只能通过供应链上的外包资源来快速配置、快速响应，从而赢得市场机会。这就要求供应链上的各节点企业要从战略的高度结成同盟，相互间实现信息共享、风险共担、利益共存，以维护共同的利益，而这种同盟关系实际上就是一种集成化的供应链。

（4）供需平衡的管理理念。供应链的核心管理思想就是供需理论，本质上供应链的每一环节都包含“供”和“需”两方面的双重含义。“供”和“需”总是相伴而生，在市场经济下，供应是因为有了需求才产生，没有需求，就没有供应，需求波动，供应相应发生变化，因此要求供应链必须具备一定柔性适应需求方的这种变化。供应链管理的供需平衡是建立在三种层次上的平衡，即战略规划层次、运作计划层次、主生产计划层次。

1.1.5 实施供应链管理带来的收益

供应链管理的任务是通过供应链计划、组织和协调的管理，最大程度地满足客户的需求。供应链管理的目标是七个“Right”，即正确的产品、正确的数量、正确的日期、正确的状态、正确质量的产品送至正确的客户指定的正确的地点。企业通过供应链管理水平的提升可以实现降低供应链总成本、提升准时交货率以及缩短交货期、降低库存的目的。

1.2 ERP 的发展

1.2.1 ERP 的含义

ERP（Enterprise Resource Planning）即企业资源计划，是 20 世纪 90 年代美国首先提出的一种供应链管理理念。企业资源计划以集成化、流程化的管理理念，为企业提供端到端的流程解决方案，构建集成化的企业数据平台，合理配置企业资源，使企业能够在激烈竞争的市场环境下充分发挥自身资源优势，取得比较好的效益。ERP 系统在空间上强调跨行业、跨企业、跨国家的思想，能够为企业集团提供理想的管理方案，强调服务于客户、以客户为中心的理念。

ERP 以基础数据、业务流程整合为突破口，集成了企业所有的数据资源，打通了企业上下游的业务流程，实现了企业业务流程的集成和整合，从而减轻了数据分散管理的压力，避免流程割裂的局面。通过业务集成，数据信息可以在整个企业集团内进行分享，这为有效决策提供了可靠的依据。

ERP 功能强大，几乎包括所有功能模块，常用的功能模块有销售管理、物料管理、生产管理、仓库管理、财务管理等。

1.2.2 ERP 的发展

ERP 的发展源于实践的推动，先后经历了六个阶段，每一个阶段都是在前一阶段的基础上发展起来的。

第一阶段是订货点法。20 世纪 40 年代，为解决生产缺料的问题以及库存积压的问题，人们提出了订货点法。订货点法很好地解决了生产缺料的问题，同时又能将库存控制在合理的范围之内。

第二阶段是时段式 MRP（物料需求计划）。随着计算机系统的发展，企业开始运用计算机来计划物料的需求，这样便产生了早期的物料需求计划。

第三阶段是闭环式 MRP。伴随着企业使用 MRP 范围的扩展，企业开始集成物料清单和库存信息产生较为准确的物料需求信息，同时基于企业的生产能力、工艺路线来生成较为准确的车间作业计划。

第四阶段是 MRPⅡ理论。20 世纪 80 年代，计算机网络技术获得了很大的发展，信息可以通过计算机网络技术在企业内部共享，为了充分利用企业资源，产生更大范围的信息集成，原先仅包括物料和生产的集成，进一步拓展到了财务和销售，更大范围的集成催生了 MRPⅡ理论的产生，即制造资源计划系统。

第五阶段是 ERP 的理论。进入 20 世纪 90 年代，随着全世界统一大市场的形成和发展，企业间的竞争日趋激烈，竞争的范围和空间也进一步扩展，企业面对的不仅是企业内部资源的集成，同时还面临着外部资源的整合与集成，于是一个更大范围的企业制造资源系统逐渐形成，其不仅包括企业内部的采购、仓储、生产以及财务，还包括外部的供应资源、运输资源以及客户资源。

第六阶段是全面 ERP 管理，即 ERPⅡ。网络技术的成熟为企业信息管理（即企业与客户或供应商实现数据直接交换），及实现信息实时共享创造了可能，同时信息技术强化了企业间的联系，特别是全球范围内信息共享共管的能力。简单来说，不仅要看到本企业的销售订单对企业内部管理的影响，还要看到本企业客户运作情况对本企业的影响，最终用户市场对本企业客户的影响也可能对本企业造成影响。伴随着云技术、大数据、物联网技术的发展，企业制造资源系统需要和更远程的业务连接、集成。

1.2.3 ERP 管理的作用

1. ERP 能够平衡供需矛盾

企业运作的目标是发挥最大的产能满足客户的需求，获取最大的利润，但产能或企业现有的资源瓶颈往往制约其最大效能的发挥，如何平衡供需矛盾就需要 ERP 系统根据企业的供需信息预演或预先计划，以发现最佳的生产安排。特别是当需求变化很大时，为保证生产能力或企业资源尤其是人力资源的稳定，需要有一个合理的计划体系安排。在这个计划体系下，在某个时间点，需求和供给可能并不平衡，但从一个时间段来看，供给和需求又是平衡的，这样计划的目的就是为了既保证正常客户的交货，又充分发挥最大产能或充分利用企业资源。

2. ERP 能追踪客户承诺

ERP 通过客户订单记录客户需求的产品、数量及交货日期，然后由生产方生成计划订单，进而转成生产订单。在这个过程中，客户所需求的产品、数量和交货日期信息并没有丢失，而是由客户订单的信息衍生出来生产订单，也就是说生产订单上产品、数量及生产日期是能够满足客户订单的。同样后面由 MRP 衍生出的采购订单也是符合客户订单要求的。ERP 不仅能够由客户需求信息衍生出后面所需要的信息，同时还能随时追踪监督这些信息的执行，如果没有按时执行，ERP 还会提出按期交货可能会失败的预警，这样 ERP 的追踪功能也是企业管理的好帮手。

3. ERP 能平衡物料短缺和库存积压的难题

最早使用的订货点法以及后来的 MRP 都是为解决库存短缺问题而产生的，因为只要有订单需求，MRP 就能通过计算迅速平衡订单需求，进而产生计划订单；同时由于计划订单是平衡订单需求而产生的，仅仅是生产或销售需要的数量才会产生计划订单，当然 MRP 运作的结果不会产生过量库存。

4. ERP 能有效降低成本

ERP 系统建立在需求计划系统之下，任何没有需求的产品不会被生产，库存充足就不会采购，因此这种基于需求的计划系统能够有效降低库存成本。同时 ERP 系统又是很好的数据记录库，过去的采购和生产记录、现在的库存等随时可查，这样为成本的比较和优化提供了数据基础，通过这种成本的优化也能不断降低运营成本。

5. ERP 的运用可以有效地减少部门的本位主义

ERP 是一个包括采购、生产、仓储以及销售等功能的一体化集成系统，需求数据、库存数据等各种信息在 ERP 系统中传递分享，而且有一环套一环的制约作用，如采购收货必须有采购订单，只有收货以后仓库才可以发货，只有收货以后财务才可以开具发票。任何部门独立的行为都被 ERP 约束，只有所有部门一起协作，ERP 才能有效运行，这样的制约能有效减少部门的本位主义。

1.2.4 SAP 介绍

SAP 公司是全球最大的企业管理和协同化电子商务解决方案供应商，又是其 ERP 软件产品——数据处理应用系统的名称。SAP 是目前全世界最优秀的 ERP 软件之一，可为各行业提供数据处理方案，世界五百强公司中绝大多数公司使用的都是 SAP 软件，中国的国营大公司以及外资、合资子公司也多使用 SAP 软件。

SAP 公司发展史如下。

1972 年，SAP 公司由五位前 IBM 雇员在德国成立。

1973 年，SAP 公司推出第一代产品 R1，主要针对财务模块。

1983 年，SAP 公司推出第二代产品 R2，主要包括财务、资产、成本、项目、人力资源、工厂维修、质量保证、物料管理、生产计划及控制和销售及分销模块。

1992 年，SAP 公司推出第三代产品 R3，这是 SAP 的经典之作。

2005 年，SAP 公司推出最新的产品 ECC6.0，本书主要使用的操作软件就是 ECC6.0。

SAP 涉及的主要模块介绍如下。

SD 模块：销售模块，主要包括客户主数据管理、销售定价管理、销售协议和销售订单管理、销售计划、销售发货管理、运输管理、开票管理。

PP 模块：生产计划模块，主要包括和生产相关的主数据管理，如物料主数据、物料清单、工作中心和工艺路线、生产版本（生产线）；其他内容如销售预测、生产计划和产能预测报表、生产日排程（D+1）、生产报工、生产报损、维修订单、MRP。

MM 模块：物料管理模块，主要包括采购主数据、供应商主数据、采购信息记录（主要为采购价格）、货源清单（合格供应商及物料清单）、配额、采购订单创建、审批、仓库收货发货库位移动、仓库盘点。

FICO 模块：财务管理模块，主要包括财务主数据、会计科目表、成本中心、固定资产、作业类型、总账、应收账款、应付账款、成本会计、成本中心会计。

SAP 公司于 1995 年年初成立了中国首家分公司，共设立了北京、广州、上海分公司。其目前在中国拥有大量客户，典型的国企有中国石油、上海浦发银行、联想集团等；小型独资或合资企业甚多，如宝岛眼镜、广东宝洁、广东美晨等。

1.3 SAP 供应链管理模型内容

1.3.1 SAP 供应链管理模型

SAP 提供了完整的供应链解决方案，包括 SAP 的三大主要模块，即 SD（销售）模块、MM（物料管理）模块和 PP（生产计划）模块，SAP 供应链管理模型将这三大模块中与供应链管理相关的内容抽取出来，重新按企业供应链管理的功能需求逻辑连接，形成了 SAP 供应链管理的流程（见图 1 - 1）。

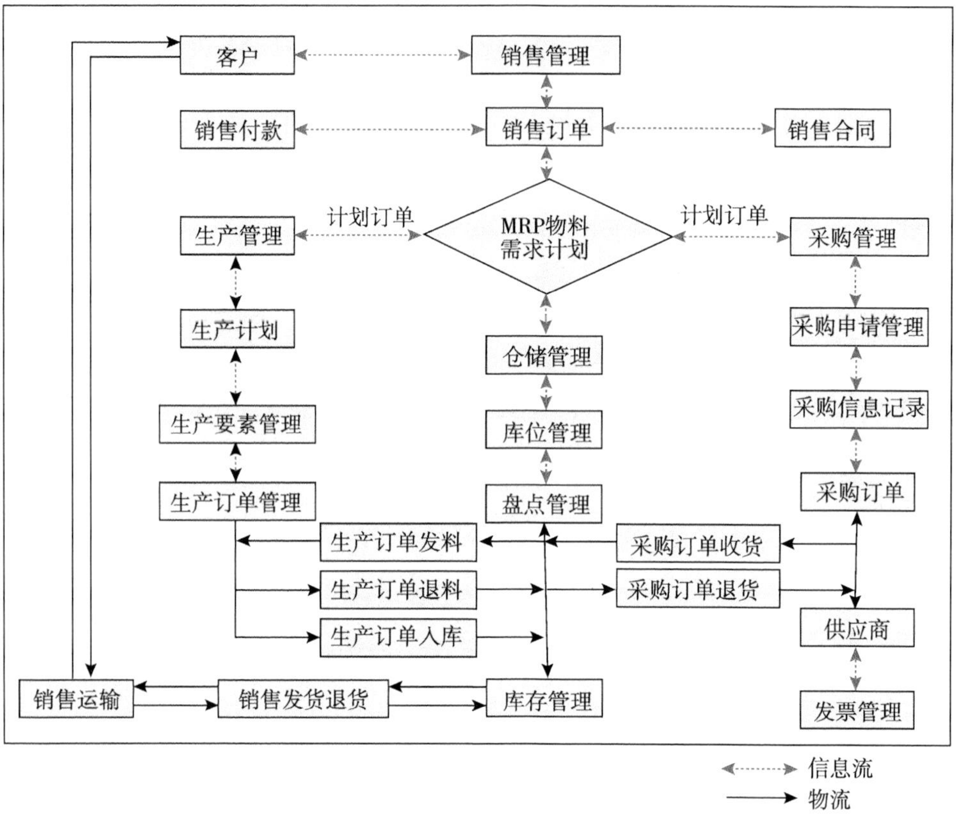

图 1 - 1　SAP 供应链管理流程

1. 3. 2　SAP 供应链管理模型的具体内容

具体来说，SAP 供应链管理模型包括的主要内容有销售管理、主生产计划与物料需求计划、生产管理、采购管理、库存管理和运输管理，具体内容如下。

1. **销售管理（第 5 章详述）**

销售管理的功能包括对销售订单的管理、客户的管理、询报价的管理、可用性检查的管理以及灵活支持换退货的管理。

销售管理的基本流程如下。

（1）报价管理：在客户有需求时提供产品的销售报价，该报价要说明订货批量、折扣率、运费、交货期、是否含税及税率等。

（2）销售合同：在客户满足价格和各相关交付条款和质量条款的条件下，双方会基于长期合作签订销售合同。销售合同一般有三类，即基于数量的数量合同、基于价值的价值合同以及基于交货期的交货协议。

（3）销售订单处理：接到客户的订单后，在系统内维护客户订单信息，包括客户信息、交付数量、价格、交付日期等，并跟踪订单的后续操作。

（4）发票处理：是指处理根据销售订单或交货单产生的发票，开具发票后，在SAP 系统中就形成应收账款记录，财务可以根据应收账期催收。

2. 主生产计划与物料需求计划（第 6 章详述）

主生产计划来自生产大纲，是对销售订单的详细计划安排，进而沿产品的交货期展开形成物料需求计划，即生产所需的原材料、半成品的采购计划以及相关生产计划。展开的原理是基于物料清单和工艺路线，最终要解决的问题是企业需要生产什么，还需要购买什么。

3. 生产管理（第 7 章详述）

生产管理是指对生产相关的活动的管控，包括原材料的获取、生产过程的控制、产品质量的控制，供应链在生产环节中的管理，直至合格的产品离开生产车间。生产管理的基本流程如下。

（1）生产计划：包括计划的排程、人机料的计划以及计划过程的跟踪。

（2）工单管理：指工单生产过程中的管理，包括工期工序的管理，材料、数量的控制。

（3）工单收发料：指按工单生产计划要求的物料供给和成品的足量入库管理。

（4）设备资源能力管理：包括设备粗能力计划、生产能力管理、瓶颈管理、人员管理等。

（5）生产成本管理：包括人员成本、设备成本、材料成本的收集录入及成本优化。

4. 采购管理（第 8 章详述）

采购管理是指对采购业务过程进行组织、实施与控制的管理过程，主要是为企业采购生产和经营所需要的各种原材料、耗材及相关服务。采购部门需要按时保质完成采购任务，以确保生产可以正常运作。采购管理的基本流程如下。

（1）供应商管理：通过多途径寻找供应商，优化供应商的选择，建立持续有效的供应商关系。

（2）采购申请：提交需要购买的物料的信息，包括名称、规格、数量、交货时间等。

（3）采购询价报价：给供应商发送询价请求，并维护报价，进行供应商报价条件的优化选择。

（4）采购订单：提交给供应商的正式采购文件，包含供应商、采购物料的名称、数量、价格、交货时间和地点等信息。

（5）发票处理：能根据供应商的发票核对采购订单以及收取货物的情况，比较采购订单、收货记录和发票在价格和数量上的一致性，自动确认发票的有效性，并生成应付记录。

5. 库存管理（第 9 章详述）

库存管理是指物料在进入生产过程或发给客户前暂时储存在仓库期间的管理，有效的库存管理可以将库存融入供应链的上下游需求中去，缩短产品到达顾客的时间。库存管理的基本流程如下。

（1）采购订单收退货：包括采购订单的收货、检验、退货过程。

（2）生产工单的收发：包括仓库根据生产工单的发料流程、退料流程、成品入库流程。

（3）销售订单出货退货：包括仓库的拣货、打包和系统出货、退货等环节。

（4）仓库盘点：包括仓库的盘点计划、周盘、月盘、年度盘点及 ABC 分类管理。

（5）库位管理：包括仓库的管理、物料所在库位的管理、库位间的调拨等。

6. 运输管理（第 10 章详述）

运输管理是为确保产品按计划准时发送到客户所在地，进行的有效运输计划和管控。运输成本在决定一个产品价格时起着相当大的作用。交付运输管理的基本流程如下。

（1）发运管理：是指根据出货单和拣选的实际数量在系统内组成箱单元或栈板单元，并做系统出货，产生交货单的凭证流程。

（2）运输交付：首先要制订运输计划，明确运输方式和运输工具，选择合适的运输路线，然后完成运输计划，明确实际装运、实际运输路线和运输到货期，并且监控整个运输过程。

（3）运输成本管理：是指跟踪记录整个运输过程中的成本，为日后的运输考评和优化提供基础数据。

本书详细梳理介绍了企业中物流与供应链 ERP 操作的主要模块和功能内容，并就每一步如何操作做了具体介绍，还有详细的企业操作配图供参考。同时以上六个模块功能内容正好对应企业中物流与供应链的六个部门、六大物流工作岗位。因此本书不仅适用于高校物流专业学生学习参考，同时也适用于企业员工的自我提升，是典型的应用型书籍。

本章小结

本章从介绍供应链及供应链管理的概念入手，分析了供应链发展的历程以及供应链管理产生的时代背景，并进一步研究了供应链管理的思想及其创造的价值。随后从介绍 ERP 概念入手，探讨了 ERP 管理的思想及其带来的影响，并介绍了 ERP 解决方案的先驱——SAP 的相关内容及其组成。最后重点介绍了 SAP 供应链管理的模型及其具体内容。

2　SAP 工具

引言 SAP 工具是使用 SAP 系统的基础，只有熟练使用 SAP 工具，才能快速操作 SAP 系统。

本章学习目的

- 熟悉 SAP 操作的界面
- 掌握 SAP 操作的基本工具
- 熟练使用帮助及提示信息

2.1　SAP 登录和退出

电脑安装完 SAP 软件后，显示主屏上会出现图标。双击该图标，进入登录界面，选中相应的系统，双击进入系统初始界面。

2.1.1　登录界面

启动 SAP 系统的初始屏幕后，就能看到登录界面，如图 2－1 所示，选择正确的客户端，输入正确的用户及口令，选择登录语言后按回车键进入 SAP 主界面。

图 2－1　SAP 登录界面

2.1.2 屏幕说明（见表 2－1）

表 2－1 屏幕解释

栏位	说明	范例
客户端（Client）	要使用系统的客户端编号	800
用户（User）	分配的用户 ID	
口令（Password）	设置的密码	
语言（Language）	系统界面使用的语言。通常默认是 EN（英文），可以输入 ZH（中文）	ZH—中文、EN—英文

出于安全考虑，输入的口令通常不会显示，而是以符号“＊”表示。

2.1.3 密码更改

如果是第一次登录，系统会提示要维护密码。此时应点击“新密码”，维护密码。

2.1.4 重复登录

如果已经有人用同一用户登录，系统就会弹出提示窗口请你做出选择，要么你选择退出，要么选择让对方退出（选择让对方退出前请先和对方确认）。

2.1.5 SAP 退出

选择菜单：【系统】→【退出系统】，即可从 SAP 系统的任何屏幕退出。

点击屏幕右上角的图标“”，出现“注销”对话框，提示如果继续退出操作，未保存的数据将会丢失。

如果不确定是否有数据没有保存，不想继续退出，可点击“否”按钮，返回工作屏幕。

如果确定数据都保存了，点击“是”按钮，所有的 SAP 会话全部关闭，成功退出。

2.2 SAP 主界面

SAP 登录后进入的主界面如图 2－2 所示，通常包括收藏夹和 SAP 菜单两部分。收藏夹用来收藏用户比较常用的菜单，用户由此可以迅速进入，或者从 SAP 菜单按路径展开后的相应菜单路径进入。

图 2－2　登录主界面

2.3　会话窗口应用

三种创建会话的方法：①单击【系统】菜单，选择【创建会话】就可以创建新窗口；②直接点击图标；③在命令栏输入/o 加操作命令。

三种退出会话的方法：①点击关闭按钮或点击【系统】菜单，选择【结束会话】，即可关闭一个会话窗口；②单击【系统】菜单，选择【退出系统】，即关闭所有的会话窗口；③在命令栏输入/nex。

2.4　SAP 功能运行

在命令栏中输入快捷命令可以打开功能窗口，如图 2－3 所示。以更改采购订单为例：在命令栏输入 ME22N，迅速进入相应窗口；也可通过快速新开窗口命令（/o 加操作命令）新开一个“采购订单更改”窗口，保留原窗口；还可以通过收藏夹快速打开功能窗口。

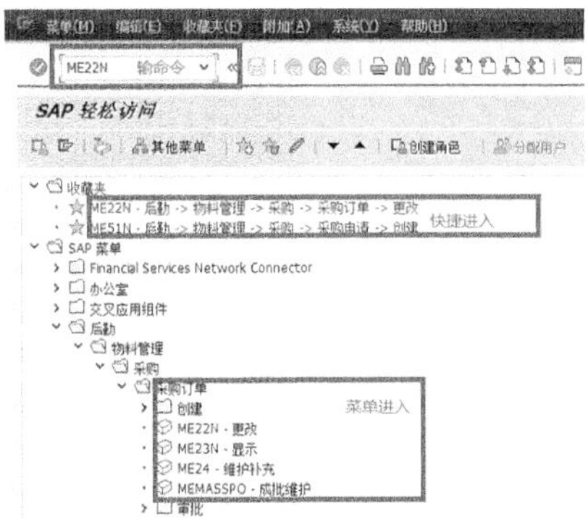

图 2－3　打开功能窗口

2.5 SAP 主界面介绍

2.5.1 主窗口

典型的 SAP 主窗口如图 2－4 所示，包括菜单栏、标题工具栏、应用工具栏、标题栏、菜单路径工具栏、信息栏、状态栏等。

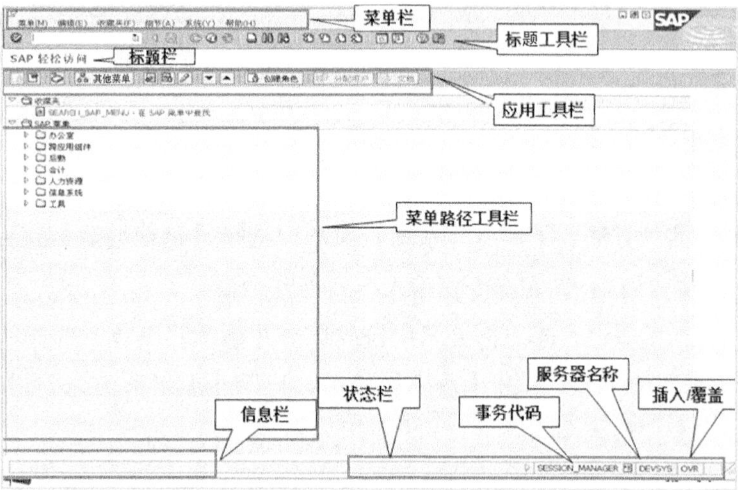

图 2－4 SAP 主窗口

2.5.2 菜单栏

菜单栏的选项及功能如表 2－2 所示。

表 2－2 菜单栏

选项	功能
系统	包含创建、退出等系统功能
帮助	提供在线帮助功能
对象	指当前工作对象
编辑	允许编辑当前对象的组件，通用功能包括选择、编辑、复制
转到	允许转到其他屏幕、允许回到系统层级的上一层
附加	包含附加功能，可以选择使用当前对象的某个组件
环境	包含显示关于当前对象附加信息的功能
视图	允许在不同视图显示当前对象，如在单行、双行显示表中切换
设置	允许设定用户特定事务参数
工具	允许执行与对象无关的程序，如删除、复制或打印功能

2.5.3 标题栏

标题栏显示当前应用程序的名称。当窗口没被激活（窗口上没有光标）时，标题显示在窗口顶端，同时菜单被隐藏；当窗口被激活时，菜单将重新显示。

2.5.4 工具栏

工具栏包括标题工具栏和应用工具栏，具体工具在后文中介绍。

2.5.5 状态栏

状态栏提供正在操作的 SAP 系统、事务或任务的基本信息。系统信息在状态栏的左边，有三个区域在状态栏的右边：一个是服务器信息，另外两个是状态信息。

2.5.6 信息栏

信息栏用于显示详细的信息和扩展的菜单。

2.6 SAP 工具栏介绍

2.6.1 工具栏图标及快捷键介绍（见图 2－5）

图 2－5 SAP 工具栏图标及快捷键

2.6.2 SAP 常用按钮及快捷键介绍（见图 2－6）

按钮	说明	按钮	说明
	下拉菜单选择- F4		全选 取消全选
	创建		删除=SHIFT+F2
	显示/修改切换		从小到大排序
	查看抬头信息		从大到小排序
	查看详细信息		过滤
	执行= F8		复制=F12

图 2－6　SAP 常用按钮及快捷键

2.7 用户个人参数设置

2.7.1 用户参数设置

用户参数设置路径：【系统】→【用户参数文件】→【个人数据】。

2.7.2 维护用户参数

用户参数中可以维护的内容包括姓、名、部门、语言等，如图 2－7 所示。

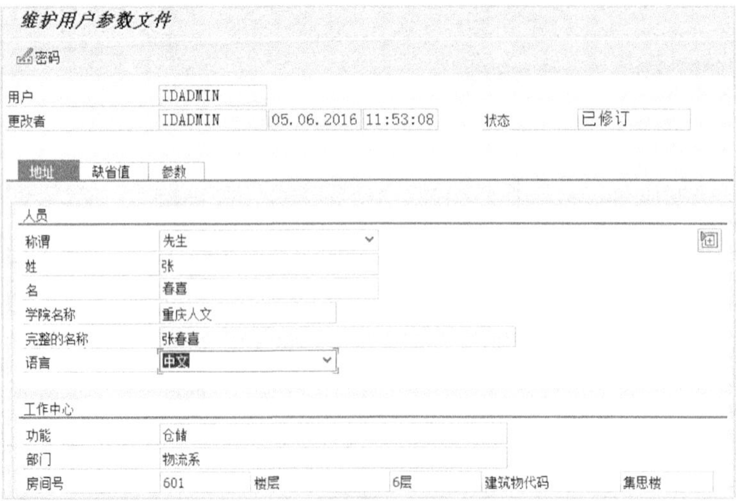

图 2－7　用户参数维护窗口

2.7.3 维护用户参数文件

可以按照用户的习惯设置默认的登录语言、十进制计数法、日期格式和时间格式，如图 2－8 所示。

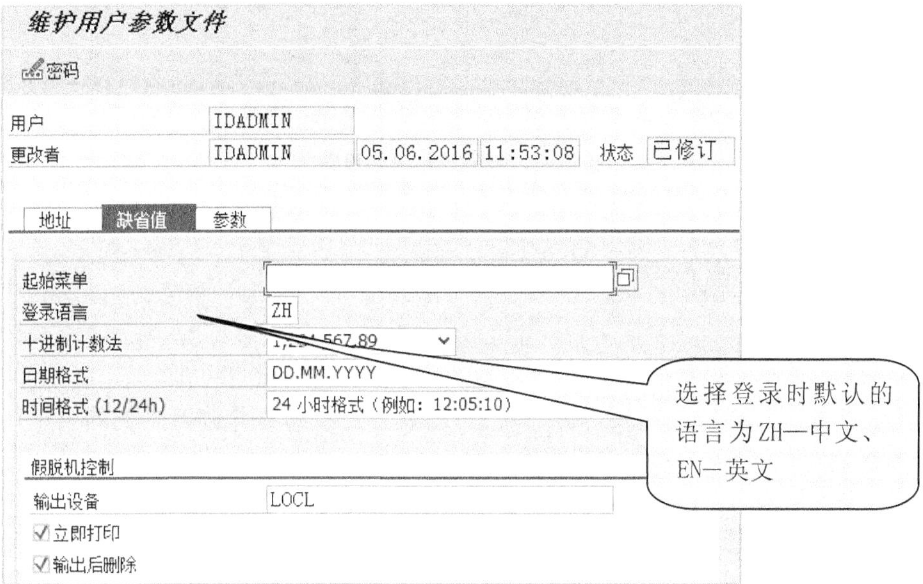

图 2－8 用户参数维护窗口

2.7.4 设置快捷剪切和粘贴

该功能用于快速复制粘贴某些内容，复制时按住鼠标左键选中要复制的内容，然后用鼠标右键点击一下要粘贴的位置，即可进行粘贴。

2.7.5 设置屏幕显示风格

点击【细节】菜单，选择子菜单【设置】，即出现设置对话框。

“在列表结尾显示收藏夹”：若打“√”，则“收藏夹”显示在“SAP 菜单”下方；否则将显示在“SAP 菜单”上方（见图 2－9）。

“不显示图片”：若打“√”，则不显示该屏幕右边的图片；否则，将显示图片（此图片可自己设置）。

“显示技术名称”：若打“√”，则在“菜单路径工具栏”中会显示出菜单所对应的 T－Code；否则，仅显示菜单路径。

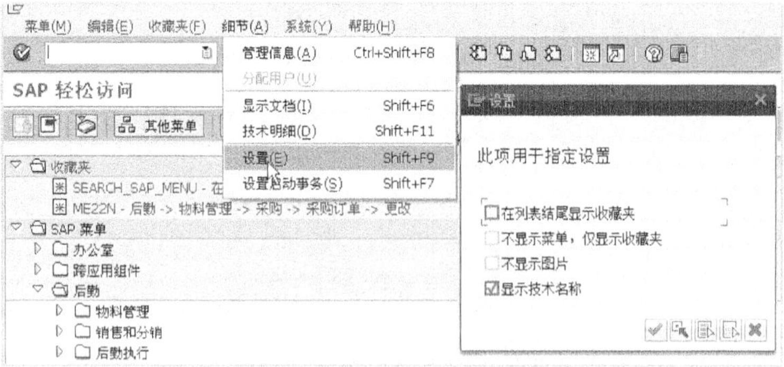

图 2-9 屏幕显示风格设置

2.8 如何添加收藏夹

将菜单添加到“收藏夹”有三种方法：第一种，选中该菜单项，点击【收藏夹】后选择【添加】(见图 2-10)；第二种，右键单击要添加到【收藏夹】的菜单，选择【添加到收藏夹】选项；第三种，直接将菜单拖拽至收藏夹。

图 2-10 收藏夹设置

2.9 如何保存个人数据

将常用数据设置成默认设置，如图 2-11 所示。一旦设置完成后，下次进入本窗口时，这些默认设置就会显示，并且可随时修改，这样免去了参数重复输入。

按下“个人设置”按钮时，将会记录供应商、公司、采购主体、采购组、运输方式等信息，再次打开界面时这些数据将不用再输入。

注：所有界面上的“个人设置”按钮用途都一样。

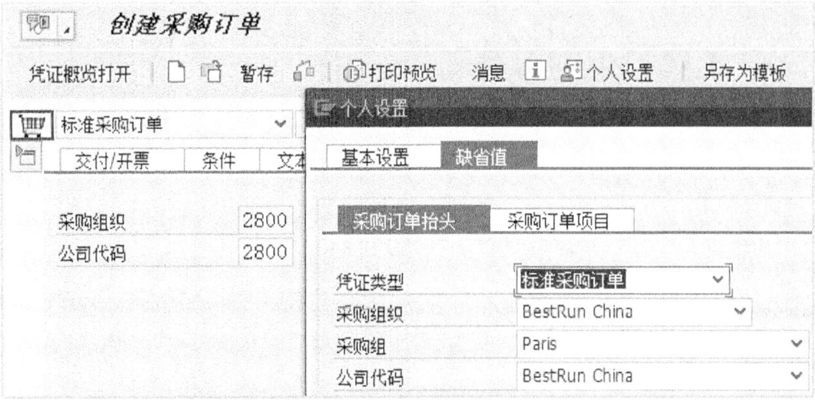

图 2-11 个人数据设置

2.10 SAP 常用提示信息

E：出错信息，若不改正则无法进行下一个操作，图标为⊗。

W：警告信息，出现后仍可继续下一个操作，图标为①。

I：各类信息，如系统给出一个交易的记录号码，图标为✓。

A：中断信息，中断一个程序或任务或退出 SAP，图标为①。

2.11 如何使用帮助功能

在操作的过程中，遇到问题可以随时点击工具栏中的问号图标寻求帮助，如图 2-12 所示。

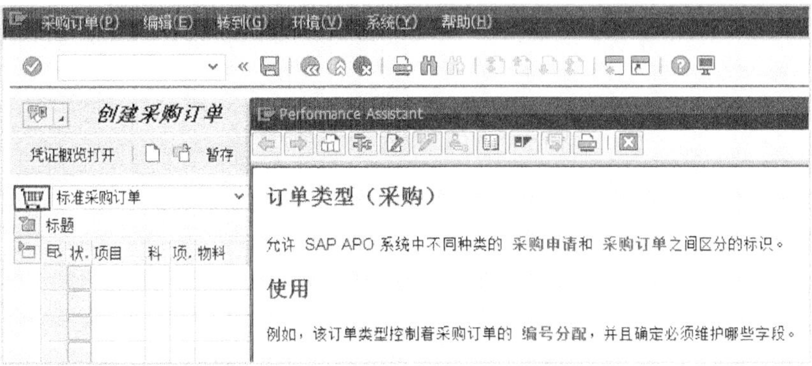

图 2-12 帮助功能

2.12　SAP 工具常用的事务码

/n 回到主菜单。

/o 开启新窗口。

/I 关闭当前窗口。

/nex 退出系统。

查询通配符：“*”代表任意字符，如查询以“上海”开头的供应商可以输入“上海*”，这样所有以“上海”开头的供应商就会被全部查找出来。

本章小结

本章介绍了登录 SAP 主界面的方法，以及 SAP 常用的一些菜单和工具栏，同时还介绍了常用快捷操作的方法和系统帮助功能，熟悉这些工具和快捷操作是 SAP 操作的基础。

3 物料主数据

引言 物料主数据是 SAP 系统 MM 模块的重要组成部分，它不仅为 MM 模块服务，而且也是 SD、PP、PM 等模块操作的对象。物料主数据涉及面广，层次复杂。

本章学习目的

- 掌握物料主数据的基本概念
- 了解物料主数据的分类、作用和包含的信息
- 熟悉物料主数据的数据结构
- 了解物料主数据基本视图
- 掌握物料类型和行业类别的概念
- 掌握物料主数据建立和维护的基本操作

3.1 物料主数据的概述

物料主数据描述了集团采购、仓储、生产和运输中物料的基础信息，如物料编码、物料名称、单位等。物料主数据是物料信息的中心仓库，它有效解决了数据反复使用的重复输入问题。物料主数据将供应链上所有物料数据集成在统一的数据库中，从根本上消除了数据冗余问题。这些数据储存在公共数据库中，不仅允许采购部门使用，还允许生产、计划、仓储、运输、财务、人事以及维修等部门使用。

物料主数据是物料管理运作的基础设置，它包括基本数据和一般数据两类，基本数据的设置基于集团层次的级别，而一般数据的设置分属其他低级别的层次。物料主数据的正确设置将直接影响相关模块能否正常运作以及能否精确运作。在 SAP 系统中设置物料主数据时，根据物料分属的部门和模块可将数据归属于不同的视图，如图 3 - 1 所示。维护一种物料通常要维护基本数据视图、MRP 视图、会计/成本控制视图、销售视图、采购视图、工厂/库存地点库存视图等 20 多个视图。

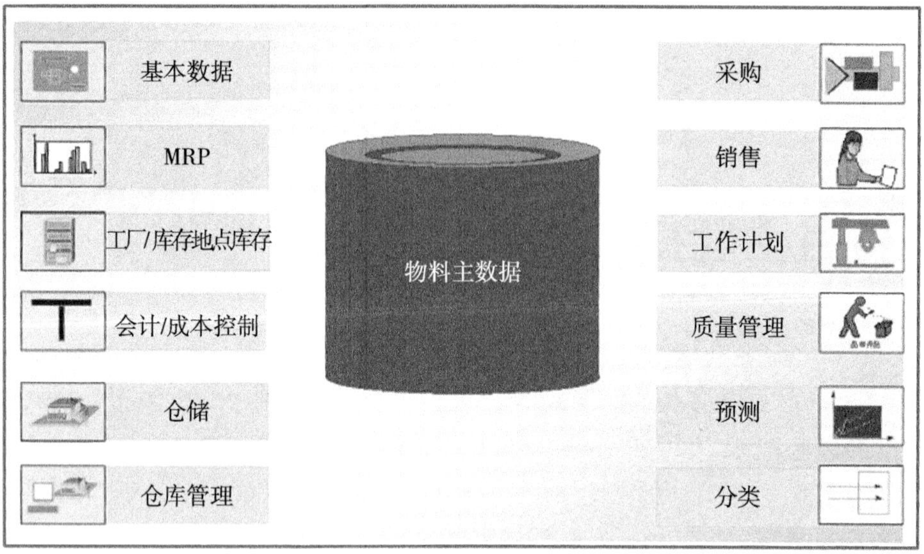

图 3－1　物料主数据的主要视图

3.2　物料主数据的组织结构

物料主数据的组织结构包括多个方面的组织结构，如销售管理、采购管理等。物料主数据中的基本数据通常是在集团层次通用的，销售、采购和库存数据的使用取决于组织层次。在创建相应的物料主数据时需要选择相应的组织数据，这在后面创建过程中会详述。

3.2.1　库存管理中的组织结构

一般企业中的库存管理组织结构如图 3－2 所示。

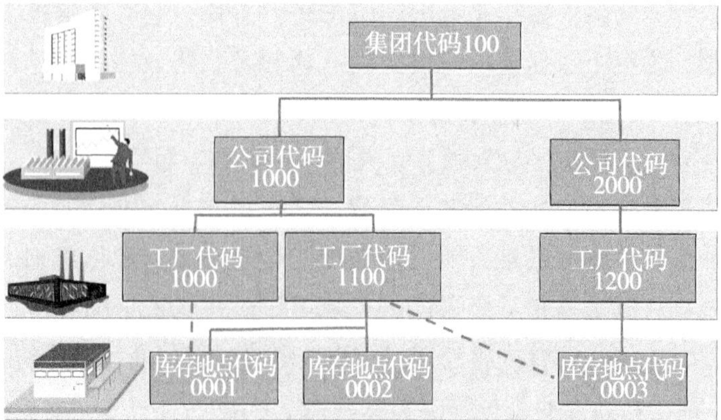

图 3－2　库存管理组织结构

3.2.2 采购管理中的组织结构

一般企业中的采购管理组织结构如图3－3所示。

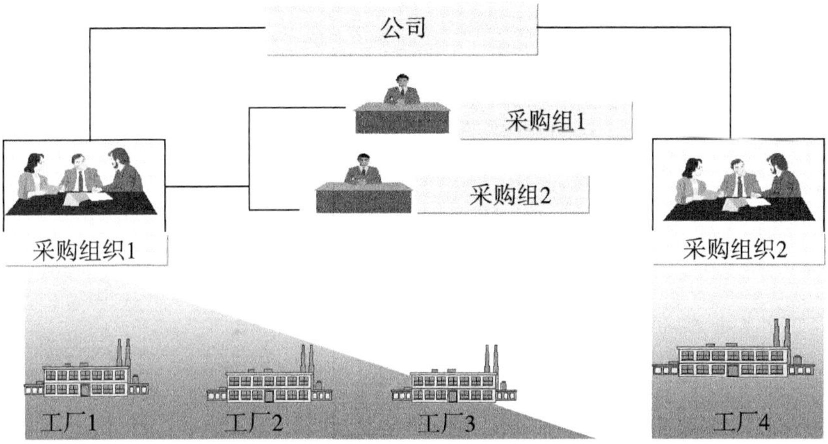

图3－3 采购管理组织结构

3.2.3 物料主数据在组织架构中的地位

表3－1 物料主数据的组织架构

视图分类	视图	组织架构	涉及模块	重要必须处理的内容项
基本数据	基本数据1	全局	所有模块	描述、计量单位、物料组、产品组、普通项目类别
	基本数据2		所有模块	
分类	分类	全局	所有模块	
销售	销售组织数据1	工厂/销售组织/分销渠道	SD	税务数据
	销售组织数据2		SD	项目类别组
	销售一般工厂数据		SD	可用性检查、装卸组、运输组
	对外贸易出口数据		SD	
	销售文本		SD	维护语言
采购	采购	工厂	MM	采购组、订单单位
	对外贸易进口数据		MM	
	采购订单文本		MM	维护语言

续 表

视图分类	视图	组织架构	涉及模块	重要必须处理的内容项
MRP	MRP 1	工厂	PP/MM/PS	MRP 类型、控制者、批量
	MRP 2		PP/MM/PS	采购类型、计划边际码
	MRP 3		PP/MM/PS	策略组、可用性检查
	MRP 4	工厂	PP/MM/PS	
预测	预测	工厂	MM	预测模型
工作计划	工作计划	工厂	MM/PM	
仓储	工厂存储 1	工厂	MM	
	工厂存储 2		MM	
仓库管理	仓库管理 1	工厂/仓库号	WM	
	仓库管理 2		WM	
质量管理	质量管理	工厂	QM	
会计	会计 1	工厂/评估类型	FICO/MM	评估类、价格控制、价格
	会计 2		FICO/MM	

3.2.4 物料主数据的数据结构

物料主数据的数据结构通常划分为一般数据、工厂特定的数据、销售数据、仓库管理数据、预测数据等。物料主数据的数据结构的具体划分如图 3－4 所示。

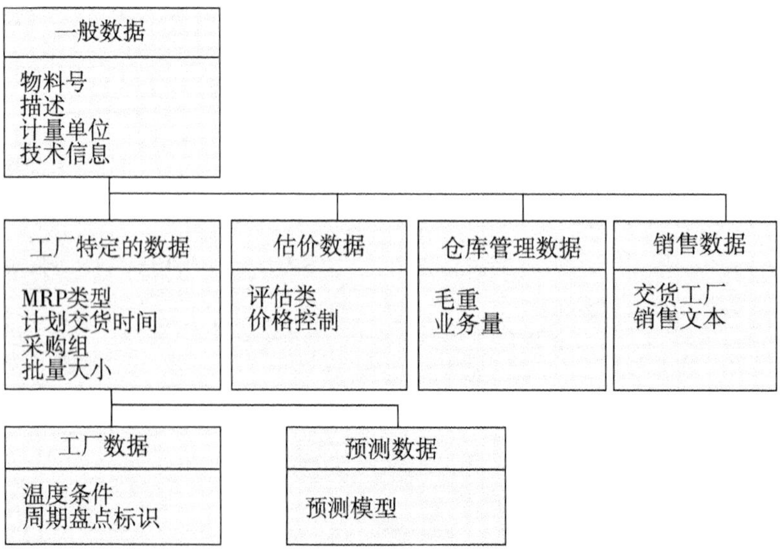

图 3－4　物料主数据的数据结构

3.3 物料主数据相关的概念

3.3.1 行业领域

行业领域决定了行业相关的信息维护，通用的行业领域如下。

A：工厂工程；C：化学工程；M：机械制造；P：制药工业。

行业领域定义了物料主数据的一些控制功能，具体如下。

（1）显示哪些屏幕，以什么次序显示。

（2）每个屏幕中显示与该行业相关的特定字段。

（3）一种物料分配了行业类别，后面就不可以修改。

（4）通过定制化功能，用户能够依照集团的特定需求定制新的行业领域，并且在字段参考控制中维护该字段可参考的对象。

3.3.2 物料类型

物料类型是指将拥有同一基本物料属性的物料归属成一类的定义方式，如原材料、半成品、成品等。相同的物料类型具有一些相同的基本属性，如财务的、采购的、仓储的基本属性，因此可以据此决定这些物料主数据的屏幕显示和号码分配等。

物料类型决定了该物料在维护主数据时可维护的视图、屏幕参照、字段参考。常用的物料类型有成品、半成品、原材料、备品备件、消耗材料。

物料类型的控制作用如下。

（1）创建物料时，内外部编号的控制以及具体的编号范围。

（2）物料主数据的屏幕显示及字段显示的控制。

（3）物料主数据创建时的可选视图控制，即针对特定物料类型，有哪些视图是允许维护的。

（4）控制物料主数据的采购或生产方式，即控制此类物料主数据是否可以被采购（或生产），或者只能被采购（或生产）。

（5）对于该物料所发生业务的财务记账科目的控制。

3.3.3 物料的价格控制

物料的价格控制通常有两方面，即标准价格和移动平均价格，它们的特点如下。

1. 标准价格

（1）库存过账时所有物料按标准价格计算。

（2）过账产生的差异放到差异科目上。

（3）收货时按收货金额过账。

（4）物料主数据中的价格记录为标准价格。

（5）极少发生价格差异。

（6）手动改变价格的情况很少，但可以操作。

2. **移动平均价格**

（1）原材料估价按移动加权平均计算。

（2）每次收货时库存单价会自动计算。

（3）发货的单价为移动平均价。

3.3.4 集团

在 SAP 系统中，位于组织架构最顶端的是集团。集团是建立在商业和组织上的单位组织，拥有独立的整套数据，包括若干表的集合、表的数据和记录。从商业业务的角度看，一个客户端代表着一个集团，在系统中用三位数字表示。

3.3.5 公司

公司是指具有自己独特的资产负债表的合乎法律的独立单元，在 SAP 系统中用公司代码表示，符合法律要求的资产负债表和损益表建立在公司代码级别上，它也是一个最小的外部会计核算单位。一个客户端中可以维护多个公司代码，可以将客户端里的四位数字定义为公司代码。

3.3.6 工厂

工厂是一个物理上或逻辑上的组织单元，是财务评估的最低区域，工厂可以是生产厂、分销中心或仓库群，在系统中通常使用唯一的四位数字作为工厂代码。

工厂是物料管理模块最基本的组织单位。物料的估价、计划、采购、生产、销售以及成本核算都发生在这个层次。

3.3.7 库存地点

库存地点是将工厂划分成不同的区域，用于存放不同物料的地点。物料的移动、收发均基于库存地点进行，在工厂级别的库存地点中，库存的管理基于数量的管理，库存盘点基于库存地点级别安排。库存地点在 SAP 系统中通常是用唯一的四位数字表示。

3.3.8 采购组织

采购组织是位于集团层次之下的一个用于定义采购功能的组织单元，负责企业物料和服务的价格谈判及采购。采购组织可以对一个或多个工厂或公司负责，也可以跨工厂或跨公司负责。从法律层次上讲，采购组织对采购和服务合同负责。

3.3.9　采购组

采购组是采购组织下负责具体采购服务的组织单元，可以是一个人，也可以是一群人。一个采购组可以为一个采购组织服务，也可以为多个采购组织服务。

3.3.10　计量单位

在 SAP 中，物料的基本计量单位就是物料收发存计量的基本单位，在基本数据 1 视图中设置。一个物料仅有一个基本计量单位，它位于所有的组织级别之上，一般情况下，基本计量单位可以与订购单位、销售单位、发货单位相同，也可以不同；若不同，需要定义它们之间的换算关系。它们之间的换算关系可以通过 MM03 查询，具体方法为单击【附加数据】，选择【计量单位】栏查得。计量单位示意如图 3－5 所示。

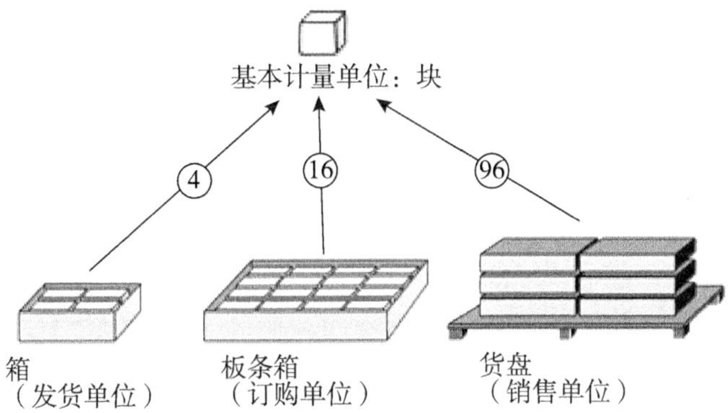

图 3－5　计量单位示意

3.4　物料主数据维护的流程

3.4.1　物料主数据维护方法

物料主数据维护方法通常有如下两类。

一类是分部门维护。例如，技术开发部负责维护基本数据；生产部负责维护生产数据；采购部负责维护采购数据；销售部负责维护销售数据；财务部负责维护会计数据；质量部负责维护与质量相关的数据；维修部负责维护维修数据。

另一类是由财务部集中维护。例如技术开发部、生产部、采购部、销售部等部门把所有数据汇总，然后集中交由财务部统一进行维护。

3.4.2　物料主数据维护的层次

物料主数据的维护通常有三个层次：初始级别、主体工作级别和辅助数据级别，如图 3－6 所示。

物料主数据维护的初始级别通常是界定此物料使用的范围，用于哪个工厂、哪里销售、哪个仓库，一个物料一旦被界定了使用范围，它就不能被使用在其他地方。举例来说，电视机这个产品创立在 2810 这个工厂，意味着只能在 2810 这个工厂生产；如果你生产电视机用的原材料在 2820 工厂，那么就不能生产。物料主数据维护时相应的生产设施、材料、人员等所有资源使用范围必须一致，全部为 2810 这个工厂，才能完成生产任务。

物料主数据的主体工作级别是用来维护该物料具体信息的地方。因为信息太多，需要通过归类，按功能划分成若干窗口，每个窗口有相关信息要求维护，这是使用相关功能的前提。

物料主数据的辅助数据级别指有些数据无法在主体工作级别内维护，只能在这一辅助窗口维护，如某个物料在不同计量单位间的换算。如鼠标在生产时是单个收发，但在采购时是成箱购买，因此需要让系统明白一箱里有多少个鼠标，就在这个窗口定义 1 箱＝32 个鼠标。同样还有一些其他的文档数据和管理数据以及参考资料等，可以在此窗口维护。

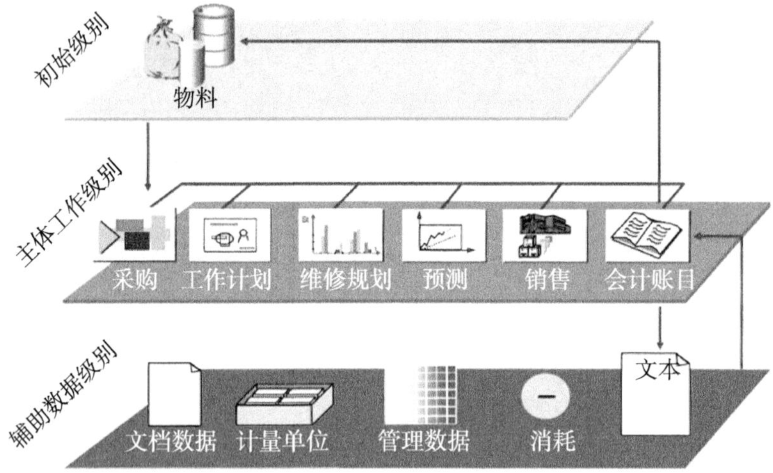

图 3－6　物料主数据维护的层次

3.5　物料主数据维护操作的步骤

3.5.1　物料主数据创建视图及组织结构的选择

3.5.1.1　物料主数据的创建方式

物料主数据的创建方式有两种，第一种方式是直接使用命令窗口，例如输入命令

MM01，然后按回车键进入物料主数据创建窗口；第二种方式是通过主菜单目录，找到相应路径进入物料主数据（见表3－2）。

表3－2　　物料主数据创建菜单路径和事务代码

SAP菜单	后勤 → 物料管理 → 物料主数据 → 物料 → 创建（一般）
事务代码	MM01
操作实例	图3－7～图3－9

3.5.1.2　物料主数据创建初始视图关键字段的解释及操作（见表3－3）

表3－3　　物料主数据创建初始视图关键字段的解释及操作

字段名	解释	R/O	操作	备注
行业领域	按产品所处行业的分类	R	机械工程	
物料类型	按物料类型的分类	R	成品1	
工厂	工厂是一个物理上或逻辑上的单位，是最低的财务评估区	R	2810	可以是生产厂、分销中心或仓库群
库存地点	物料存储的地点	R	0001	原材料
销售机构	销售的组织单位	R	2800	
分销渠道	公司销售产品的渠道	R	01	如零售、批发
仓库号	具体仓库	R	DEC	
仓储类型	仓储分类的类型	R	002	

3.5.1.3　物料主数据创建的初始屏幕

物料主数据菜单进入后是初始屏幕（见图3－7），初始屏幕的第一行是物料，这里指物料代码，默认的是自动产生，因此不需要输入任何内容。

初始屏幕的第二行是行业领域，可以从下拉菜单中选择创建的物料所属哪个行业领域，常用的行业领域有机械行业、电子行业、化工行业等，这里必须进行选择。

初始屏幕的第三行是物料类型，同样可以从下拉菜单中选择对应选项，通用的物料类型有原材料、半成品、成品等，这里也必须进行选择。

初始屏幕的“复制从…物料”，是指可以参考的已创建的物料，这里可以输入已经在系统中创建的物料代码，系统将复制相关内容到当前屏幕，这样可以方便创建者，减少重复输入。

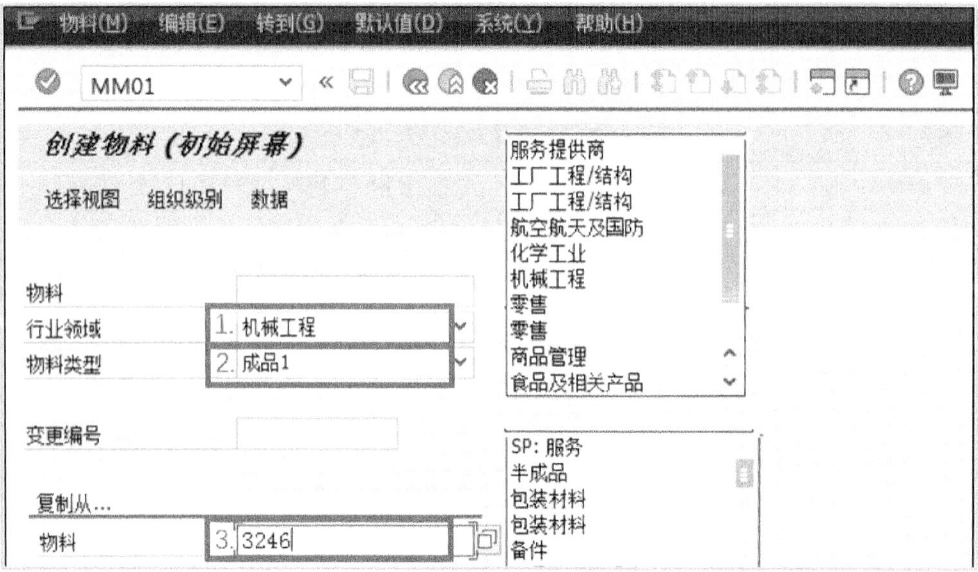

图 3－7　物料主数据 初始屏幕

3.5.1.4　物料主数据视图窗口的选择

在图 3－8 所示的窗口选择所要创建的视图，可以逐个选择，也可以点击下面的图标选择全部，常用的维护步骤是依次选择维护，分别由技术研发部首先维护基本数据，销售部维护销售数据，采购部维护采购数据，计划部门负责 MRP 窗口、仓储部门负责仓库窗口、财务部负责会计及成本窗口的维护。

图 3－8　物料主数据 视图窗口

3.5.1.5 物料主数据组织级别的选择

物料主数据组织级别中组织层次的选择有6个选项，分别是工厂、库存地点、销售机构、分销渠道、仓库号和仓储类型（见图3－9）。根据创建物料所属的工厂，可依次从下拉菜单中选择销售机构及仓库号；如果下拉菜单中没有要选择的内容，则需要在“SPRO”中维护。

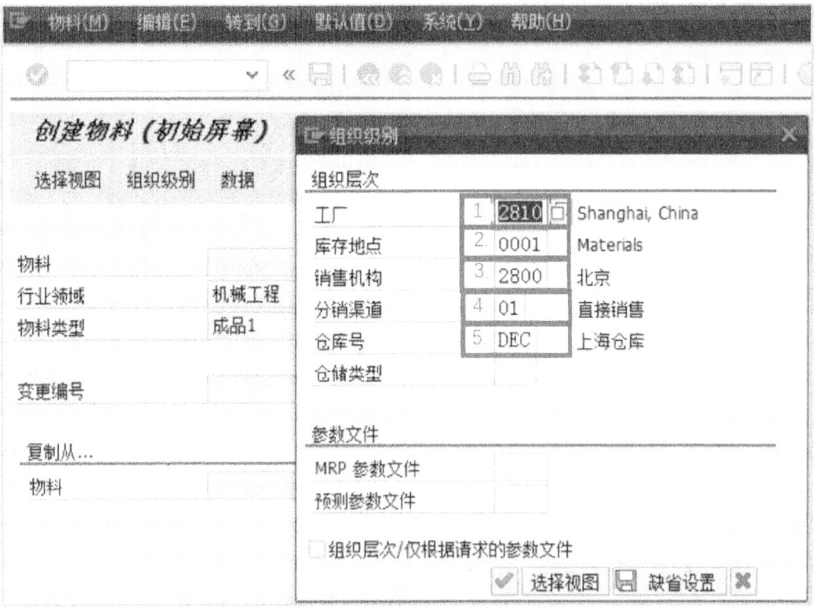

图3－9 物料主数据 组织层次

3.5.2 物料主数据基本数据视图的维护

物料主数据的基本数据是创建一个物料的最基本的数据，全部为无组织机构数据。通常这类数据不会因为组织结构（如销售机构、工厂、库存地点）的不同而改变。基本数据位于集团级别，主要汇集集团层次共同使用的基本信息，如物料编码、物料名称、基本计量单位、物料组等，重要的字段包括物料编码、基本计量单位、物料描述、毛重、净重、部门、物料组。基本数据视图部分关键字段的解释见表3－4，设置的对话窗口包含物料基本数据1、基本数据2和分类窗口。

注：在主界面点击“附加数据”按钮（➡ 附加数据），则进入物料的附加数据界面，附加数据有多个标签页，在这些界面点击“主数据”按钮（⬅ 主数据）则返回主界面。

附加标签页的描述标签页中，可以添加多种语言描述；附加标签页的计量单位标签页中，可以添加多种计量关系，如基本计量单位是件（PC），发货单位中要用到盒（BOX），1盒内装6只，则此处需添加条目1 BOX ＝ 6 PC。

1. **基本数据视图部分关键字段的解释及操作（见表3－4）**

表3－4　　基本数据视图部分关键字段的解释及操作

字段名	解释	R/O	操作	备注
物料描述	物料的名称规格等	R	燕山啤酒（640mL）	应尽量详细
基本计量单位	为公司内物料收发中的最小单位	R	CAN（罐）	最小的单位为EA、PC
物料组	物料进一步的分类	R	00107	属性相同的物料
普通项目类别组	系统在销售凭证处理期间确定项目类别的物料分组	R	NORM（标准项目）	与分销渠道相关的对应活动优先级配置不一样
重量单位	衡量重量大小的度量衡	R	KG	
毛重	产品加包装的重量	R	0.850	要比净重大
净重	产品本身的重量	R	0.680	
体积单位	衡量体积大小的度量衡	R	CCM	
业务量	产品本身的体积	R	6.200	

2. **基本数据1窗口维护举例（见图3－10）**

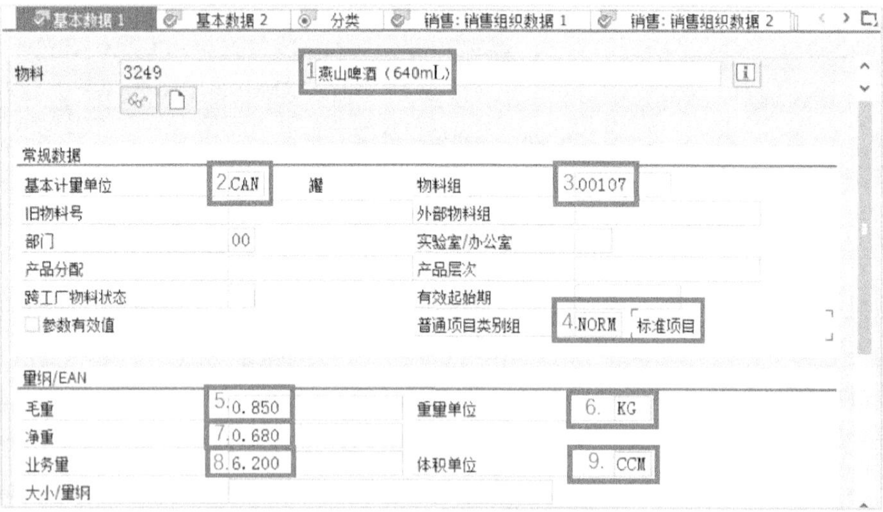

图3－10　物料主数据 基本数据1

3.5.3　物料主数据销售视图的维护

需要销售的物料必须维护销售数据视图，如成品、贸易品等；有些物料类型不需要销售，所以无须维护销售视图，如原材料、半成品、备品备件等。

销售视图维护前，首先需要指定两种与销售相关的组织机构，即销售组织和分销渠道及它们之间的组合。其次是维护与销售相关的五个视图，一是销售组织数据1；二是销售组织数据2；三是一般/工厂；四是对外贸易出口；五是销售文本窗口。它们重点维护的内容包括和销售相关的通用数据如销售单位、部门、交货工厂、税务数据；面向客户的数据如定价、销项税、记账科目设置等；和工厂对应的一些后勤方面的操作数据，如装载组、运输组等；对外贸易出口数据维护的是产品出口的海关贸易数据；销售文本主要是多语言维护。

如果不维护销售视图，则SD销售模块的功能无法使用。

1. **销售视图的关键字段解释及操作**（见表3-5）

表3-5　销售视图的关键字段解释及操作

字段名	解释	R/O	操作	备注
销售单位	销售时的单位，可以与基本单位进行转换	O	CAR	
交货工厂	货物的发出工厂	R	2810	
部门	销售产品生产的部门	R	00	
物料组	物料的分组	R	00107	杂项
税务数据	根据国家自动带出销售税条目	R	0	没有税
物料统计组	用于统计	O	3	食品
物料定价组	与定价条件相关	O	02	配件
成交额回扣组	用于分析	O	02	最小回扣
科目设置组	与开具发票相关，与其他值组合设定收入科目	O	03	Finished goods
普通项目类别组	普通项目的类别	R	NORM	
项目类别组	项目类别的分组	R	VOLL	全产品
物料运输组	物料运输的分组	R	0002	
运输组	无组织机构数据	R	0001	在托盘上
装载组	指定工厂数据，与工厂、客户主数据销售组织视图的装运条件等组合，设定装运点	R	0002	叉车
准备时间	销售产品需要准备的时间	R	1.00	
处理时间	销售产品需要处理的时间	R	1.00	
基准数量	准备处理的基准数量	R	1000	
可用性检查	接到销售订单后确认能否按期交付	R	01	日需求

2. 销售：销售组织数据 1 窗口维护举例（见图 3－11）

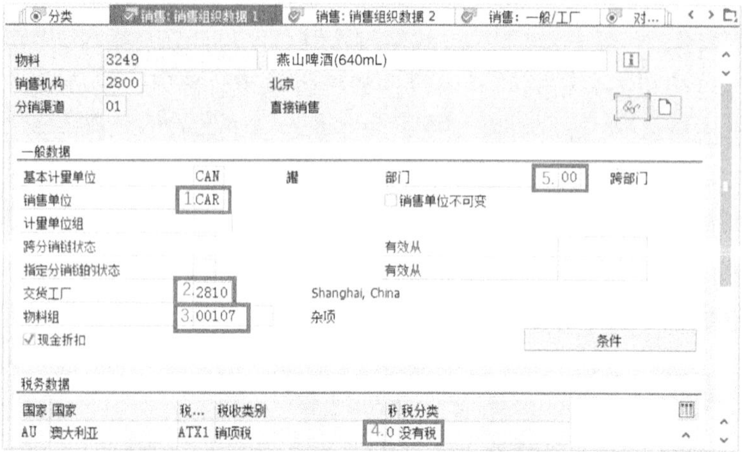

图 3－11　物料主数据 销售组织数据 1

3. 销售：销售组织数据 2 窗口维护举例（见图 3－12）

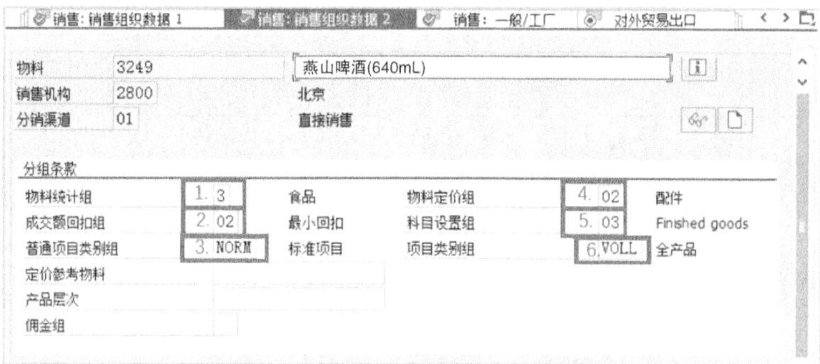

图 3－12　物料主数据 销售组织数据 2

4. 销售：一般/工厂窗口维护举例（见图 3－13）

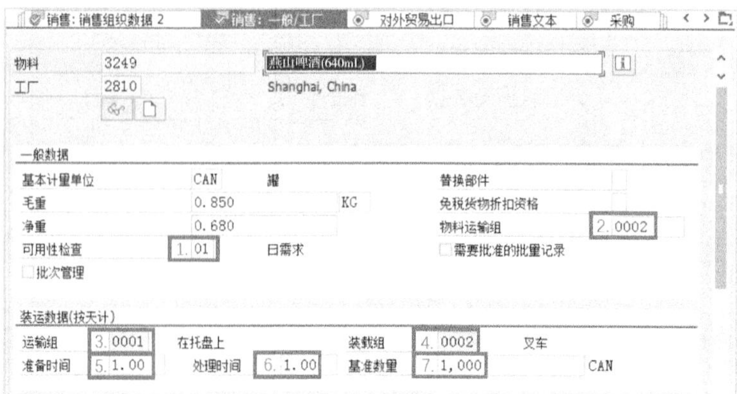

图 3－13　物料主数据 一般/工厂

3.5.4 物料主数据采购视图的维护

采购视图维护的组织级别属于工厂级，但界面中包含很多与工厂无关的、属于无组织机构的数据。这些数据不会因为工厂的变化而变化，它们在第一次创建时是可编辑的，之后再进去时则显示为灰色，为不可编辑状态。

如果没有在系统中维护采购视图的物料，就无法实现采购相关的功能（如创建供应商、采购订单等）。不是所有类型的物料都需要采购，如自制型成品、半成品就无须维护采购视图。

采购视图需要维护采购、采购订单文本、对外贸易进口三个窗口。工厂级别的数据维护，主要是一些与采购相关的控制数据，如工厂、采购组、采购订单单位。字段创建时的选择包括采购类型（X、F、E）和时间（收货处理时间、计划交货时间）。

采购行为会影响库存和财务情况，例如从整个供应链角度看，整托货采购会增加库存和成本支出。

1. **采购视图的关键字段解释及操作与采购窗口维护举例（见表3－6和图3－14）**[①]

表3－6　　采购视图关键字段解释及操作

字段名	解释	R/O	操作	备注
采购组	采购执行单位	R	000	
订单单位	采购货物的单位	R	PAC	
批次管理	是否对物料进行批次管理	O		
自动采购单	指定工厂数据，设定可通过收货反向创建采购订单	O		
收货处理时间	收货需要处理的时间	R	1	天
过账到检验库存	收货到检验库存，经过检验后入库	R	打钩	
采购订单文本	打印的订单所显示的文本	R	燕山啤酒（640mL）	可以添加英文

2. **采购订单文本窗口的维护举例（见图3－15）**

采购订单文本窗口维护的内容会出现在采购订单上，因此，有外贸业务的企业需要特别注意根据不同的外贸国家维护不同的语言。

3.5.5 物料主数据MRP视图的维护

物料主数据中MRP视图数据的维护是保证物料能够正常参与MRP运算的前提。

① 原软件中存在一些语言不规范的情况，现为符合出版标准，对部分文字进行处理，特此声明。

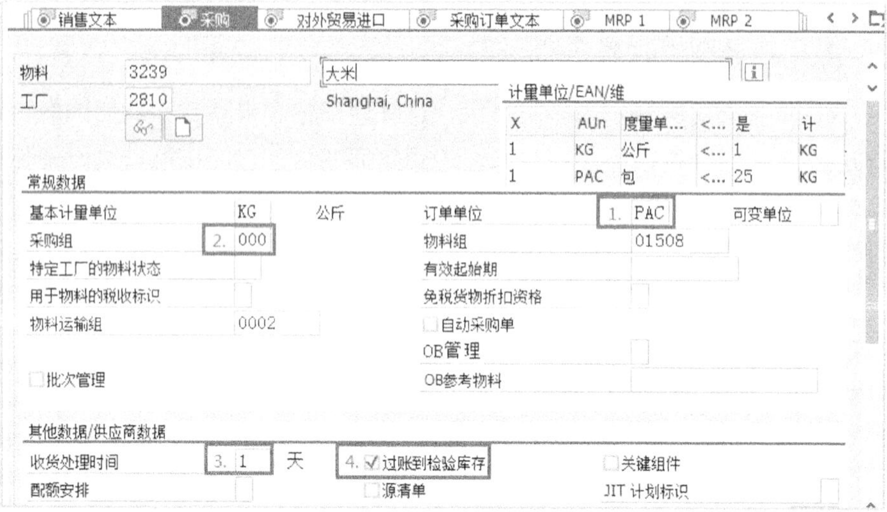

图 3－14　物料主数据 采购窗口

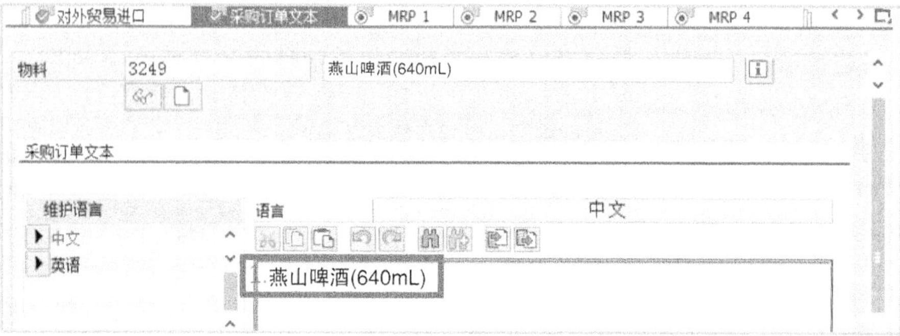

图 3－15　物料主数据 采购订单文本窗口

MRP 视图通常由计划人员根据实际计划的情况填写。MRP 视图维护的内容一般包括 MRP 1、MRP 2、MRP 3、MRP 4 四个窗口，主要内容有 MRP 常规数据、MRP 过程、批量数据、采购、计划、预测、BOM 展开、重复制造等数据。

1. MRP **视图的关键字段解释及操作**（**见表** 3－7 **所示**）

表 3－7　　　　MRP 视图关键字段解释及操作

字段名	解释	R/O	操作	备注
MRP 组	包括所有来自用于分配总计划运行的特殊控制参数的 MRP 视图货点的物料	R	0031	
MRP 类型	确定物料需求计划类型，如 PD、VB、M1 等	R	PD	采购需求计划
MRP 控制者	负责物料计划的采购员或计划员	R	000	

续 表

字段名	解释	R/O	操作	备注
批量大小	确定在物料计划中使用何种批量形式采购物料	R	EX	EX——直接批量，WB——周批量
最大批量大小	在采购或生产中不允许超过的数量	O		
最小批量大小	最小采购数量	O		
ABC 标识	物料的价值等因素分等级的代码	O		A——重点，B——之间，C——一般
再订货点	若库存在订货点数量之下，则系统通过创建计划文件条目，为需求计划标记物料	O		
计划的时界	定义一个 MRP/ MPS 将不会自动地增加或重新安排订单的时期	O		
计划周期	确定计划和定购物料的日期键值	O		
采购类型	外部采购还是内部自己制造	R	E	F——外部采购，E——内部采购（自制），X——两者皆可
批量输入	定义是否应用批次	O		
生产仓储地点	发料或收货的时候默认库存地点	O		
反冲	确定是否在生产订单中设置反冲标识	O		
自制生产	生产制造的时间	R	3	
计划边际码	控制释放时期，为制造材料公开时期并且公开行程安排的浮动时间计划	R	000	
计划交货时间	购买材料的前置时间	R	1	
收货处理时间	采购订单仓库收货操作的时间	R	1	
配额安排	指定哪些商务功能使用一个配额安排的关键值（如在采购申请中启用配额分配功能）	O		
外部采购仓储地点	采购收货缺省库存地点	O		
策略组	定义物料所使用的计划策略	R	20	策略组 10 按库存生产，策略组 20 按订单生产
消耗模式	该消耗模式控制了系统在时间轴方向上的消耗需求	O		

续 表

字段名	解释	R/O	操作	备注
总计补货提前时间	产品在再次完全可用之前必须经历的时间	O	8	
部件废品（%）	物料生产过程中的报废比率	O	12	

2. MRP 1 窗口维护举例（见图 3－16）

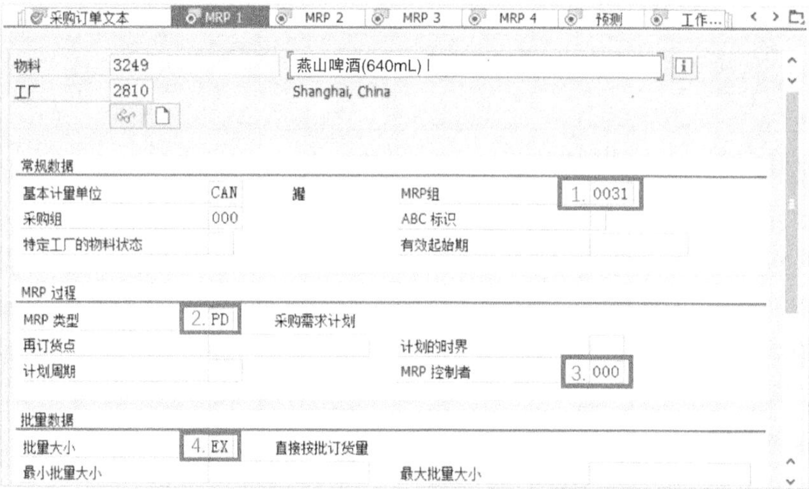

图 3－16　物料主数据 MRP 1 窗口

3. MRP 2 窗口维护举例（见图 3－17）

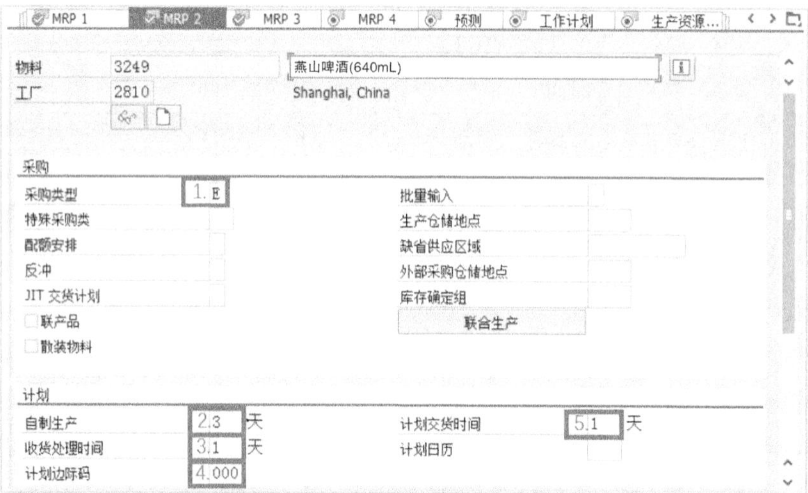

图 3－17　物料主数据 MRP 2 窗口

4. MRP 3 窗口维护举例（见图 3－18）

图 3－18 物料主数据 MRP 3 窗口

5. MRP 4 窗口维护举例（见图 3－19）

图 3－19 物料主数据 MRP 4 窗口

3.5.6 物料主数据工作计划视图的维护

工作计划属于工厂级的安排，用于生产产品的计划维护，包括生产调度人员的安排、工厂内生产的时间安排、进度计划及控制、废品率的控制等。

需要注意的是，只有自制生产的成品和半成品才需要维护工作计划视图。

1. **工作计划视图的关键字段解释及操作**（见表3-8）

表3-8　　工作计划视图的关键字段解释及操作

字段名	解释	R/O	操作	备注
生产管理员	生产调度的人员	O		
生产计划参数文件	订单创建时把生产排产配置文件复制到该订单	O		如果不维护此值将不能生成生产订单
批量输入	打钩表示使用批量控制	O		
生产仓储地点	生产仓库的地址标识	O		

2. **工作计划窗口维护举例**（见图3-20）

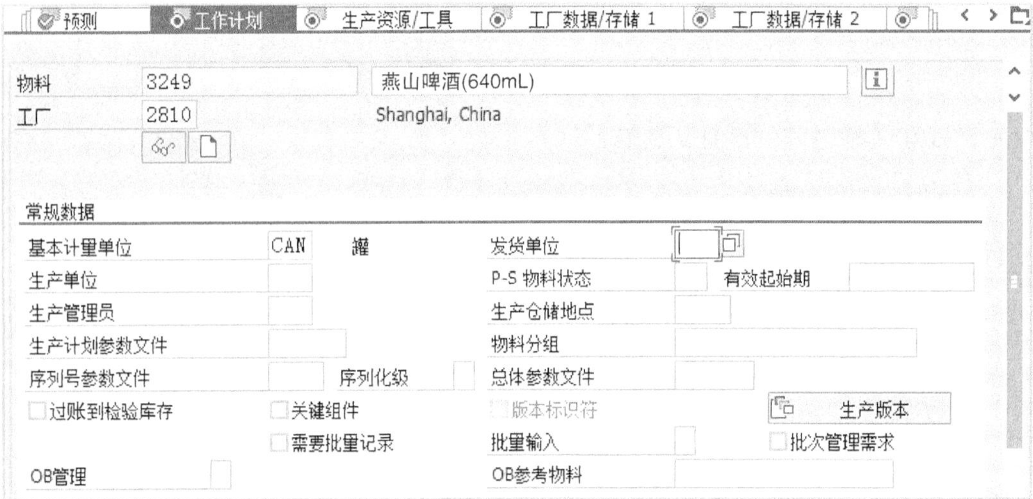

图3-20　物料主数据 工作计划窗口

3.5.7　物料主数据生产资源/工具视图的维护

生产资源/工具视图维护的目的是能够有效利用现有的生产资源，并跟踪记录生产资源利用的效率，对未来的优化提升有很大的帮助。

1. **生产资源/工具视图的关键字段解释及操作**（见表3-9）

表3-9　　生产资源/工具视图的关键字段解释及操作

字段名	解释	R/O	操作	备注
任务清单用途	任务清单的使用范围	R	009	

2. 生产资源/工具窗口的维护举例（见图 3 – 21）

图 3 – 21 物料主数据 生产资源/工具窗口

3.5.8 物料主数据预测视图的维护

预测是基于历史数据，运用不同的数据模型来预测未来趋势或数值的一种方法。在基于需求消耗的计划体系中，预测非常重要，它为未来的需求计划提供了基础，也为订货点的确定和安全库存的计算提供了依据。一般情况下，系统可以按批对物料进行预测，也可以单个对物料进行预测。

一般情况下，历史数据是预测的基础数据，预测的准确性很大程度上依赖于历史数据的多少和取样范围。通过对历史数据的分析，常常可以发现存在某些趋势，这为预测模型的选择提供了依据。

经常使用的预测模型有以下 5 种。

（1）常数模型：若在一个很长的时期内，消耗的数量一直与平均值相差不大，有时会发生波动，就可以使用常数模型。

（2）趋势模型：若在很长的时期内，消耗的数量基于常量变动，那么就可以使用趋势模型，当然也可能偶尔发生波动。

（3）季节模型：若消耗的数量随时间的变化剧烈变动，并且是在平均值上下有规律的波动，就可以使用季节模型。

（4）季节性趋势模型：若消耗的数量随季节的改变而产生向上的或向下的有规律波动，就可以选择季节性趋势模型。

（5）模型选择与监控：在第一次进行预测时，一定要对历史数据进行分析以便选择合适的模型。预测模型的选定有两种方式，可以让用户根据自己的判断进行选定或者是系统在初始化时默认选定，为了确保模型有效，系统会在之后的预测中持续监控已经选择的模型。

1. 预测视图的关键字段解释及操作（见表 3－10）

表 3－10　　预测视图的关键字段解释及操作

字段名	解释	R/O	操作	备注
预测模型	预测的方法	R	G	移动平均
预测期间	预测的时间跨度	O	12	

2. 预测窗口维护举例（见图 3－22）

图 3－22　物料主数据 预测窗口

3.5.9　物料主数据工厂数据/存储视图的维护

工厂数据/存储视图维护是在选择视图时，选中“工厂数据/存储 1”以及“工厂数据/存储 2”条目，组织级别对话框中就会出现工厂、库存地点的条目，输入需要维护的工厂和库存地点编号，点击确认就进入维护数据界面。

存储视图里的数据分为三级：无组织机构级、工厂级、库存地点级，其中工厂级和库存地点级数据完全相同。

物料的存储视图主要包括存储相关数据、批次数据、货架寿命数据、一般工厂数据等。若物料是非存储性的，如服务类则无须维护此视图。

如果未维护库存地点级数据，则用 MIGO 对采购订单收货时会报错。如果在后台维护了“自动建立库存地点”条目（详见《维护工厂库存的一般设置》），则无须维护库存地点级数据，用 MIGO 收货也就不会报错。

1. **工厂数据/存储视图的关键字段解释及操作**（见表 3－11）

表 3－11　　工厂数据/存储视图的关键字段解释及操作

字段名	解释	R/O	操作	备注
发货单位	发货时的单位	O		
温度条件	仓储时的温度要求	O	01	
存储条件	存储时的要求	O	04	
周期盘点标识	周期盘点计划的标识	O	A	
危险物料号	危险品的相关文件号码	O		

2. **工厂数据/存储 1 窗口维护举例**（见图 3－23）

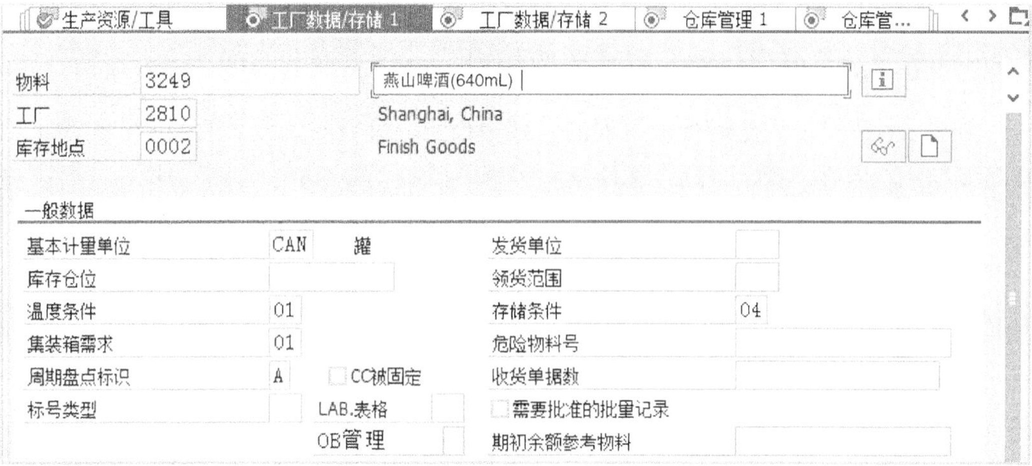

图 3－23　物料主数据 工厂数据/存储 1 窗口

3.5.10　物料主数据仓库管理视图的维护

物料主数据仓库管理的维护包括仓库管理 1 和仓库管理 2 两个窗口的维护。仓库管理的数据维护在工厂和仓库级别之下，常见的维护有一般数据、仓库策略、仓库储存等。

1. **仓库管理视图关键字段解释及操作**（见表 3－12）

表 3－12　　仓库管理视图关键字段解释及操作

字段名	解释	R/O	操作	备注
WM 单位	仓储时的单位	O		

2. **仓库管理 1 窗口维护举例**（见图 3 – 24）

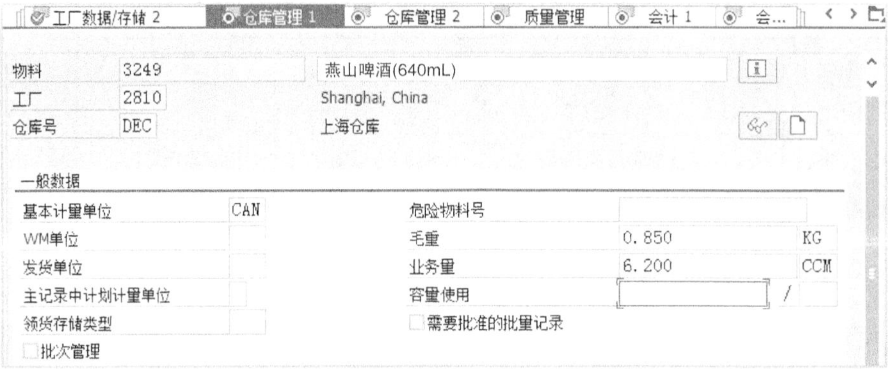

图 3 – 24　物料主数据 仓库管理 1 窗口

3.5.11　物料主数据质量管理视图的维护

通过系统对产品质量进行一系列的管理和控制，可以减少人为的误差，因为人工的质量管理会存在漏洞，一旦系统中维护了质量管理功能，产品的质量检验就必须经过质量部门的同意。

1. **质量视图的关键字段解释及操作**（见表 3 – 13）

表 3 – 13　　质量视图的关键字段解释及操作

字段名	解释	R/O	操作	备注
过账到检验库存	收货到检验库存，经过检验后入库	R	打钩	
收货处理时间	收货处理的时间	R	1	
检查间隔	检查周期	R	1	

2. **质量管理窗口的维护举例**（见图 3 – 25）

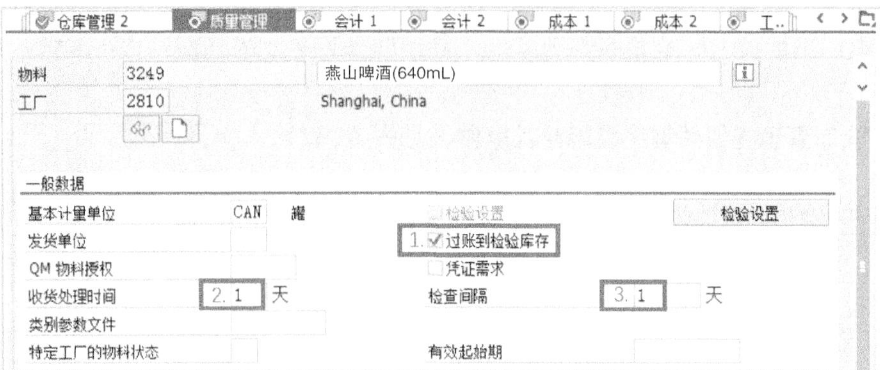

图 3 – 25　物料主数据 质量管理窗口

3.5.12 物料主数据会计视图的维护

公司代码级别的数据，也是公司财务数据，例如评估类、价格控制均属于此。字段示例：价格控制、移动平均价、标准价格、评估类。

在 SAP 系统中，维护物料的会计相关视图，可以在会计层面上进行操作，如记录会计凭证等。维护会计视图的数据，结合后台相关配置（如自动记账等），物料的业务操作就可以自动记到会计凭证上。

维护会计视图时，在选择视图对话框中，选中“会计 1”“会计 2”条目，组织级别对话框中就会出现工厂及评估类型的条目，如无评估类型则输入需要维护的工厂编号，按回车键后就进入维护会计视图界面，如图 3－26 和图 3－27 所示。

1. 会计视图的关键字段解释（见表 3－14）

表 3－14　会计视图关键字段的解释及操作

字段名	解释	R/O	操作	备注
评估类	用来库存和库存冲销业务的总账科目	R	7920	一般按原材料、半成品、成品等分类
价格控制	有两类，移动平均价和标准价	R	S	原材料用 V，成品用 S
价格单位	可以是 1，也可以是基本计量单位的换算值	R	1	单价较小时，可扩大成 1000，减少小数位
标准价格	企业给定的固定标准价格	R	2.50	该价格为固定值

2. 会计 1 窗口维护举例（见图 3－26）

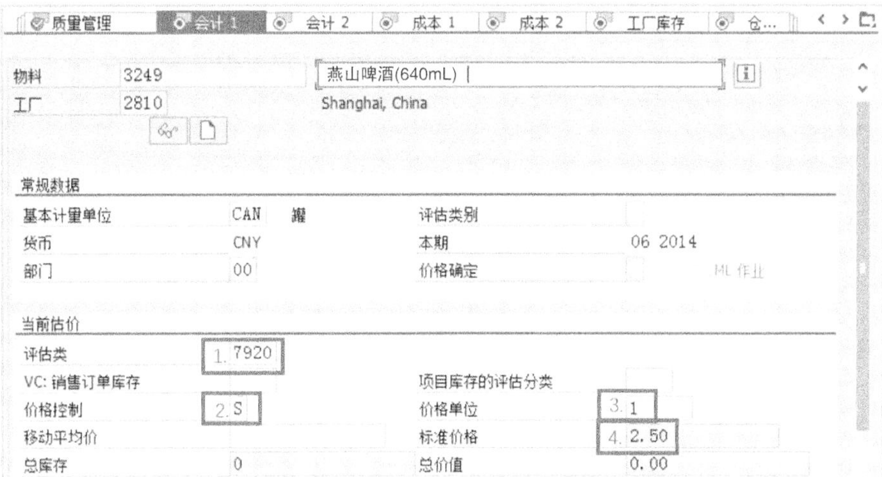

图 3－26　物料主数据 会计 1 窗口

3. **会计 2 窗口维护举例**（见图 3－27）

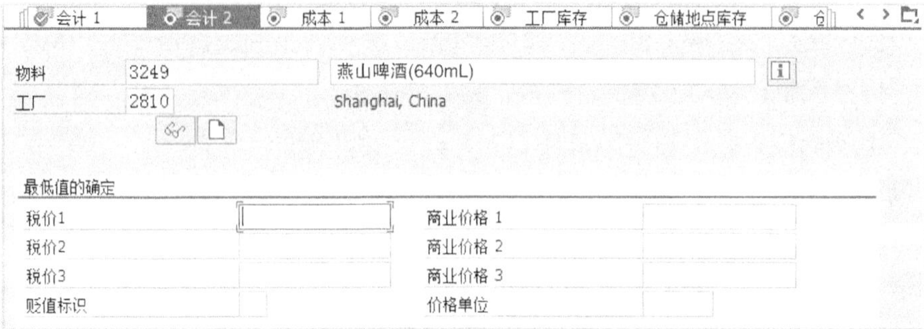

图 3－27　物料主数据 会计 2 窗口

3.5.13　物料主数据成本视图的维护

物料主数据成本维护有成本 1、成本 2 两个窗口，通常维护的内容包括常用数据、成本数据等。

1. **成本视图的关键字段解释及操作**（见表 3－15）

表 3－15　　成本视图的关键字段解释及操作

字段名	解释	R/O	操作	备注
用 QS 的成本估算	选择后物料使用数量结构参与成本估算	R	打钩	
物料来源	物料成本估算以后可以查看到组成物料的成本	O	打钩	

2. **成本 1 窗口维护举例**（见图 3－28）

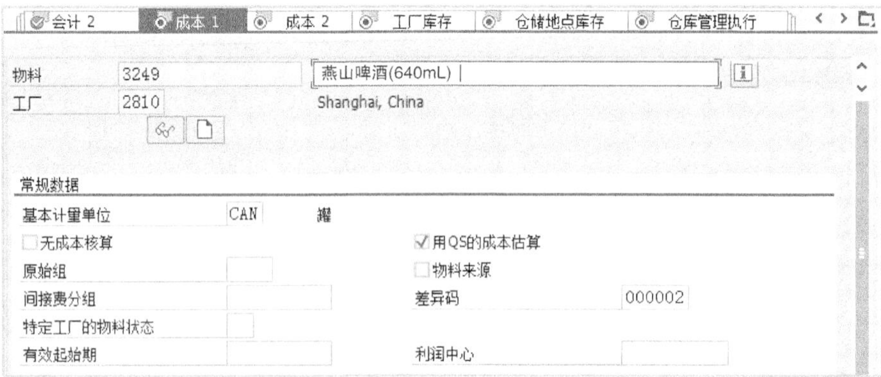

图 3－28　物料主数据 成本 1 窗口

3.5.14　保存退出

物料主数据所有窗口的参数维护完成后，点击保存，在弹出的询问窗口选择

“是”，此时在屏幕左下角会出现绿色“√”，表示物料原材料“3249”已经被成功创建，“3249”就是本次创建物料的物料编码。

3.6　修改物料主数据

3.6.1　修改物料主数据的菜单及事务代码（见表3－16）

表3－16　　物料主数据修改的菜单路径和事务代码

SAP菜单	后勤 → 物料管理 → 物料主数据 → 物料 → 更改
事务代码	MM02
操作实例	图3－29、图3－30

3.6.2　修改物料主数据的操作步骤

（1）输入操作命令MM02后按回车键，出现物料修改的初始界面；输入物料代码“3249”后，按回车键，就会出现选择视图窗口，选择需要修改的视图和组织级别，如图3－29所示，选择完成后打钩进入需要修改的视图。

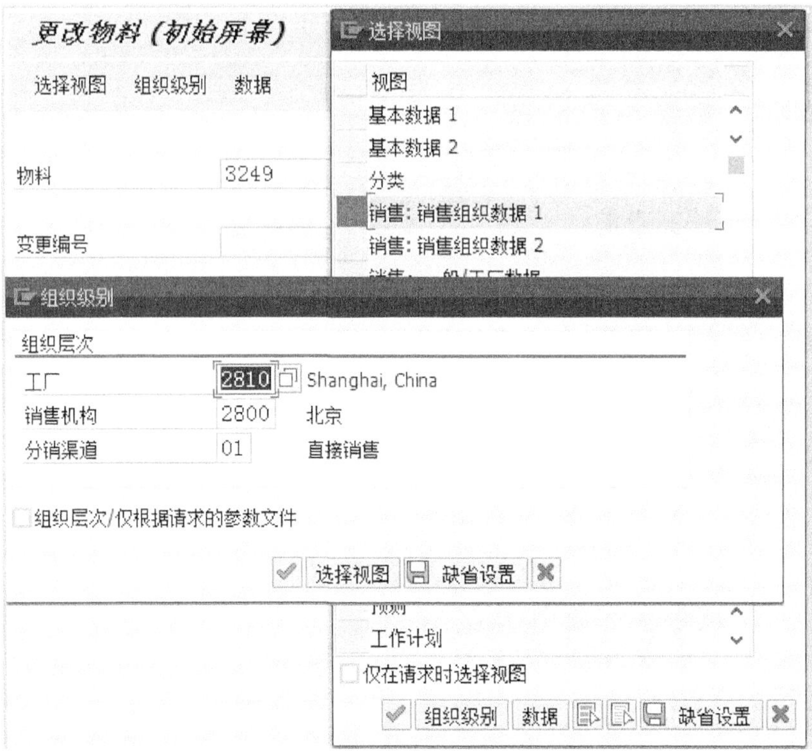

图3－29　物料主数据 组织级别选择窗口

（2）进入要修改的销售组织数据 1 后，将物料组从 00107 改为 01507，然后保存，此时修改完成。如图 3－30 所示。

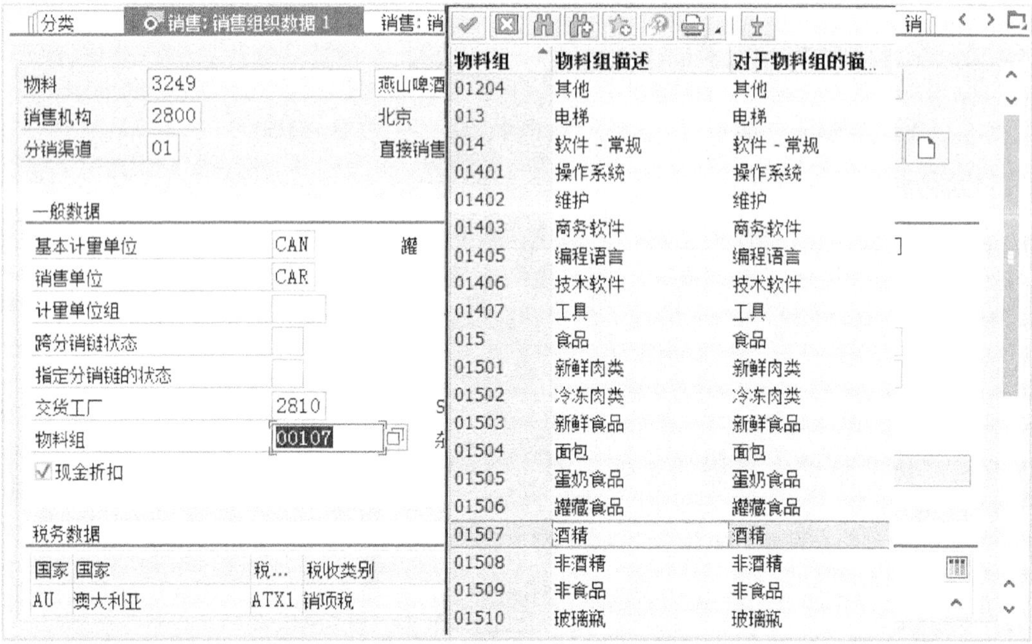

图 3－30　物料主数据 销售组织数据 1 窗口

3.7　物料主数据查询显示

3.7.1　物料主数据查询

查询物料主数据的操作命令为 MM03，查询的过程与 MM02 修改过程类似，只是进入查询界面后无权进行任何修改，只可查看相关信息。

3.7.2　物料主数据的批量查询

物料主数据批量查询的操作命令为 MM60，可以通过工厂、库存地点、物料料号范围、物料组、采购组等组合查询，得到用户所需要的信息。

3.7.3　物料主数据批量修改

物料主数据批量修改的操作命令为 MM17，该命令不仅可以批量查询一类物料的主数据，也可批量修改同一类型的数据设置，如物料组、采购组、库存地点等。操作时要注意的是，有些参数修改的前提条件是库存为零。

3.8　物料主数据常用代码

（1）MM01 物料主数据创建。

（2）MM02 物料主数据修改。

（3）MM03 物料主数据单个显示。

（4）MM60 物料主数据批量查询。

（5）MM17 物料主数据批量修改。

3.9　本章问题

（1）为什么物料主数据必须维护在一定的组织级别中？

（2）物料主数据的行业类别和物料类型划分有什么意义？

（3）必须维护销售主数据的物料类型有哪些？

（4）MRP 视图维护时，哪些参数必须维护？

3.10　案例分析

剪刀生产的工艺

剪刀是人们生活中不可缺少的日用品，多用途的民用剪刀更是走进了千家万户。进入 21 世纪，剪刀品种更加丰富，剪刀生产使用的钢材也突破了普通钢材的限制，不锈钢、合金钢在剪刀生产中大量使用。我国剪刀生产的年总产量大约为一亿把，以传统的民用剪刀为主，产量约占剪刀生产总产量的三分之一。

要想突破传统的剪刀生产工艺，必须改变落后的嵌钢锻打工艺，剪刀的生产工艺需要向冲压化方向突破，使剪刀的生产组织走上标准化、规范化、系列化的道路。近年来，不少剪刀生产企业都对纯钢冲裁工艺进行了试验，并且取得了一些宝贵的经验，为剪刀的冲压工艺应用打下了坚实的基础。

冲压剪刀生产的工艺如下：①钢卷开料；②剪刀片打孔；③剪刀片热处理：经过 1000℃高温煅烧，剪刀片达到一定的硬度；④剪刀片打磨抛光清洗处理；⑤剪刀片上油处理；⑥剪刀片注塑刀柄；⑦剪刀装配，螺丝连接。

剪刀生产需要的原材料包括钢卷或钢片、塑料粒子、色母和组装用的螺丝。图 3－31是组装好的剪刀。

案例操作内容：

（1）创建用于剪刀生产的原材料的料号。

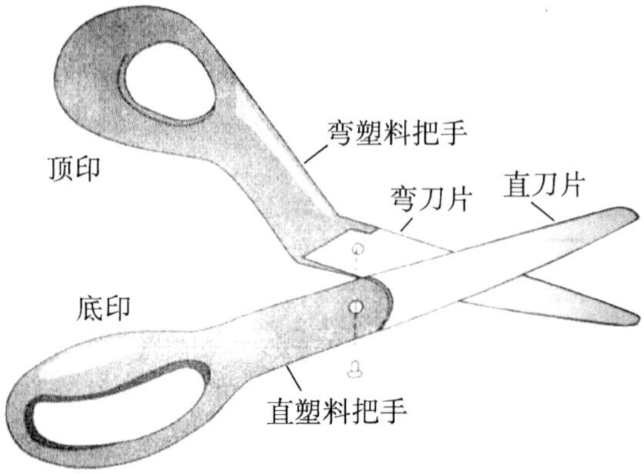

图 3－31　组装好的剪刀

（2）创建剪刀成品的料号。

本章小结

本章介绍了物料主数据的概念、相关的组织结构层次以及和物料主数据组织结构有关的一些概念，然后列举了物料主数据维护的一般操作流程，重点讲解物料主数据各个窗口的关键字段及其维护内容。

4　生产主数据

引言 生产主数据的设置是生产管理功能运行的重要环节之一，是生产管理的基础。要想运行生产管理模块，就必须创建严谨的生产主数据。

本章学习目的

- 了解生产主数据的基本概念
- 掌握物料清单的创建
- 掌握工作中心的创建
- 掌握工艺路线的创建
- 熟悉生产主数据对生产管理的影响

4.1　生产主数据概述

生产主数据是指在生产过程开始之前，必须在系统中进行设定的生产相关信息描述，其会对生产加工的过程产生影响。生产主数据的内容包括物料主数据、物料清单主数据、工艺路线主数据和工作中心主数据，每个主数据在生产过程中起不同的作用，生产主数据之间的关系如图 4-1 所示。

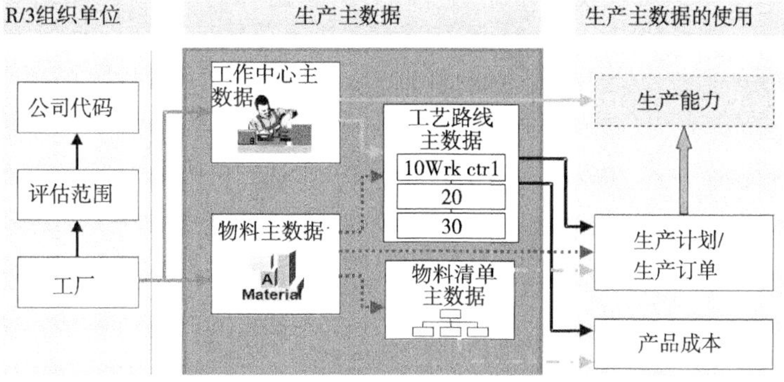

图 4-1　生产主数据之间的关系

4.2 生产主数据相关概念

4.2.1 成本中心

成本中心是一个独立的部门，涉及成本与利润的控制。成本中心的目标是以最低的耗费完成既定的产量，或在预算既定的前提下增加产出。针对全球布局或多个区域工厂的集团公司，设立成本中心可以有效监控各地的成本波动并保持生产成本的合理性。

4.2.2 利润中心

利润中心指的是能够在同期掌控生产和销售，并承担企业成本与收入的责任中心，设立利润中心的目的是可以运用其利润的多少来评估其业绩。利润中心的类型有两种，一种是自然的利润中心，它向企业外部直接销售其产品，并在市场上开展采购和营销业务；另一种是人为的利润中心，大部分情况下，它向企业内部根据内部转移价格销售其产品。

4.3 生产主数据的内容及创建步骤

4.3.1 物料主数据的修改与更新

物料主数据是指对供应链运作过程中涉及的成品、半成品和原材料所需要使用的参数进行设定，以保证信息流在 ERP 中畅通运行。物料主数据和生产相关的信息主要在 MRP 的四个视图中进行维护，物料主数据中的信息较多，因此会影响较多的生产执行过程，主要会对 MRP 运行、可用性检查、物料替代等过程产生影响。物料主数据相关内容的创建、修改和查看在第 3 章物料主数据中已经做了较为详细的介绍，与生产相关的物料主数据的设置内容如下。

基本数据 1：物料编码、名称、基本计量单位、毛重、净重、业务量等。

MRP1：MRP 类型、MRP 控制者、批量大小。

MRP2：采购类型、自制生产、计划交货时间、收货处理时间、计划边际码。

MRP3：期间标识、策略组、可用性检查。

MRP4：组件报废率、生产版本。

工作计划：生产单位、发货单位、生产仓储地点。

生产工具/资源：特定工厂的物料状态、任务清单类型。

工厂数据：库存库位、温度条件。

4.3.2 物料清单

4.3.2.1 物料清单的概念

物料清单（Bill of Material，BOM）是表明企业产品和零部件、原材料的组成关系以及下属零部件、原材料和成品之间数量和时间上相互关系的技术文件。物料清单是关键的基础数据，它可以描述企业产品的组成结构，即描述产品在制造中所需的总装件、零部件和原材料之间的附属关系，也是计算 MRP 时的重要输入文件。

一个物料清单文件，至少包括三个数据项：物料标识、需求量和层次码。物料清单可以清晰描述的信息是：一个上属项（产品）是由哪些下属项（原材料）所组成的；一个上属项对构成它的下属项的数量要求。

在 SAP 系统中，物料清单最主要的作用是在 MRP 或 MPS 运行的时候将相关需求传递给半成品或原材料，从而可以明确知道半成品和原材料的相关需求，同时 BOM 在系统中还具有一些其他的功能，如 BOM 的用途、BOM 中设置虚拟件、BOM 中设置可替代物料、BOM 中设定替换物料。

如图 4－2 所示的物料清单结构描述的是一个成品 X（上属项）由三个部件 A、B、E 组成，但 A 和 B 是中间半成品，而 E 是最终原材料。A 由 C 和 D 组合加工而成，C 和 D 也是中间半成品，C 由 O 加工而成，D 由 P 加工而成，同样 B 由 R 加工而成。最

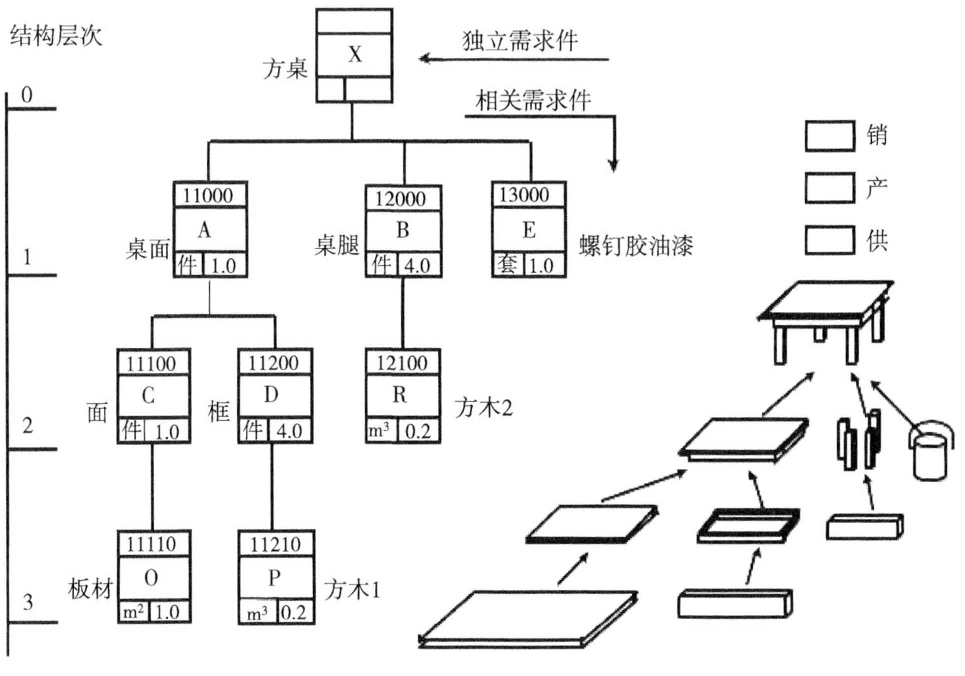

图 4－2 物料清单

终原材料是 O、P、R、E，也被称为下属项，而 A、B、C、D 称为半成品。在创建系统物料清单时半成品可以出现，也可以不出现，两种表示方法各有优劣，有半成品时物料清单为分层创建，三层结构比较复杂，但中间半成品可以进行出入库操作；没有半成品创建的物料清单比较简单，但中间半成品因为没有料号不能进行出入库操作。

物料清单按用途可分为工程/设计 BOM、生产 BOM、销售 BOM、成本核算 BOM、工厂维护 BOM 等。BOM 的特殊应用还包括虚拟 BOM 和成本 BOM，成本 BOM 通过 BOM 逐层累加而成，它包括每层的材料成本和各层各项费用分摊。

4.3.2.2 物料清单的关键字段的解释及操作（见表 4－1）

表 4－1　物料清单的关键字段解释及操作

字段名	解释	R/O	操作	备注
物料	被创建物料的编码	R	3249	
工厂	创建 BOM 的工厂	R	2810	
项目类别	库存项目还是非库存项目	R	L	库存件
组件	物流清单下属项内容	R	3238	
数量	下属项的数量	R	120	
BOM 用途	该 BOM 创建的用途	R	3	
可选 BOM	同个物料可创建多个 BOM，给各 BOM 分配序列号	O		
变更编号	BOM 的更改编号	O		
有效期自	该 BOM 有效开始的日期	R		
部件废品（%）	下属项的废品比率	O	12	

4.3.2.3 物料清单创建的操作步骤

1. 物料清单创建菜单（见表 4－2）

表 4－2　物料清单创建的菜单路径和事务代码

SAP 菜单	后勤 → 生产 →主数据 → 物料清单 → 物料清单 → 物料 BOM → 创建
事务代码	CS01
操作实例	图 4－3 ~ 图 4－5

2. 物料清单（初始屏幕）

在命令栏输入 CS01 后按回车键，进入创建物料清单的初始屏幕（见图 4－3）。

（1）输入待创建物料清单的物料料号：3249。

（2）输入待创建物料清单的工厂：2810。

（3）输入待创建物料清单的 BOM 用途：3。

需要注意的是在此窗口的物料指上属项，可能是成品料号或半成品料号，一定不能是原材料或贸易品的料号。完整创建后按回车键进入下一个窗口。

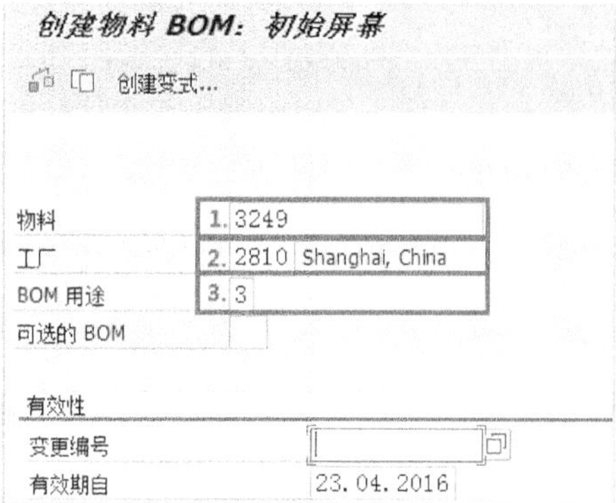

图 4－3 创建 BOM 初始屏幕

3. **创建物料** BOM：**通用项目总览**

打开物料清单通用项目总览窗口后（见图4－4），需要输入下属项及其相应构成数量。在物料窗口，首先看到的是项目（指构成下属项的序号），通常系统自动给定为0010、0020、0030…，ICt 选择的是库存项 L，下两列是组件和部件描述，也就是下属项的物料料号及其名称。

（1）输入组件：3238。

（2）输入下属项对应的构成数量：120。

（3）同理维护其他各项，直到全部维护结束。

全部维护结束后按保存键，维护结束。

图 4－4 创建 BOM 通用项目总览

4. **下属项的详细设置**

如果需要做下属项的详细设置，双击项目编号，进入详细设置窗口，部件废品（%）设为12，按保存键即可完成设置，如图4－5所示。

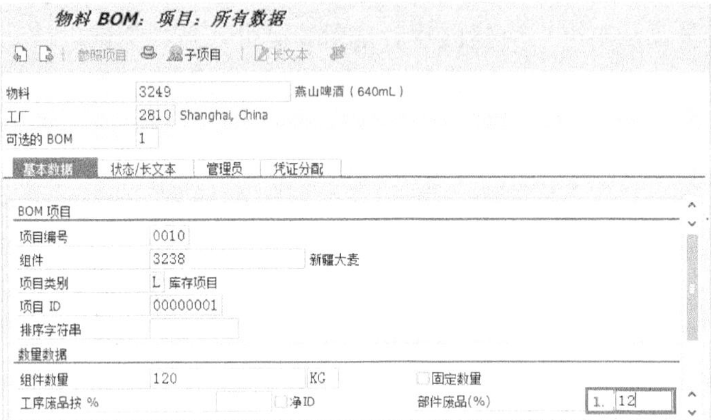

图4－5　创建 BOM 详细设置

4.3.2.4　修改物料清单（见表4－3）

表4－3　物料清单修改的菜单路径和事务代码

SAP 菜单	后勤 → 生产 →主数据 → 物料清单 → 物料 BOM → 更改
事务代码	CS02
操作实例	图4－6

在命令栏输入CS02，按回车键，进入BOM的修改窗口，双击第一行第一列，出现如图4－6所示的窗口，更改部件废品（%）：7，点击保存，保存所做的修改。

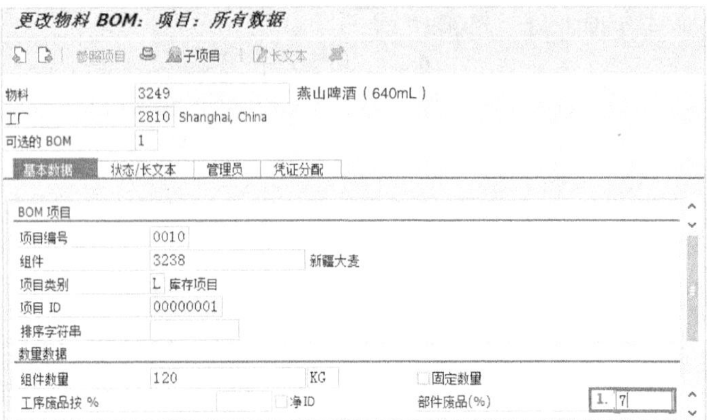

图4－6　修改 BOM 设置

4.3.3 工作中心

4.3.3.1 工作中心的概念

工作中心是用于改变物料的物理状态或性质的生产作业的单元。工作中心可以是一台设备，可以是功能相似的多台设备，可以是一个或多个工作类型基本相同的人，还可以是一个或多个功能作用基本相似的作业场地。工作中心既是生产作业在计划中执行的单元，又是生产作业在成本核算中的单元，还是生产作业在采集数据时的采集点。

工作中心包含两类数据，一类为基本数据，另一类为能力数据。基本数据的抬头信息包括工作中心的编码、工作中心的物理位置、工作中心的名称，行信息包括车间、组织、班组、工序等和该工作中心所隶属的成本中心等。能力数据包括功能相同的机器设备数量、工作中心在作业时的人员数量、机器设备在作业时的效率、所有作业人员的普遍技术等级、每个工作日中每台设备的标准工作时长以及每天每人在作业时的标准工作时长等。

工作中心包括与产品工艺相关的主数据，例如与调度、容量规划和生产成本计算相关的数据。

所有的制造活动都在工作中心进行。工作中心可用于监控以下活动。

（1）计划：可以按照工作中心中提到的路线和公式中的操作时间计划生产订单中的操作。

（2）生产成本核算：可以根据工作中心中提到的公式检查生产成本核算。工作中心还与成本中心关联，它收集了生产订单中的操作成本。

（3）容量规划：可以找到存储在工作中心的当前容量和未来容量需求。

4.3.3.2 工作中心关键字段的解释（见表 4－4）

表 4－4　工作中心关键字段的解释及操作

字段名	解释	R/O	操作	备注
工作中心	一类设备组或群组	R	WC01	手动输入
工作中心类别	工作中心的类别	R	0001	工时
负责人员	维护工作中心的人	R	0001	工作中心主文件的更新与维护支持
用途	使用场所	R	0009	带出任务清单所确定的在哪里或用什么资源来执行工序和成本

续 表

字段名	解释	R/O	操作	备注
标准值码	初始参数给定	R	SAP1	用于计算执行时间能力需求和成本
能力利用	机器的实际能力和理论能力的关系	R	90	
基本计量单位	可用能力的单位	R	HR	常用单位为小时
工厂日历	工厂可计划的时间	R		不输入则默认为中国日历 CN

4.3.3.3 工作中心创建的操作步骤

1. **工作中心创建的菜单路径（见表4－5）**

表4－5　　工作中心创建的菜单路径和事务代码

SAP 菜单	后勤 → 生产 →主数据 → 工作中心 → 工作中心 → 创建
事务代码	CR01
操作实例	图4－7～图4－10

2. **工作中心创建初始屏幕**

在命令栏内输入 CR01，按回车键，进入工作中心创建的初始屏幕，如图4－7所示。

（1）输入工作中心所处的工厂：2810。

（2）输入待创建的工作中心：WC01。

（3）选择工作中心类别：0001。

创建完成后，按回车键到下一个窗口设置。

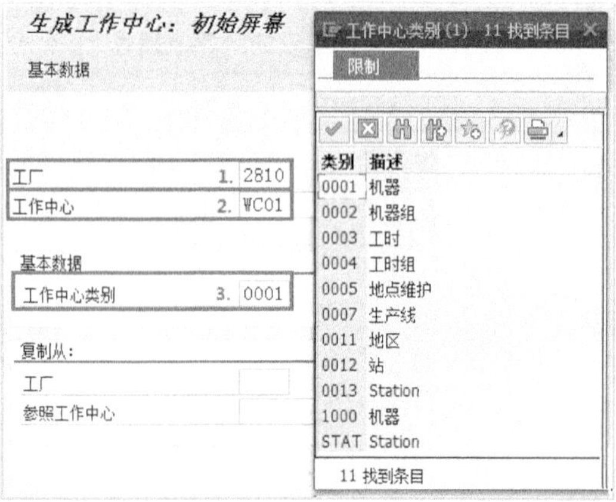

图4－7　工作中心创建 初始屏幕

3. 工作中心基本数据的创建

进入工作中心创建的窗口后，首先选择基本数据窗口设置，如图 4－8 所示。

（1）输入工作中心描述：制麦车间。

（2）输入该工作中心负责人员的代码：001。

（3）输入机器所在的库位：0001。

（4）输入工作中心的用途：009，该工作中心对应所有任务列表类型。

（5）输入标准值码：SAP1，此设置用于标准成本计算的不同活动类型。

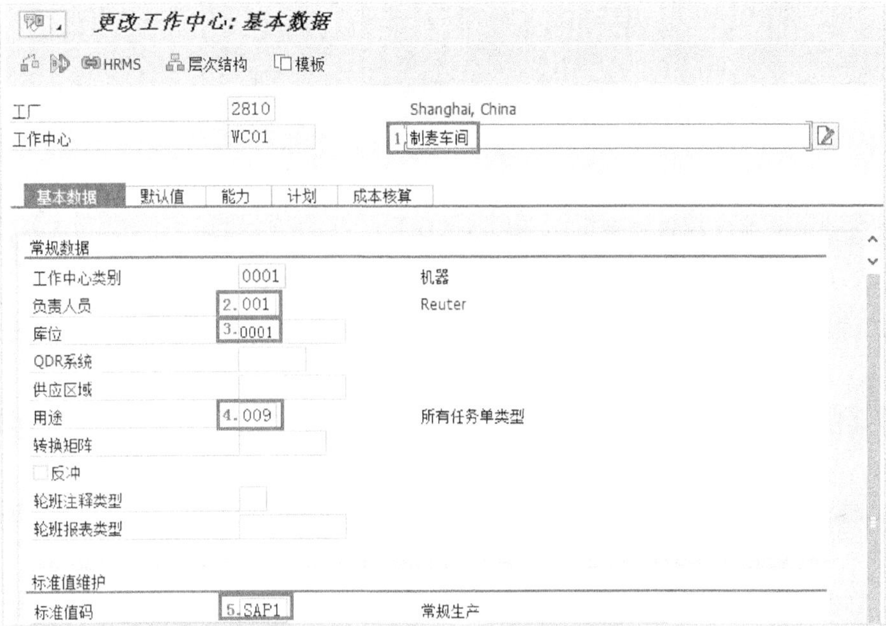

图 4－8　创建工作中心 基本数据

4. 工作中心能力数据的创建

选择能力窗口创建，如图 4－9 所示，依次维护相关的能力参数。

（1）输入能力类别：001，表示机器生产耗时类别。

（2）输入能力说明：机器生产耗时。

（3）输入能力计划员组：000，该组负责机器容量。

（4）输入工厂日历 ID：CN，不输入默认中国日历 CN。

（5）输入基本计量单位：HR。

（6）输入该机器工作中心的可用于生产的工作时间段。

开始：08：00：00，完成：24：00：00，休息时间：08：00：00。

（7）输入工作中心的能力利用（即能力利用率）：90。

图 4－9　创建工作中心 能力数据

5. **工作中心成本核算设置**

进入成本核算窗口，如图 4－10 所示，完成相关的设置。

（1）成本核算有效期的维护。

开始日期：18. 04. 2016，结束日期：31. 12. 9999。

（2）输入成本控制范围：2800。

（3）输入成本中心：12008。

（4）输入可选作业说明：准备。

（5）选择活动单位：011。

（6）选择公式码：SAP001。

完成以上所有设置后，点击保存，保存所有的工作中心数据的设置，工作中心创建完成。

图 4－10　创建工作中心 成本核算窗口

4.3.4 工艺路线

4.3.4.1 工艺路线的概述

工艺路线是描述产品生产加工过程的文件，通常包括若干生产工序，每一道生产工序都能完成产品制作的一部分工作。常见的生产流水线可以被当作一个工艺路线。为了记录工艺路线的生产成本，生产过程中使用的原材料和人工通常会被分配到每个生产工序中，并和生产工艺一起被用于生产的计划及成本的记录，从而最终形成生产总成本。

工艺路线的抬头数据主要有物料名称、工厂、工艺路线序号、分组、用途、状态等，行数据包括工序编号、工作中心、工序描述、准备时间、加工时间、单位等。

4.3.4.2 工艺路线的作用

工艺路线是一个能够代表一项生产任务在工厂内的运作方式的重要文件。通常产品的生产离不开物料清单和工艺路线，物料清单解释了物料的层次组织之间的联系，而工艺路线解释了物料在生产中的过程和步骤，并用来确定生产的具体进度。工艺路线有以下六个作用。

1. 工艺路线是计算累计提前期的基础

物料主数据管理是通过设定参数来控制物料运行的方式及流程。例如要设定物料提前期的相关信息，对于采购物料，我们设置了采购提前期；对于生产制造性物料，我们能够通过工艺路线合计它所有的提前期的信息，方法就是先从工艺路线方面设定每一道工序需要花费的时间，然后依次累计它的提前期信息。物料需求计划在倒推各计划投入时间时依靠的就是在系统中设置的各提前期，没有这些参数的设置，MRP 无法运行。

2. 工艺路线是工单成本卷积的基础

装配件所产生的成本主要有工时费用和材料成本。在使用工艺路线计算成本时，首先由物料清单定义某个装配件生产时所需的用料及其耗用数量，其次在工艺路线上定义工时所产生的标准的消耗，然后对其他除原材料以外的直接投入定义为资源（如设备、人员、燃料、资金、厂房等），最后将剩下的间接投入定义为费用（如财务费用、管理费用、销售费用等），通过界定每道工序耗用的资源，最后将成本和费用卷积到工单成本中。

3. 工艺路线是生产能力计算和考核的基础

MRP 在计算能力时，需要检查其生产能力，系统的生产能力是通过设定以时间为单位的生产资源拥有量来表现的，例如机器可用的时间、人力可用的时间等，这样设定好的时间资源就可以用来表示各生产车间拥有的生产能力。当系统在进行生产能力的计划时，会查询该生产车间拥有的资源数量，并依据生产工单和工艺路线计算生产产品所需要的资源数量，以此综合判断车间是否有充足的能力在规定的时间内生产出该产品。

4. 工艺路线是实时记录生产成本与费用的基础

如果管理部门要系统实时记录生产进度，就要设置详细的工艺路线。在生产实际管理过程中，可以通过工艺路线设置的每道工序之间的货物移动记录表示生产任务目前所处的状态。如果希望通过质量控制来加强过程检验，也可以设置相应的工艺路线，让生产任务能够完成移动事物的处理，在移动时直接输入和它相关联的质量检查结果。同样成本会计也可以通过设置工艺路线实现费用、工时等生产成本的及时收集和记录。

5. 工艺路线是实现标准外协功能的基础

在系统中，标准外协功能是通过定义外协物料和资源来实现的，通过关联工艺路线、相关的材料和资源，当发生物料移动或释放生产任务的时候，系统会依照生产任务所关联的外协材料和资源自动生成与外协相关的采购订单；当接收外协材料和资源的采购订单时，系统也会主动将外协材料和资源的费用记录到相关的生产任务中。

6. 工艺路线是实时准确扣减库存的基础

工艺路线设置后，系统就能够有效地使用物料清单，包括每个工序投入的原材料数量、生产加工所需要的时间等。同时通过工艺路线的设置，系统可以实现成品入库时相关原材料的自动扣减，这样能够使实时库存更加准确。

4.3.4.3 工艺路线关键字段的解释（见表 4－6）

表 4－6　工艺路线关键字段的解释及操作

字段名	解释	R/O	操作	备注
用途	工艺路线使用方式	R	1	
状态	工艺路线时态	R	2	
计划员组	参与工艺路线人员	O		

4.3.4.4 工艺路线创建的操作步骤

1. 工艺路线创建菜单（见表 4－7）

表 4－7　工艺路线创建的菜单路径和事务代码

SAP 菜单	后勤 → 生产 →主数据 → 工艺路线 → 工艺路线 → 标准工艺路线 → 创建
事务代码	CA01
操作实例	图 4－11 ~ 图 4－17

2. **创建工艺路线：初始屏幕**

在命令栏内输入 CA01，然后按回车键或打钩，进入工艺路线创建的初始屏幕，如图 4－11 所示。

（1）输入等待创建工艺路线的成品物料料号：3249。

（2）输入工艺路线所在的工厂：2810。

（3）输入创建工艺路线的关键日期：23. 04. 2016。

设置完成后按回车键，进入创建工艺路线的表头细节窗口。

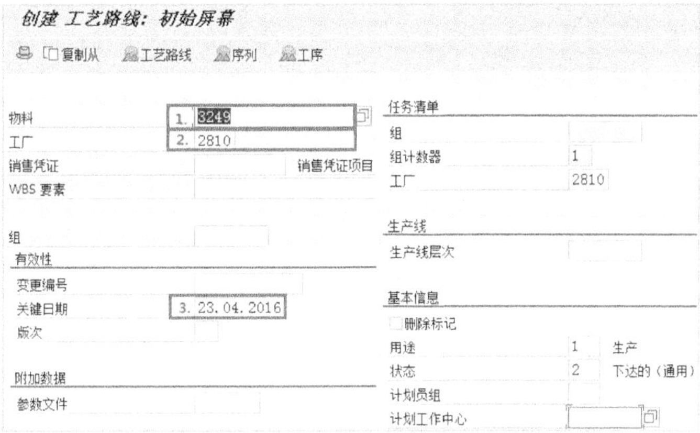

图 4－11 创建工艺路线 初始屏幕

3. **创建工艺路线：表头细节**

在创建工艺路线的表头细节窗口（见图 4－12），需要输入该工艺路线创建的用途：选择 1，即用于生产；输入状态：选择 2，即对订单下达；输入计划员组：选择 001，即负责该工艺路线的维护与计划。输入完成后，按回车键进入下一个窗口。

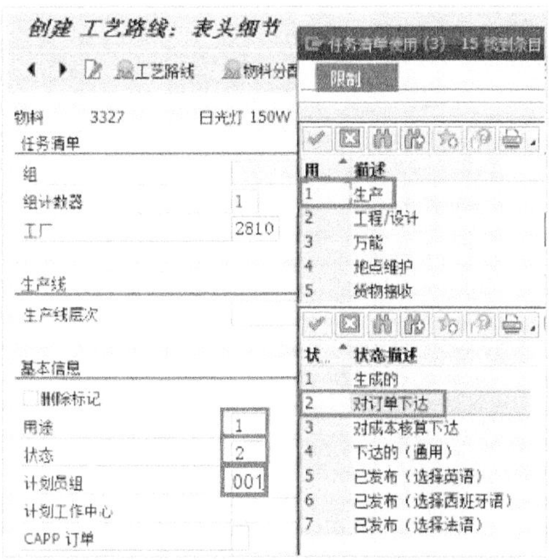

图 4－12 创建工艺路线 表头细节

4. 创建工艺路线：工序总览

点击工艺路线工具栏，再点击工序工具栏，进入工艺路线工序创建阶段。按序将所有工序维护到工序概览窗口，具体设定如图 4－13 所示。

（1）选择工作中心：WC01。

（2）选择控制工序：AA01。

（3）输入描述：制麦生产。

以此类推，直至全部维护结束。

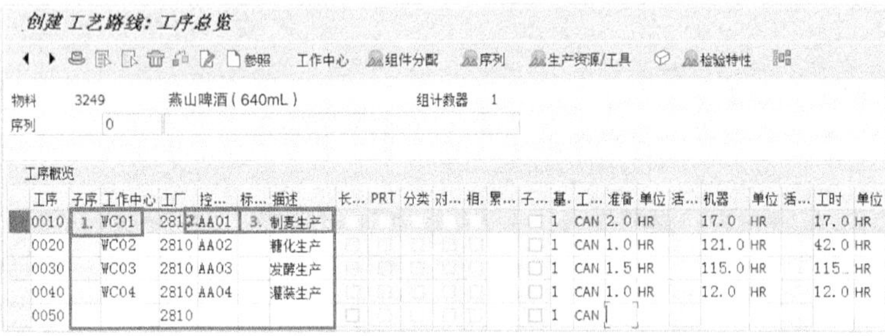

图 4－13　创建工艺路线 工序总览

5. 创建工艺路线：工序细节

依次点击每个工作中心，维护每个工作中心的工时，如图 4－14 所示。

（1）输入基本数量：100。

（2）输入准备：2.0。

（3）输入机器：17.0。

（4）输入工时：17.0。

以此类推，直至全部维护结束。

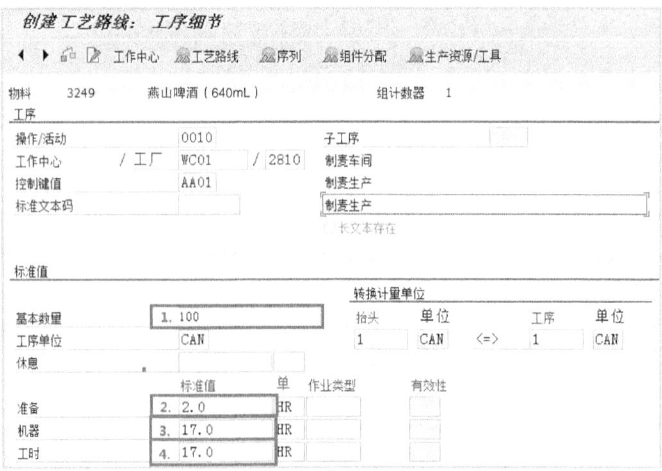

图 4－14　创建工艺路线 工序细节

6. 工序组件分配

点击工具栏【组件分配】，选择需要分配物料的工序，然后点【新分配】。在弹出的物料清单中选择用于此工序的物料，在前面的小方框内打钩，选好后点【新分配】工序栏选中对应的工序，如图 4－15、图 4－16 和图 4－17 所示。工序物料分配完成后点击保存。

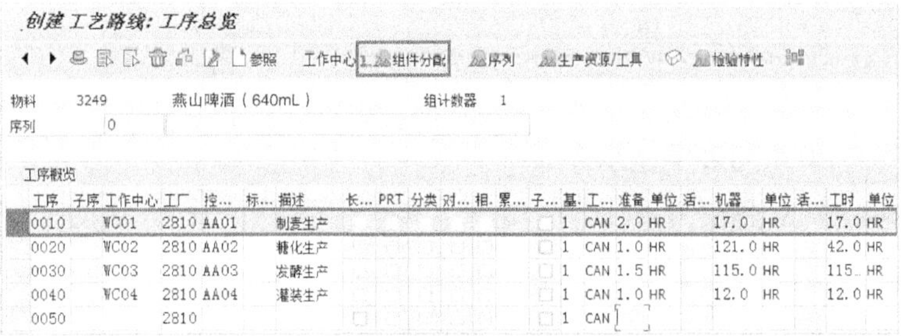

图 4－15　创建工艺路线 工序总览

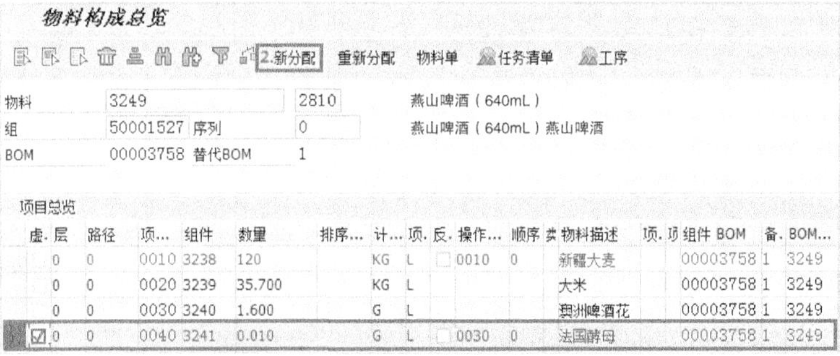

图 4－16　创建工艺路线 物料分配

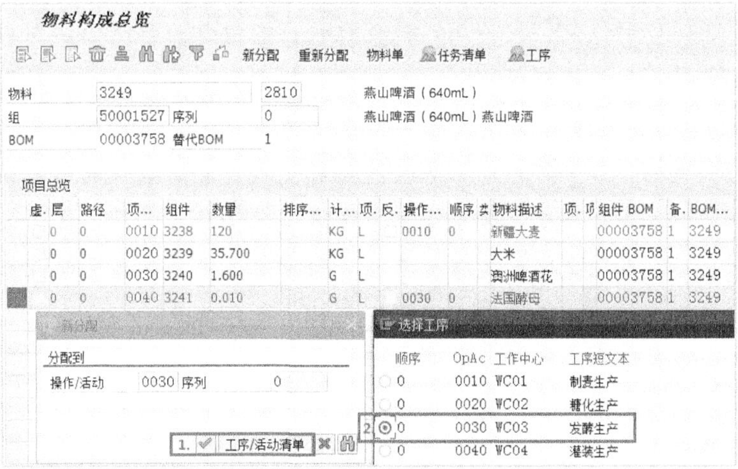

图 4－17　创建工艺路线 选择工序分配物料

全部设置完成后，按回车键确认有无错误，如无错误点击保存，保存所有的设置，工艺路线创建完成。

4.4 生产主数据常用代码

（1）CS01：创建 BOM。
（2）CA01：创建工艺路线。
（3）CR01：创建工作中心。
（4）CS13：BOM 的多层显示。
（5）CS14：BOM 物料反查。
（6）CS20：批量修改 BOM。

4.5 本章问题

（1）生产主数据有哪些内容，各能发挥什么作用？
（2）为什么说物料清单构成了产品的主要成本？
（3）工作中心的维护对哪些模块的运作有影响？
（4）工艺路线的维护对哪些成本有影响？

4.6 案例分析

啤酒生产工艺

一、原材料介绍

相较于其他谷物的成熟，大麦的成熟比较快，它被作为酿造重要原料的原因是大麦生长出麦芽的速度比其他麦子（小麦、燕麦、黑麦）要快。对于那种没有外壳的小麦，是不能用来制作啤酒的，因为它很难生长出麦芽。可吸收的糖类是由大麦生长出来的麦芽发酵产生的，并且将内部难溶性淀粉转变成麦芽。麦芽的质量与产地有很大的关系。澳洲、北美洲以及欧洲是全球三大啤酒麦的主要生产地。因为澳洲啤酒麦生长的自然条件优越，如阳光照射足够、没有受到污染等，并且品种纯正，所以得到很多啤酒酿造专家的重视，因而它也有“金质麦芽”的美称。

添加大米能够让生产成本下降，大米所占比率有可能超过40%，甚至更多。选择大米的原因有两个，一是大米相比较于麦芽要便宜，二是麦芽的出糖率要比大米低得多，大米能够比麦芽多出5%~10%的糖。在相同的麦汁浓度下，相比于使用麦芽制造，使用大米会节省很多成本。然而大米也存在着许多问题，例如，麦芽、白糖、蜂蜜可以给啤酒带来一些不一样的风味，但是大米做不到，使用大米最根本的原因是可以降低成本。

酒花是一种大麻或葎麻类的植物。酒花上有一种组织叫结球果，可以让啤酒变得爽口。初秋时分采集结球果后需尽快干燥并装入木桶，送到酿酒厂。把经过碾轧的结球果放入特殊磨具内压碎，之后放于托盘，为了避免氧化，托盘都会被放置在充氮或真空的环境之下。球粒形状要适合添入容器。酒花的结球果提取液现已被各啤酒品种广泛应用，但不同的提取方法也会使口味有所差异。在工艺的结尾阶段加入提取液，更有助于掌控啤酒的苦味程度。特殊的提取液能够防止发生光照反应，进而能让啤酒在透明容器中生产。酒花的选择铸就了不同的啤酒品牌，如素有上等口味的世好啤酒只会使用新西兰峡谷中的“绿色子弹”酒花。

酵母这种微生物会在发酵过程中将大米和麦芽中的糖转变为酒精和二氧化碳，并生成其他微量产物，这些微量产物和酒花一起决定啤酒独特的风味。啤酒酵母真菌主要有两种：一种是“顶酵母”，另一种是“底酵母”，当我们用显微镜观察时，顶酵母所显露的卵形比底酵母稍明显。顶酵母和底酵母的名称来之于发酵过程，顶酵母总是上浮到啤酒表层，而底酵母总是下沉到啤酒底层。顶酵母能酿出黑啤，而底酵母能酿出皮尔森啤酒。

啤酒的主要成分是水，占总成分的90%以上，因此在啤酒制造的工艺中起到决定性作用。啤酒酿造对水的要求有两个，一个是规定了所需要的水质必须洁净，另一个是水中包含的矿物盐必须被去除。

在此需要强调的是，考虑到环保问题，很多有强烈社会责任心的啤酒制造企业已经开始摒弃采用价格相对低廉的地下水来制造啤酒，转而采用成本较高的自来水。

二、啤酒生产工艺介绍

啤酒生产流程如图4－18所示。

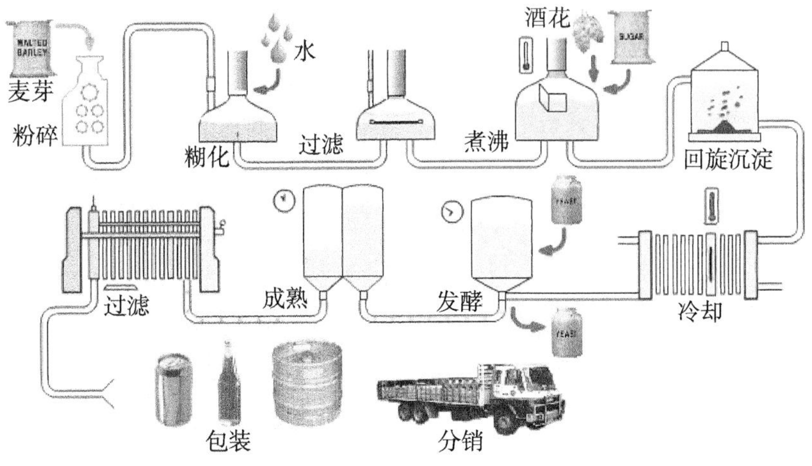

图4－18　啤酒生产流程

啤酒的生产过程可以大致分为制麦、糖化、发酵、罐装这四个部分。

麦芽首先被送入粉碎塔，然后送到酿造车间。在粉碎塔里，麦芽会被粉碎。然后是糊化处理，就是将粉碎的大米和麦芽与水在糊化锅内混合，糊化锅类似于一个庞大的能回旋的金属容器，有蒸汽和热水入口以及搅拌装置等，如螺旋桨、搅拌桨和搅拌棒，以及很多温度控制装置。在糊化锅里，将水和麦芽混合并加热至沸腾，就会转化为麦芽的提取物，称为“麦芽汁”，紧接着，麦芽汁将被送到一种名为分离塔的过滤容器。麦芽汁需要先在过滤槽里除去混在里面的皮壳，并添入糖和酒花，才能被泵入煮沸锅内。在煮沸锅里，为了汲取酒花的味道，混合物将被煮沸并消毒和起色。在煮沸之后，为了除去不用的酒花残留物和不可溶解的蛋白质，加入酒花后的麦芽汁将被泵入回旋的沉淀槽中冷却和发酵，即将干净的麦芽汁从回旋的沉淀槽内泵出之后，被送到热交换器内冷却。然后，就在麦芽汁中添入酵母，开始下一步程序发酵了。

在发酵的流程中，麦芽汁内能发酵的糖分被人工所培养的酵母转化为二氧化碳和酒精。发酵将在 8 小时内产生并加速进行，反应物聚积成一种具有高密度的被称为“皱沫”的泡沫。这种泡沫会在发酵后的 2 ~ 3 天后达至其最高阶段；在 4 天后，发酵速度开始减慢，皱沫也将分散在麦芽汁的表层上，一定要清除掉。当酵母发酵完所有麦芽汁内可发酵的糖分后，就会在容器的底部生成一层沉淀物，随着温度渐渐降低，在 8 ~ 10 天之后，整个发酵过程就结束了。在这个过程里，必须对压力和温度做到严格把控，当然生产工艺和啤酒品种的差异，也会使发酵时间有所差异。如果是贮藏啤酒，则发酵工程所需时间约为 6 天；如果是淡色啤酒，约为 5 天。

发酵完成后，酿酒师会将沉淀于罐底的酵母回收，以便再次使用。去除了酵母后的“嫩啤酒”被送入发酵罐发酵 1 ~ 2 周，在这过程中，剩余的酵母和未分解的蛋白质会慢慢沉淀，啤酒风味逐步成熟。

经过发酵后成熟啤酒在过滤机内过滤掉所有不溶解的蛋白质和残留酵母，就成了等待着包装的原酒。成品啤酒常用包装有桶装、瓶装和听装这 3 种形式。再根据瓶子容量、形状，设计不同的瓶盖、颈套和标签，从而形成了超市里多种多样的啤酒产品。

案例操作内容：

（1）根据案例介绍，设计啤酒生产的物料主数据。

（2）根据案例介绍，设计啤酒生产的物料清单主数据。

（3）根据案例介绍，设计啤酒生产的工艺主数据。

（4）根据案例介绍，设计啤酒生产的工作中心主数据。

本章小结

本章讲的是生产主数据的相关部分以及生产主数据的创建过程。生产主数据的创建是生产管理的基础，只有正确维护生产主数据，生产过程的管理和控制才有据可依。

5 销售管理

引言 销售管理模块，也称销售与分销模块（Sales and Distribution，SD）。销售管理模块的业务涉及从客户订单到发货收款的全部流程，包括销售询价报价、销售订单处理、发运、装运、单据开具等任务。

销售管理中的销售模块和物料管理、财务会计等模块实现了业务流程的高度自动集成。

本章学习目的

➢熟悉销售管理的相关概念及流程

➢掌握客户主数据的创建和修改流程

➢掌握客户询价和报价的处理流程

➢掌握销售订单的创建流程

➢掌握销售发货流程

➢了解发票创建过程

5.1 销售管理模块概述

销售管理是指为完成销售目标而进行的市场拓展、计划执行的企业销售活动。销售管理从市场预测开始，将产品运送至客户并收回货款，就此整个流程结束。

5.1.1 销售管理模块的主要特征

1. **定价灵活性**

SAP 系统中存储了大量的复杂定价策略供企业选用，这样方便业务人员灵活地定价，同时在价格谈判中有更大的灵活机动权。

2. **订单查询方便灵活**

由于销售订单按标准格式储存，用户能方便地从系统中查询到相关信息。系统提供了多种查询销售订单的方式。用户可以通过客户编码查询，也可以通过销售订单号码查询，还可以通过产品编码查询；查询到的信息可以订单方式显示，也可以列表方式显示，还可以通过图表方式显示。

3. **订单输入简捷**

在销售订单的日常处理中，订单输入方便快捷，只需输入客户编码、产品料号、销售数量这些基本信息即可，其他信息可以从主数据中调取，这样节省了大量输入时间。销售订单保存前，可用性检查可以实现自动检查，以保证其输入信息的正确性、有效性，避免录入错误的订单信息。

4. **可用性检查**

可用性检查是在销售订单输入后系统自动进行判断是否满足销售订单条件的例行检查。如果库存数量不够，或其他条件不满足，可用性检查会核查其他条件，如根据生产的提前期、采购的提前期自动推算到合理的交货日期。可用性检查是基于可用的库存判断的，或者按照系统设定的计划检查。可用性检查可以实现对一个或多个工厂进行检查。所有检查将基于潜在的交货风险做出正确决策，在有效改善客户满意程度的同时完成商业销售过程。

5. **销售管理与其他模块的集成**

销售的物料来自仓库，因此销售模块必须和物料管理模块集成，以实现物料的库存信息流能从物料管理模块调入销售模块。同时销售的产品需要由财务部门收款，因此销售模块又需要和财务模块集成。

6. **退货功能**

销售管理中的退货功能可以直接从原先发货的销售订单中退货，也可以另外生成退货订单，后者的退货不影响之前销售订单的付款，而前者会影响。因此如何退货要从多方面考虑。

7. **信贷控制**

信贷控制是企业加快资金回流、控制企业信贷风险的一种资金管理控制措施。通常企业都会给信用良好的客户一定的信贷额度，只要该客户的欠款不超过这个信贷额度，任何时候做信贷检查都不会影响发货。但一旦客户欠款超过这个信贷额度，那系统就会自动锁定该客户的发货。

5.1.2 销售管理模块的主要功能

销售管理模块的主要功能包括销售主数据管理、销售业务的过程管理以及销售报表的统计和分析等。

5.1.3 销售订单处理流程

1. 销售主数据管理

（1）客户管理。

销售管理模块中的客户管理包括客户主数据的管理、客户订单的管理以及客户信用的管理。其中客户主数据的管理主要针对的是客户基本信息的管理，如客户名称、客户地址、联系人信息、银行付款账户信息等；客户订单的管理主要有历史订单的管理，正在执行的订单跟踪管理；客户信用的管理指的是根据客户信用进行发货和收款的管理。

（2）价格管理。

销售管理模块中的价格管理主要是指销售产品的定价管理，基于 SAP 系统中销售产品定价的灵活性，这种定价包含产品本身的价格，也包含产品的税率、折扣以及运费等价格信息。创建销售订单时，产品的价格信息可以根据价格主数据自动定价，也可以手动定价，这基于每个公司的管理控制。

（3）信用管理。

销售管理模块中的信用管理主要是指对客户的信用额度和风险的管理。企业可以将客户划分为 ABC 不同等级，然后根据等级的不同给予不同的信用控制级别，并给予不同额度的信贷限额。只有创建了信用主数据，在创建客户销售订单或发货单时，系统才可以根据销售订单金额和对该客户的信贷限额或为该客户提供的信用证担保额度，以及应收账款、预收账款、销售未清值等相关数据进行信用检查，如果检查中发现信用风险，将冻结相关业务操作或以警告的方式对操作提示，此外系统还允许销售订单的销售额按比例占用客户的信贷额度以及信用证的担保额度。

2. 销售业务过程管理

销售业务过程（销售流程）主要包括询价、报价的售前活动处理、销售订单处理、拣货装运处理以及发票处理这些环节，如图 5－1 所示。

（1）询价、报价的售前活动处理。

销售活动的起点是市场的询价、报价活动，企业需要根据产品的制造成本、市场定位给出合理的报价并跟踪报价后的下单情况。

（2）销售订单处理。

销售订单处理是指客户确认了报价并下达了正式的采购订单后，企业需要在 SAP 系统中维护销售订单。销售订单的主要维护内容有客户信息、产品信息、数量信息和价格信息。销售订单创建后，系统在保存前会自动执行可用性检查，并给出建议出货的日期。

（3）拣货装运处理。

确认库存足够后，需要根据销售订单创建发货单。销售发货单创建后，可以对其

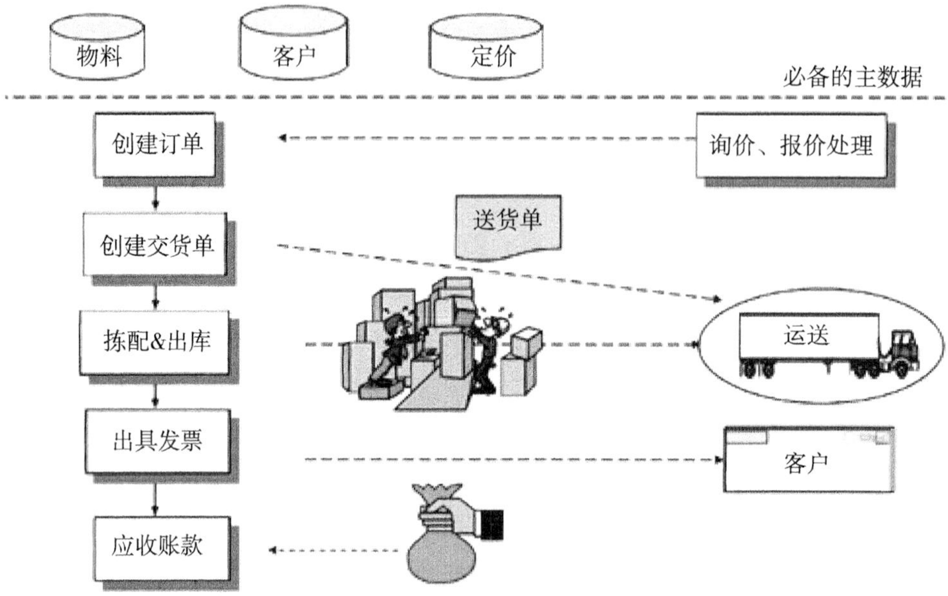

图 5－1　销售流程

后的各个环节进行监控，如发货过程中的拣选、包装、可用性检查、运输等。在产品装运出厂的同时，发货人员要及时在系统内操作发货过账，以保证库存的准确性。系统在发货过账时，会自动产生发货过账的物料凭证以及会计凭证，自动更新库存数量。

（4）发票处理。

销售业务的最后一个环节是开发票。它的功能是对销售的货物或服务开立发票，或根据相应的退货请求开具相应的借项和贷项凭证或发票冲销凭证等。同时，销售开票还将自动传递财务信息并过账给财务会计，作为财务结账以及后续操作的依据。一般根据实际的销售数量开具发票并产生应收账款和税金的财务凭证。另外，还可以根据实际的业务需求处理借贷项凭证及形式发票。

5.2　销售组织结构

5.2.1　销售模块组织结构总览

销售组织结构主要包括销售区域架构、物料组织架构、销售内部组织架构三部分。销售区域架构界定了销售组织和分销渠道与销售部门之间的相互依存关系，主要内容有公司、销售组织、分销渠道和部门；物料组织架构定义了客户需求的物料是如何提供给销售部门，包括公司、工厂、库位和仓库；而销售内部组织架构则具体负责界定销售的内部组织，具体内容有公司、销售组织、销售办公室和销售组等。如图 5－2 所示。

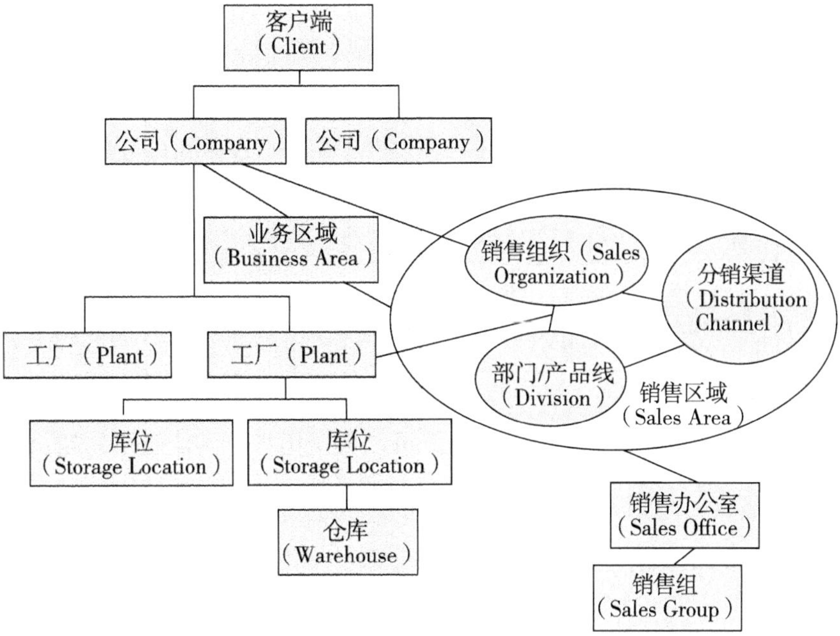

图 5 –2 销售组织结构

5.2.2 销售组织结构的介绍

5.2.2.1 销售区域的组成介绍

1. **销售组织**

销售组织负责分销货物和服务、洽谈销售价格和销售条款以及销售事务的处理。在销售管理模块中必须有一个销售组织，一个销售组织可以有一个或多个分销渠道。销售组织需要在系统中分配公司代码，通常一个销售组织只能分配一个公司代码，如果因为某个公司下有多种销售模式，也可以将一个销售组织分配给该公司下多个不同的工厂。在系统中，每个销售组织都建有独立的主数据，包括物料主数据、客户主数据及销售条件记录。

2. **分销渠道**

分销渠道是产品送达客户的销售路径选择，可以是批发、零售、出口、直销、电话销售、来料加工等分销渠道。一个销售组织下有多个分销渠道，一个分销渠道也可以对应多个销售组织。

在一个销售组织中，客户可以通过一个或多个分销渠道获得服务，也可以通过销售组织和分销渠道的不同组合来获得服务。

3. **部门**

部门是在销售组织内部，负责销售各种产品的组织单元。

5. 2. 2. 2　销售内部组织的组成介绍

1. **销售办公室**

销售办公室由企业的分公司或者门店组成，负责一个或多个地区的销售活动。

2. **销售组**

可以将销售办公室的员工分成若干销售组，销售组汇报给销售办公室。销售组可以是一个员工也可以是多个员工，可为每一个产品组或分销渠道分配一个销售组，系统内的销售组需要分配给销售办公室。

3. **销售人员**

销售人员指具体负责销售的员工，系统可以根据销售员工信息来创建员工主数据，方便管理员工的销售行为。

5. 2. 3　销售模块中的组织结构和公司管理之间的对应关系

图 5 -3 指出了销售模块中的组织结构和公司管理之间的对应关系，可以看出销售模块中的组织结构实现了公司实际管理结构的系统化。

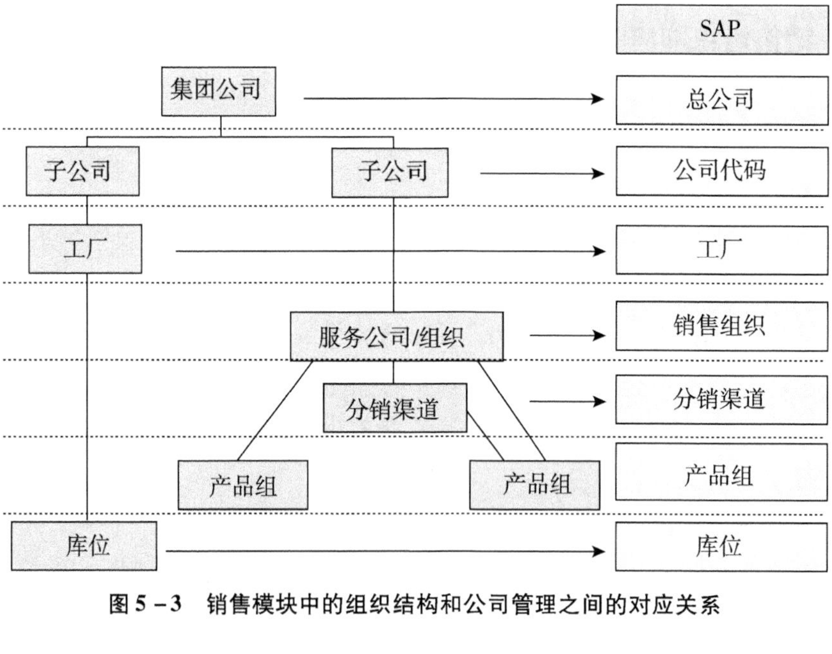

图 5 -3　销售模块中的组织结构和公司管理之间的对应关系

5. 2. 4　销售组织结构间的相互关系

销售组织结构间的相互关系清晰地描述了它们的链接关系。销售管理模块通过定义销售组织结构实现了管理公司销售的目的，如何理顺各组织间的相互关系以及它们之间如何协调，销售组织结构间相互关系给出了明确的答案（见图 5 -4）。

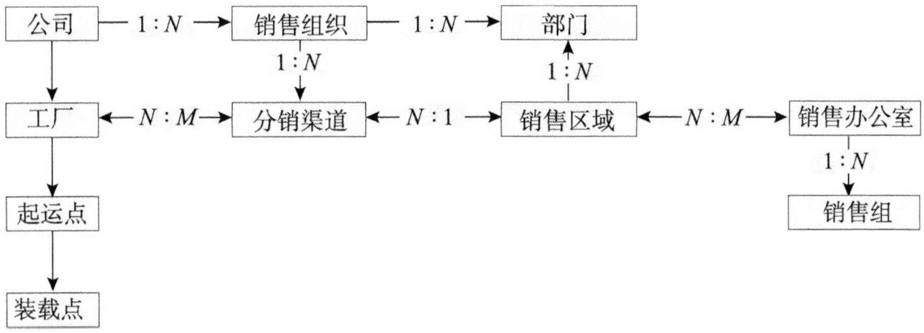

图 5－4　销售组织结构间的相互关系

5.3　销售管理的相关概念

1. **科目组**

客户具有不同的类别，如普通客户、内部客户、结算客户、一次性客户等，在 SAP 中，客户主数据以科目组加以区分。系统中已定义若干个不同类型科目组，可以作为模板创建自定义的科目组，科目组的控制作用如下。

（1）确定客户主数据的编码范围，确定使用内部编码还是外部编码（若使用外部编码，需要手动输入客户编码）。

（2）确定客户主数据中各个字段的维护状态（显示、可选输入或强制输入）。

（3）确定是否为一次性客户。

（4）影响销售视图中的合作伙伴功能确定。

（5）影响输出确定。

2. **可用性检查**

可参考 5. 1. 1 小节的第 4 条。

3. **交货排程**

交货排程包括了从接受销售订单到送达客户的全部相关时间操作安排。当客户要求的交货日期被输入系统中后，系统会参照客户主数据与产品主数据的有关信息，自动计算全部相关排程作业的最后期限。如图 5－5 所示，交货排程以客户要求交货期限为起点，用倒排程的方式计算物料可用期限、装载期限、发货期限、运输计划期限等每一作业环节的最晚完成日期。

4. **信用额度**

信用额度是企业信用政策中的一部分，它包括企业给每一客户的信用额度以及给某个客户群的总体信用额度两方面。信用额度包括信用期限、信用限额、可接受的支付方式和现金折扣。

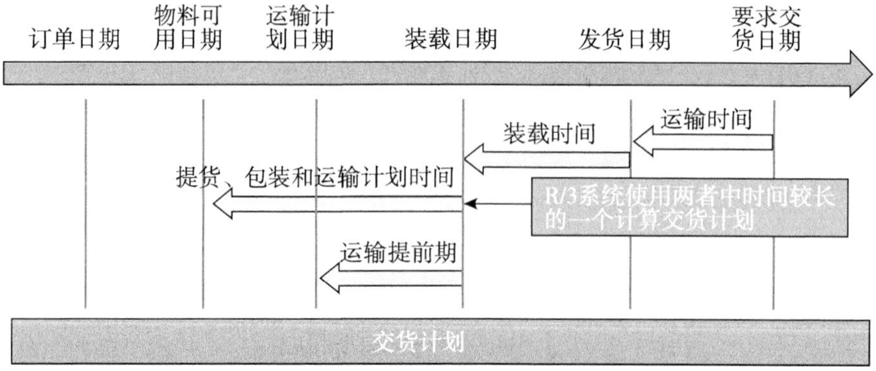

图 5-5　交货计划倒排

5. **需求响应策略**

在当代供应链管理体系中，由客户需求产生的客户订单会驱动企业供应链的一系列流程，直到客户满意为止。需求响应策略是在收到客户订单的时候，一系列后续的生产计划以及生产控制的方法，也是指企业为了满足苛刻的交货周期而采取管理供应周期的行为。企业自身经营环境、质量要求、成本要求及速度要求会限制公司的需求响应策略。当前常用的需求响应策略有四种，即订单生产策略、存货生产策略、订单设计策略和订单装配策略。

5.4 销售管理的内容及操作步骤

5.4.1 客户主数据

客户主数据是销售模块中非常重要的主数据，是指将各种商业伙伴的相关信息以主数据的形式在系统中建立，并以唯一的代码进行标识。客户主数据维护的作用是在进行销售与分销业务的各个阶段明确业务对象，并按照业务对象完成相应的业务处理。

客户主数据中的一般数据是对整个集团有效的数据，对所有公司代码以及所有销售区域都有效，是客户的基本信息。

客户主数据必须创建在公司代码之下，以便生成客户的财务信息。

客户主数据中的销售区域数据是基于销售区域有效的数据，包括客户的销售、发货运输和销售开票信息。

5.4.1.1 客户主数据的概述

客户主数据采取集中建立，主要分为以下三部分，并分成多个不同的视图，系统功能完整，可符合各种不同产业的需要。

（1）一般资料，包括客户地址、控制资料、销售联系人等。

（2）公司代码资料，包括科目信息、付款交易、信函、保险等。

（3）销售区域资料，包括销售、发货、开立发票、合作伙伴功能、输出等。

利用合作伙伴功能，将客户的伙伴分为以下四类，客户主档建立完成后，将自动带入订单，以供选择。

（1）售达方：下达销售订单的订货者。

（2）送达方：产品运输送达的地方。

（3）收票方：接受销售订单发票的一方。

（4）付款方：收到货物后，负责付款的单位。

5.4.1.2 客户主数据的关键字段解释及操作（见表5－1）

表5－1 客户主数据的关键字段解释及操作

字段名	解释	R/O	操作	备注
科目组	说明客户是哪一类分类属性	R	客户（一般）	确定客户主数据的编码范围
客户	客户的代码	R	9965	
称谓	公司或个人	R	一般为公司	
名称	客户公司的全名	R		
搜索项	客户公司全名的简单表述	O		用于快速搜索
街道门牌号	客户的详细地址	R		
邮政编码	客户所在地的邮编	R		
城市	客户所在城市	R		
卸货点	产品卸货的地点	R		根据实际情况填写
日历码	以客户国家日历为标准	R		国内贸易填CN
装运条件	送货到客户的一般交货策略	R		
出票日期	发票开出的日期	R		
国际贸易条件	运输交付的贸易条件	R	FOB重庆	
付款条件	用于付款控制的代码	R	0002	

5.4.1.3 客户主数据的创建操作步骤

1. 客户主数据的创建菜单路径（见表5-2）

表5-2　客户主数据创建的菜单路径和事务代码

SAP 菜单	后勤 → 销售和分销 →主数据 → 业务伙伴 → 客户 → 创建 → 销售和分销
事务代码	VD01
操作实例	图5-6～图5-13

2. 创建客户主数据：初始屏幕

在命令栏输入 VD01 后，打钩或按回车键后进入客户主数据创建初始屏幕，如图5-6所示。

（1）选择科目组：一般客户。

（2）输入客户：9965。

（3）输入销售机构：2800，北京。

（4）输入分销渠道：01，直接销售。

（5）输入部门：00，跨部门。

输入完成后打钩，进入下一个窗口。

注：客户代码有时是自动产生的流水号，有时需要手工输入，而且位数有限制，需要根据基础设置的情况操作。

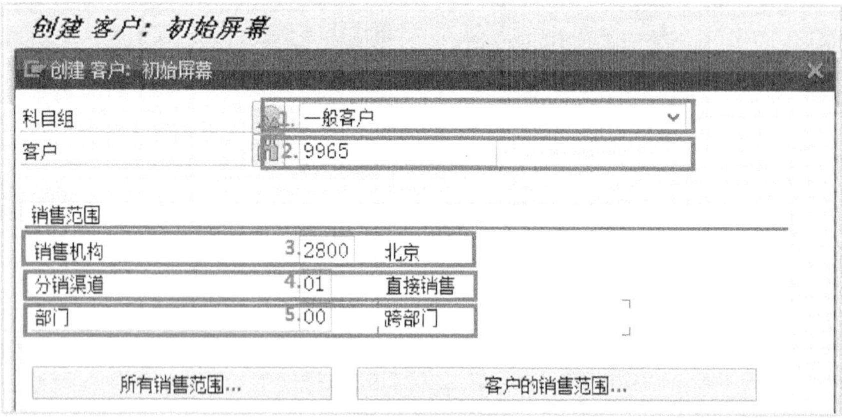

图5-6　创建客户主数据 初始屏幕

3. 客户地址的维护

客户的地址是将来送货时需要使用的，必须正确维护，如图5-7所示。

（1）选择称谓：公司。

（2）输入公司名称：重庆北碚食品有限公司。

（3）输入搜索项：食品有限公司，用于将来快速查找该公司，可以是公司名称的缩写，也可以是熟悉的代码。

（4）输入街道：重庆市北碚区中山路。

（5）输入门牌号：32 号。

（6）输入邮政编码：400700。

（7）输入城市：重庆。

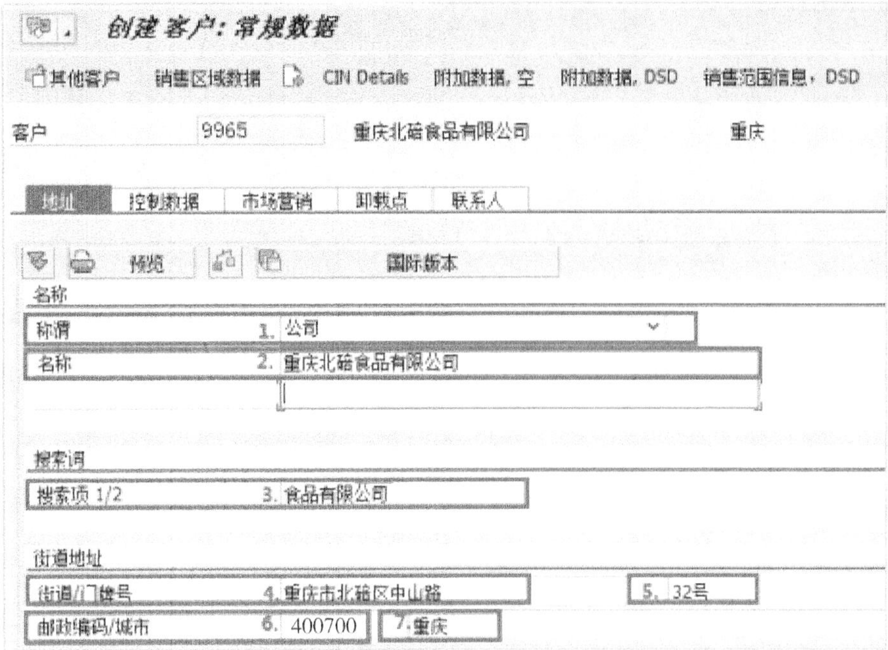

图 5－7　创建客户主数据 地址窗口

4. 控制数据、市场营销、卸载点和联系人的维护

控制数据、市场营销可以根据企业需要选择维护。图 5－8 和图 5－9 为卸载点和联系人的维护举例。

卸载点维护。

（1）输入卸货点：重庆市北碚区中山路 32 号。

（2）选择日历码：CN。

联系人维护：

（1）输入公司地址名：北碚区中山路 32 号。

（2）输入名：黄先生，即联系人姓名。

（3）选择部门：0002，采购，即联系人所在部门。

（4）选择功能：02，采购主管，即联系人的职位。

维护结束后点击向右的箭头，继续新窗口维护。

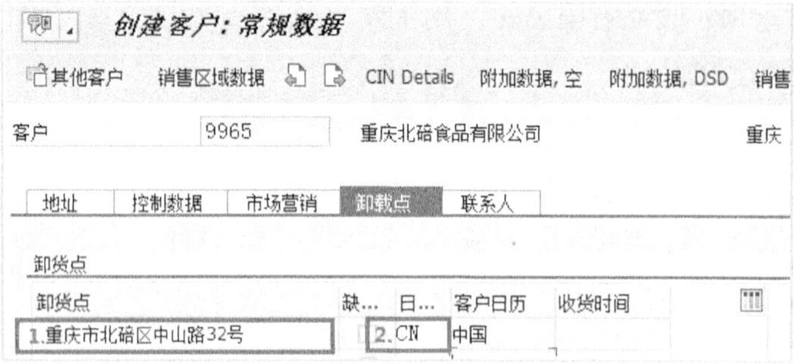

图 5-8　创建客户主数据 卸载点窗口

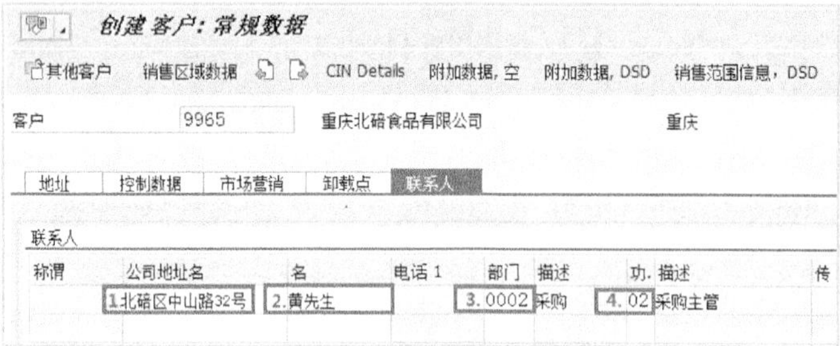

图 5-9　创建客户主数据 联系人窗口

5. 销售窗口的维护

销售窗口的维护内容（见图 5-10）。

（1）选择销售地区：000003，西部地区。

（2）选择销售部门：4801，上海办公室。

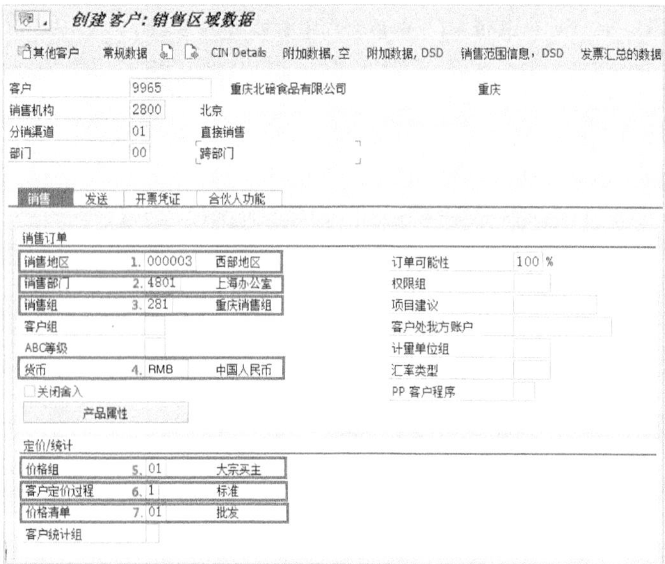

图 5-10　创建客户主数据 销售窗口

（3）选择销售组：281，重庆销售组。

（4）选择货币：RMB，人民币。

（5）选择价格组：01，大宗买主。

（6）选择客户定价过程：1，标准。

（7）选择价格清单：01，批发。

其他内容可以选择维护。

6. 发送、开票凭证和凭证的维护

发送装运窗口的维护（见图 5 - 11）：

1）选择交货优先权：1，高的；

2）选择装运条件：01，标准；

3）选择交货工厂：2810。

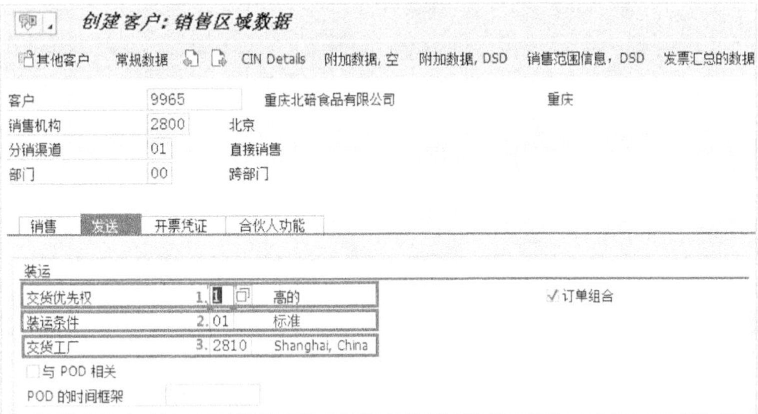

图 5 - 11 创建客户主数据 发送窗口

开票凭证窗口的维护（见图 5 - 12）：

1）选择出票日期：CN；

2）选择开票清单日期：CN；

3）选择国际贸易条款：EXW；

4）选择付款条件：0002；

5）输入税分类：0；

维护结束到下一个窗口继续。

7. 合伙人功能的维护

合伙人功能内至少应有售达方、收票方、付款方、送达方，否则销售的某些功能不可以使用。同时还可以根据需要增加其他的合作伙伴，如运输方或转运代理等。维护结束后保存所作的维护，则该客户的主数据在系统中生成，如图 5 - 13 所示。

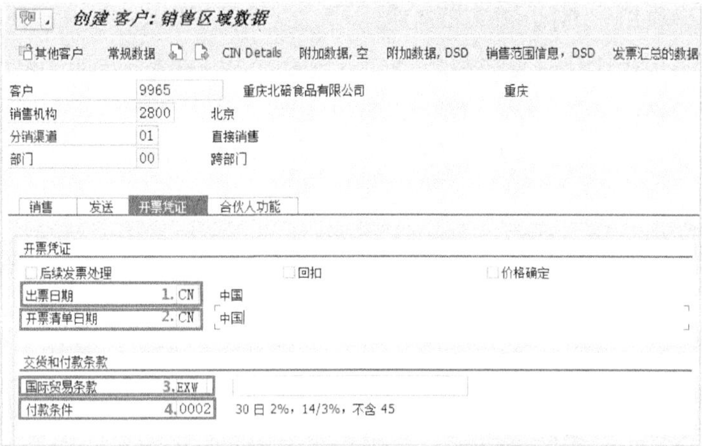

图 5－12　创建客户主数据 开票凭证窗口

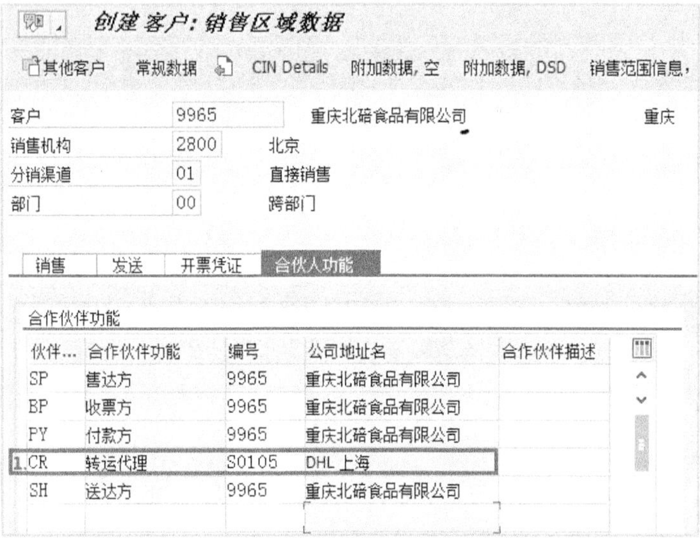

图 5－13　创建客户主数据 合伙人功能窗口

5.4.2　物料主数据设置确认

物料主数据的创建在第 3 章已经详述，这里需要确认的是与销售相关的设置是否完整正确。物料主数据可直接进入菜单 MM03 查看，进入菜单 MM02 修改，如果需要拓展其他窗口则选择菜单 MM01。

与销售相关的窗口及需要设置的内容如下。

基本数据 1：名称、单位、物料组、分类、毛重、净重、重量单位、体积、体积单位。

销售组织数据 1：交货工厂、税率。

销售组织数据 2：物料统计组。

一般/工厂数据：可用性检查、运输组、装载组。

MRP 1：MRP 类型、MRP 控制者、批量大小。

MRP 2：计划交货时间、计划边界码。

一般工厂数据/储存 1。

会计 1：评估类、价格控制、标准价格。

5.4.3 销售询价

5.4.3.1 销售询价概述

销售询价是指客户向公司提出报价请求或有关信息的咨询行为，涉及的咨询信息有产品的型号规格、订购数量、产品结构、产品价格、要求交货日期等。

5.4.3.2 销售询价的关键字段解释及操作（见表 5－3）

表 5－3 销售询价的关键字段解释及操作

字段名	解释	R/O	操作	备注
查询类型	询价单的类型	R	IN	
售达方	下单方	R	9965	
送达方	收货方	R	9965	可以不同
物料	客户要的产品	R	3249	
订单数量	订货的数量	R	155	

5.4.3.3 销售询价操作步骤

1. 销售询价创建的菜单路径（见表 5－4）

表 5－4 销售询价创建的菜单路径和事务代码

SAP 菜单	后勤 → 销售和分销 → 销售 → 询价 → 创建
事务代码	VA11
操作实例	图 5－14、图 5－15

2. 初始屏幕设置

在命令栏内输入 VA11，进入创建询价初始屏幕后，页面如图 5－14 所示。

（1）选择查询类型：IN。

（2）输入销售机构：2800。

（3）选择分销渠道：01，直接销售。

（4）选择部门：00，跨部门。

输入完成后，按回车键确认有无错误进入下一个界面进行操作。

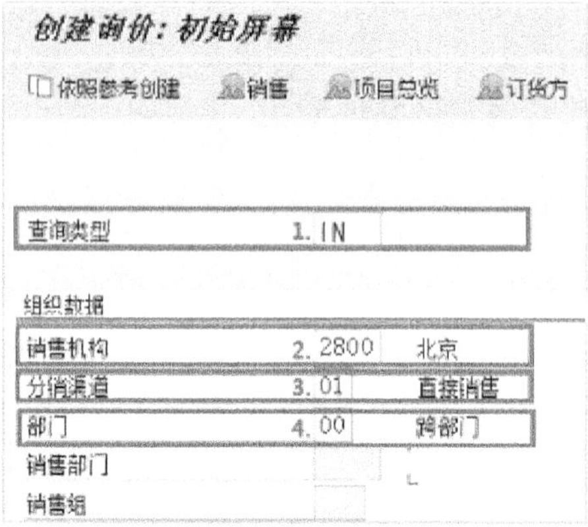

图 5-14　创建销售询价 初始屏幕

3. 销售询价窗口

进入销售询价设置窗口后（见图 5-15），首先输入以下信息。

（1）输入售达方：9965。

（2）输入送达方：9965。

（3）输入采购订单编号：（如果有，则手动输入）。

（4）输入采购订单日期：23. 04. 2016。

（5）输入请求交货日期：30. 04. 2016。

（6）输入付款条款：0002。

（7）输入国际贸易条件：EXW。

（8）输入物料号：3249。

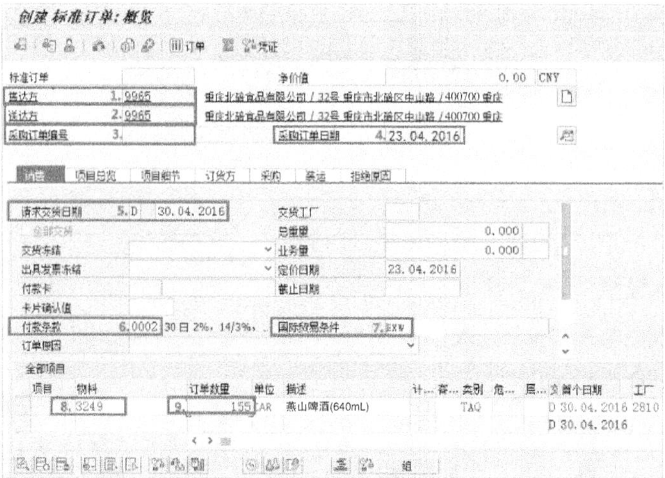

图 5-15　创建销售询价

（9）输入订单数量：155。

输入完成后，按回车键确认有无错误；如无错误，点击保存，询价单创建完成，记录下询价单号码即可。

5.4.4 销售报价

假如客户提出询价要求，企业需要在规定的期限内给客户提供报价。如果客户接受报价，则后续会向该企业发出订单。

5.4.4.1 销售报价概述

销售报价是企业根据自身的生产成本以及销售战略决定价格。销售报价通常仅在某个特定期间有效，通过定义不同的价格有效期可以实现灵活报价，或在不同采购批量之间的灵活报价等。销售报价的内容非常广泛，包括价格、折扣/附加费、运费和税，如图5－16所示。报价时需要仔细核对公司政策，给出合理的报价。

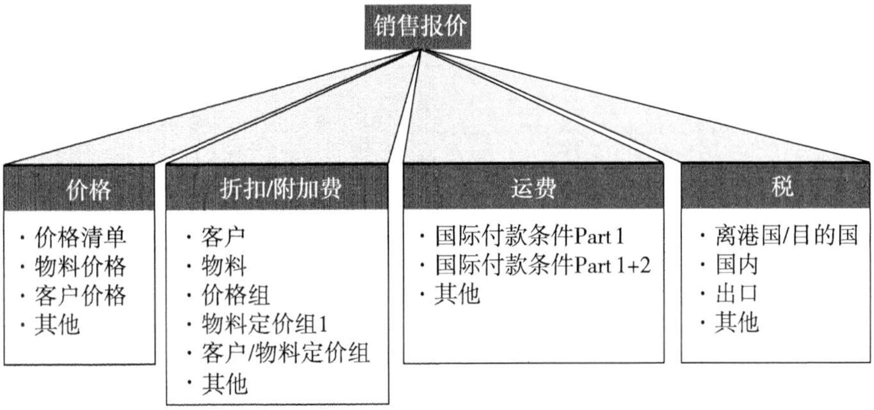

图5－16 销售报价内容

5.4.4.2 销售报价创建

1. **销售报价创建的菜单路径**（见表5－5）

表5－5 销售报价创建的菜单路径和事务代码

SAP菜单	后勤 → 销售和分销 → 销售 → 报价 → 创建
事务代码	VA21
操作实例	图5－17

2. **报价创建**

在命令栏内输入VA21，按回车键进入创建销售报价的初始屏幕。

输入相应的组织结构信息，报价单类型：QT，销售机构：2800，分销渠道：01，部门：00。然后选右上角的“有参照创建”，在接着的屏幕中输入参考的销售询价单号码：10000814 后按回车键，调出待报价的询价单，根据报价单输入报价条件，如图 5－17 所示。

（1）输入总价格：50.00RMB。

（2）输入运费%：3.000%。

（3）输入现金折扣：3.000%。

输入完成后，按回车键确认有无错误；若没有错误，点击保存，销售报价创建完成。

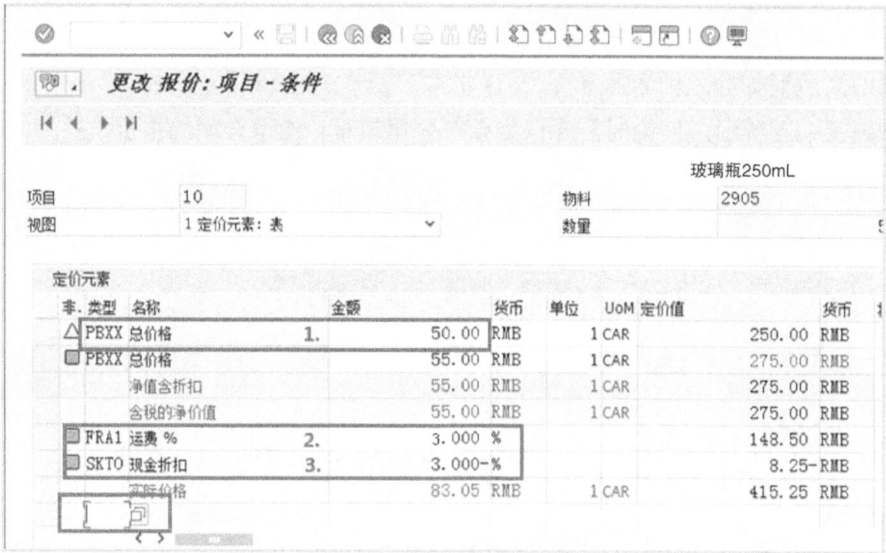

图 5－17　创建销售报价 项目条件

5.4.5　销售订单

5.4.5.1　销售订单创建概述

销售订单创建的方法有多种，可以直接手工创建，也可以通过销售报价创建。

1. **销售订单的结构**

销售订单的结构包括抬头数据和项目数据两大部分。

销售订单的抬头数据主要有售达方、送达方，有采购订单日期、定价日期，还有相关的交货条款，如交货数据、装运数据、凭证货币、付款条件等。

项目数据是指具体的销售产品明细，有物料、订单数量、销售明细价格条款、工厂、库存地点、批号以及项目类别等。

2. **销售订单的功能**

销售订单的功能见图5－18，有交货计划、传输需求、定价、信用检查、交货、可用性检查、输出等功能。

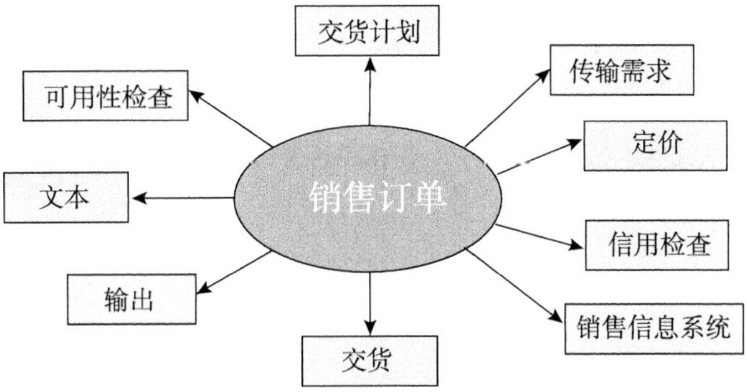

图5－18　销售订单功能

5.4.5.2　销售订单关键字段解释（见表5－6）

表5－6　　销售订单关键字段解释及操作

字段名	解释	R/O	操作	备注
订单类型	销售订单的类型	R	订单	
采购订单编号	客户下达的采购订单编号	O		
采购订单日期	客户下达的采购订单日期	O		
请求交货日期	要求货物送达的日期	R	30.04.2016	
定价日期	订单取定价的有效日期	R	23.04.2016	
条件类型	售价的条件类型	R	PR001	
库存地点	从哪一个库出货	R	0002	

5.4.5.3　销售订单创建步骤

1. **销售订单创建的菜单路径（见表5－7）**

表5－7　　销售订单创建的菜单路径和事务代码

SAP菜单	后勤 → 销售和分销 → 销售 → 订单 → 创建
事务代码	VA01
操作实例	图5－19、图5－20

2. 创建销售订单：初始屏幕

在命令栏内输入 VA01，按回车键后进入销售订单的初始屏幕，如图 5－19 所示。

（1）选择订单类型：订单。

（2）输入或选择销售机构：2800。

（3）输入或选择分销渠道：01。

（4）输入或选择部门：00。

如果是依据销售报价单创建销售单则选择【依照参考创建】，如果是手动创建则不适用，本节讲述手动创建销售订单，因此不选用。

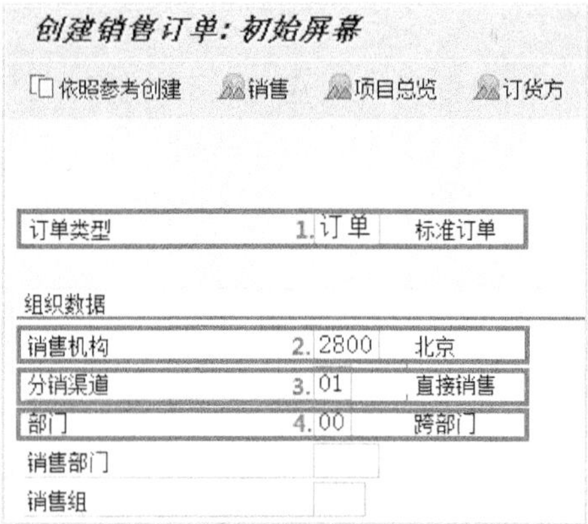

图 5－19　创建销售订单 初始屏幕

3. 创建标准订单：概览

根据单证创建规则，如果销售订单号是手动创建则需输入销售订单号码，如是自动创建则不用，手动创建销售订单的页面如图 5－20 所示。

（1）输入售达方：9965。

（2）输入送达方：9965。

（3）输入采购订单编号：（通常手动输入）。

（4）输入采购订单日期：（通常手动输入）。

（5）输入请求交货日期：30. 04. 2016。

（6）选择付款条款：0002。

（7）选择国际贸易条件：EXW。

（8）输入物料：3249。

（9）输入订单数量：155。

（10）在下方的工具栏内找到，点击进入后输入 PR00：56RMB。

输入完成后，按回车键确认是否有错误；如果没有错误，点击保存，销售订单创建完成。

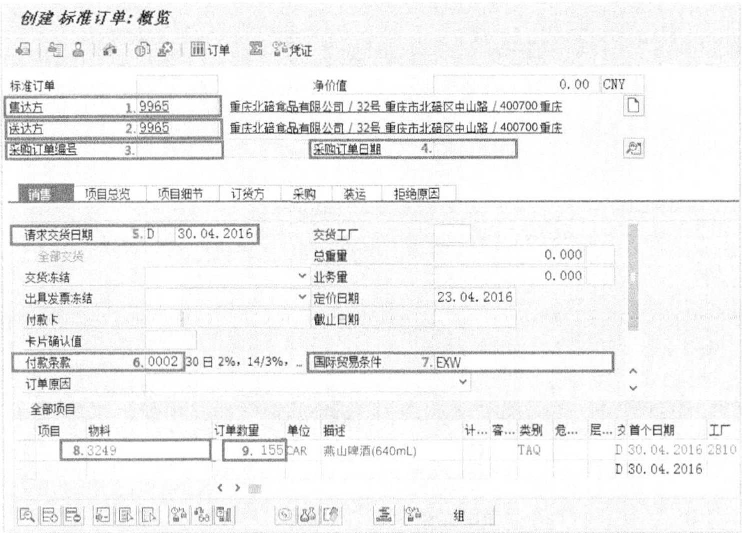

图 5－20 创建销售订单

5.4.5.4 销售订单打印

销售订单打印路径如图 5－21 所示，点击【附加】→【输出】→【表头】→【编辑】进入打印设置。

（1）选择【通信方式】后，进入图 5－22 界面；输入逻辑目标：LOCL，在【立即打印】前打钩。

（2）选择【补充数据】，则出现图 5－23 界面；选择日期/时间：立即发送（当保存应用程序时）。

点击保存后，自动打印出销售订单。

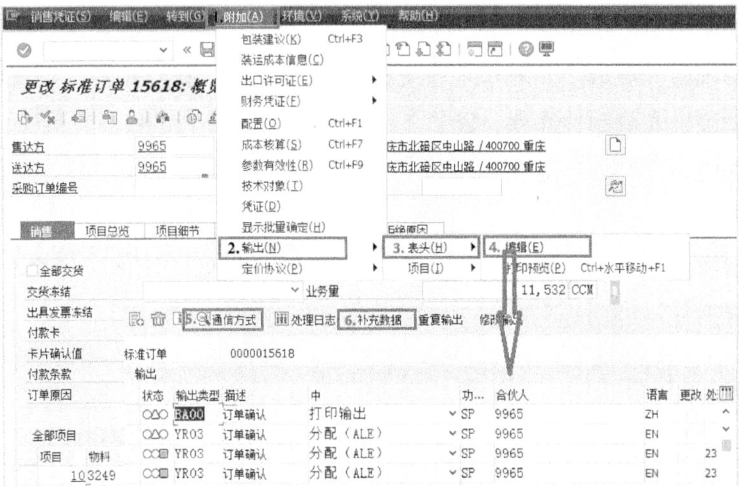

图 5－21 销售订单打印

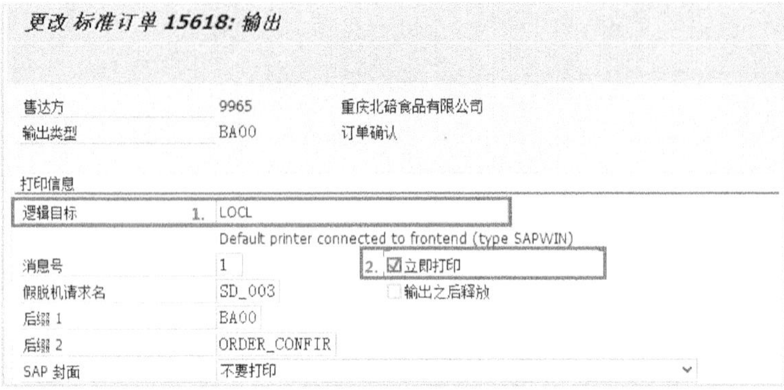

图 5－22　通信方式

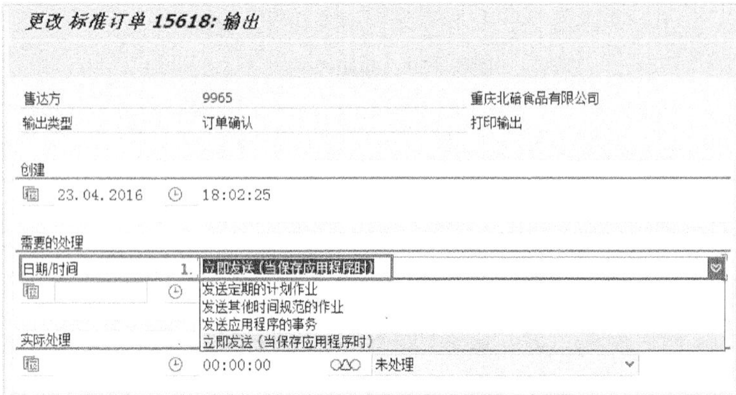

图 5－23　打印补充数据

5.4.6　可用性检查

销售订单下达后，系统会根据销售订单的交货时间、运输成本等情况，自动联系交货工厂。系统会针对该产品对每个系统提示的发货工厂进行检查，检查的内容包括：现有的订单库存、非限制性库存、发货工厂的生产情况等。

可用性检查除了检查产品的数量，还会检查产品的可用性时间。可用性检查规则来源于可用性检查的参数设置，不同的公司参数设置可以不一致。

SAP 自动执行的可用性检查可以保证销售订单以最低的成本、最合理的方式满足客户的需求。

5.4.7　销售发货单

发货单是由一个指定装运点根据销售订单的项目创建的单证，系统会自动将销售订单中的相关信息复制到交货清单的对应栏位中，如：物料、数量、交货日期等。

发货单通常又称外向交货单，方便和内向交货单区分，是对外运输时的交货凭证。

销售发货单是用来交货的凭证，通常由销售订单中的一些信息直接转化而来，一般不用手动输入。销售发货单创建后，系统开始处理与发运相关的其他业务，如从拣货开始，包装、出库、运输，直至送达客户等。

交货单创建过程中需要进行的检查如下。

（1）检查销售订单的产品，预计是否能交货。

（2）判断产品和数量能否满足装运要求并展开可用性检查。

（3）计算体积和重量。

（4）检查工作量。

（5）给出包装建议。

（6）检查与客户订立的交货协议。

（7）更新路线信息。

（8）更新有关出口方面的信息。

（9）交货计划确认和日期调整。

（10）确定分拣位置。

（11）明确批量（如果物料是批次管理的）。

（12）销售订单信息更新以及订单状态更新。

5.4.7.1 销售发货单概述

销售发货单作为交货文件，它不仅有交货计划所需要的内容，还能监控出货作业的过程，并且创建出货流程中所需要的数据，它是高效率作业流程和高质量客户服务的保证。

销售发货单可以从销售订单转换而来，也可以手动创建。销售发货单创建后，系统会自动运行一连串的检查功能，如检验客户订单及产品以此判定交货单是否能够交付，检查待出货的产品、数量、体积、重量，检查运输路线等。

5.4.7.2 销售发货单关键字段解释（见表5－8）

表5－8　　销售发货单关键字段解释及操作

字段名	解释	R/O	操作	备注
装运地点	控制组织运送行动的要素	R	2810	
凭证日期	销售订单上的交货日期	R	23.04.2016	必须与订单交期一致

续 表

字段名	解释	R/O	操作	备注
送达方	此批货要送给谁	O	9965	系统自动带进来
总重量	订单中要出货的产品的毛重之和	O	153	物料的基本视图中需要维护
实际发货日期	扣减系统库存数量的日期	R		货仓部人员输入
物料	订单中要出货的产品	R	3249	系统自动带入
交货数量	订单中还可能交货的数量	O		系统自动扣减后带入
单位	交货的基本单位	R	CAR	系统自动带入

5.4.7.3 销售发货单操作步骤

1. 销售发货单创建的菜单路径（见表5－9）

表5－9　销售发货单创建的菜单路径和事务代码

SAP 菜单	后勤 → 销售和分销 → 销售 → 订单 → 后继功能 → 向外交付
事务代码	VL01N
操作实例	图5－24

2. 进入销售发货单初始屏幕

在命令栏输入 VL01N 后，按回车键进入销售订单修改窗口，选择路径【销售凭证】→【发货】，系统将自动创建销售发货凭证。

3. 销售发货单创建

销售发货单的创建窗口自动参考销售订单的信息。点击保存，记录下销售发货单号码，销售发货单完成创建（如图5－24所示）。

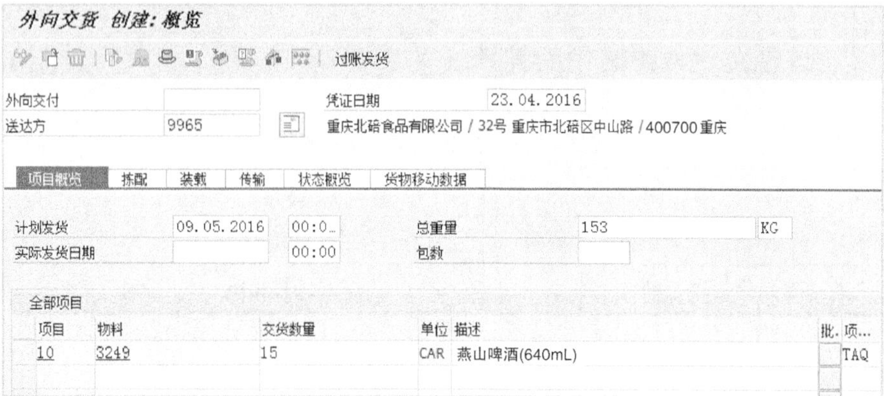

图5－24　销售发货单

5.4.7.4 销售发货单打印

销售发货单打印参考销售订单打印的方法，见5.4.5.4小节。

5.4.7.5 销售退货单创建操作步骤

在命令栏输入VA05，按回车键进入销售退货初始屏幕。输入相关的参数信息，如图5－25、图5－26和图5－27所示。

（1）输入售达方：9965。

（2）输入物料：3249。

（3）输入凭证日期范围：23.03.2016至24.04.2016。

输入完成后，按回车键调出原始销售发货凭证，双击选择需要退货的销售凭证并修改订单数量，然后点击保存，退货订单创建完毕，记录下退货订单号码即可。

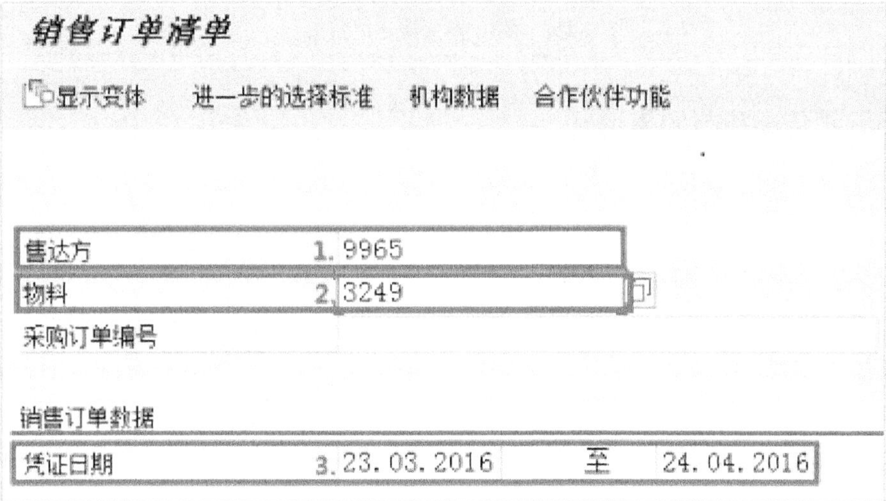

图5－25 销售退货创建 初始屏幕

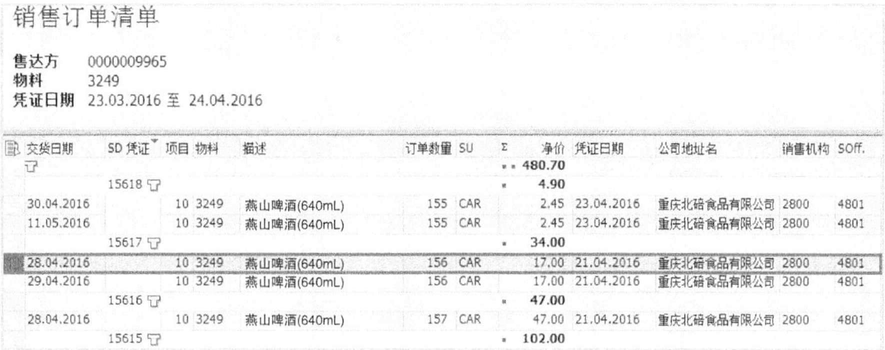

销售订单清单

售达方 0000009965
物料 3249
凭证日期 23.03.2016 至 24.04.2016

交货日期	SD 凭证	项目	物料	描述	订单数量	SU	Σ	净价	凭证日期	公司地址名	销售机构	SOff.
							**	480.70				
	15618						*	4.90				
30.04.2016		10	3249	燕山啤酒(640mL)	155	CAR		2.45	23.04.2016	重庆北碚食品有限公司	2800	4801
11.05.2016		10	3249	燕山啤酒(640mL)	155	CAR		2.45	23.04.2016	重庆北碚食品有限公司	2800	4801
	15617						*	34.00				
28.04.2016		10	3249	燕山啤酒(640mL)	156	CAR		17.00	21.04.2016	重庆北碚食品有限公司	2800	4801
29.04.2016		10	3249	燕山啤酒(640mL)	156	CAR		17.00	21.04.2016	重庆北碚食品有限公司	2800	4801
	15616						*	47.00				
28.04.2016		10	3249	燕山啤酒(640mL)	157	CAR		47.00	21.04.2016	重庆北碚食品有限公司	2800	4801
	15615						*	102.00				

图5－26 销售退货原始出货凭证

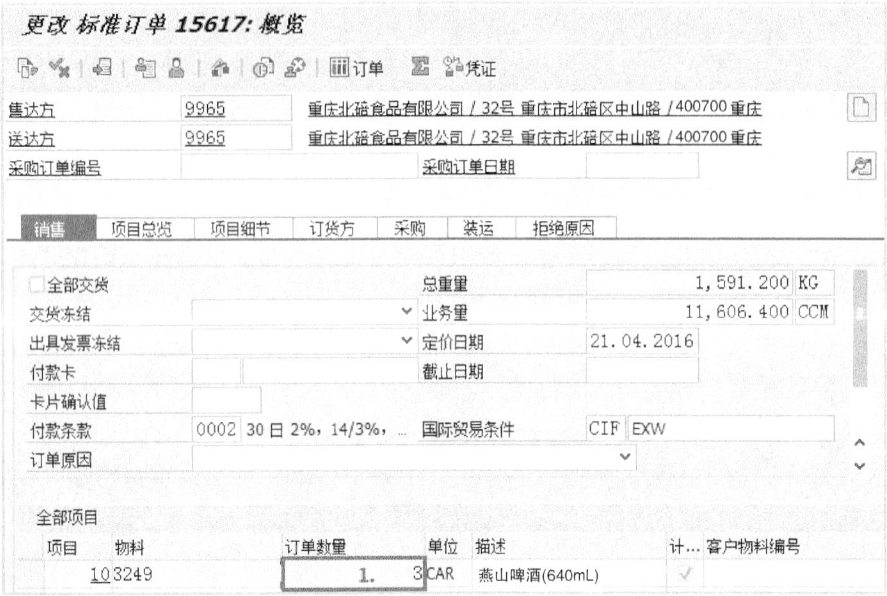

图 5－27　创建销售退货单

5.4.8　销售出货与销售退货

5.4.8.1　销售出货与销售退货概述

销售出货是指将产品发往客户，同时实现系统拣选并出货的操作。销售退货则是销售出货的反向操作，是满足客户服务要求，将质量不达标或规格不对的产品退回公司重新加工或处理的过程。销售出货和销售退货是销售流程的关键流程，通过销售出货和销售退货，系统的库存、销售和交运的文档流、应收账款等信息都发生了改变。

1. **销售出货作业流程**

标准的销售出货流程，包括生成出货单、拣货、打包、过账发货、出货过程监控、交付给客户的整个过程。

2. **销售出货影响**

（1）减少仓库库存。

（2）将库存科目按照相应的金额更新。

（3）减少交运需求。

（4）更新有关销售和交运的文档流。

（5）为发票创建工作清单。

5.4.8.2　销售出货操作步骤

销售出货的具体操作步骤参见第 9 章仓库管理 9.4.7 小节销售出货操作步骤。

5.4.8.3　销售退货操作步骤

在命令栏内输入 VL02N，按回车键后输入销售退货单号码再按回车键，就会出现如图5－28所示的退货单，确认退货数量后点击“过账发货”即可，退货已经入库到退货库位。

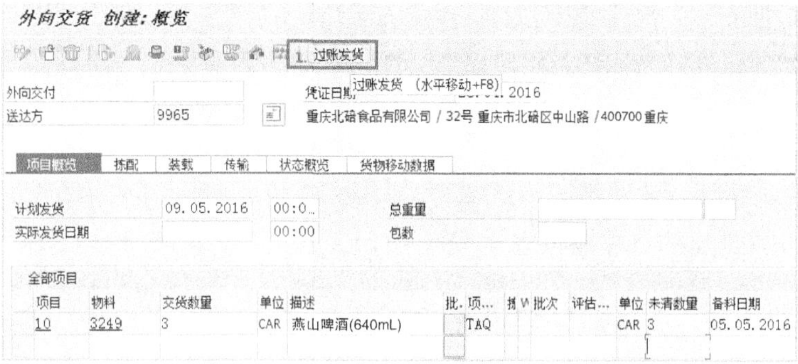

图5－28　销售退货操作

5.4.9　销售开票

5.4.9.1　销售开票概览

总体来说，一般的销售流程是生成销售订单、根据销售订单过账发货、生成销售发货单并开具发票，发票处理就是根据销售订单或者交货单产生发票，一旦销售给客户的商品发货，开具发票就产生了公司的应收账款。

1. **直接应用发货单或者销售订单创建发票**

根据企业业务的要求，发票可以根据销售发货单开具，也可以根据销售订单开具，开具过程相似，系统会从对应的单据中复制有关的抬头信息和行项目信息，然后开具发票。

2. **开具发票的内容**

发票抬头有凭证号、发票日期、付款方、付款条件、总净值、付款条件；发票内容有物料号、开票数量、单项净值等。

3. **出具发票的影响**

出具发票后的影响有以下四点。

（1）系统自动创建发票，会计凭证同时更新总账的应收账款。

（2）更新所有的相关业务文件状态，如销售订单、销售发货单。

（3）更新客户信用累计金额。

（4）更新销售信息数据库中的销售统计资料。

5.4.9.2 销售开票的关键字段解释（见表5－10）

表5－10 销售开票的关键字段解释及操作

字段名	解释	R/O	操作	备注
凭证	需要开票的订单或发货单	R	80017659	一般为销售订单
付款方	付款的一方	O	9965	从订单中带入
出具发票日期	记入发票的日期	R	09.05.2014	从订单、交货单中带入

5.4.9.3 销售开票创建的操作步骤

1. 销售开票创建的菜单路径（见表5－11）

表5－11 销售开票创建的菜单路径和事务代码

SAP 菜单	后勤 → 销售和分销 → 销售 → 订单 → 后继功能 → 开票凭证
事务代码	VF01
操作实例	图5－29、图5－30

2. 开票初始屏幕

在命令栏内输入 VF01，按回车键进入开票初始屏幕，输入待开发票的凭证号码：80017659，然后输入并核对相关开票信息，完成后按回车键确认有无错误；如无错误，点击保存，记录下出具发票的凭证号码，发票创建完成。此过程相关页面如图5－29和图5－30所示。

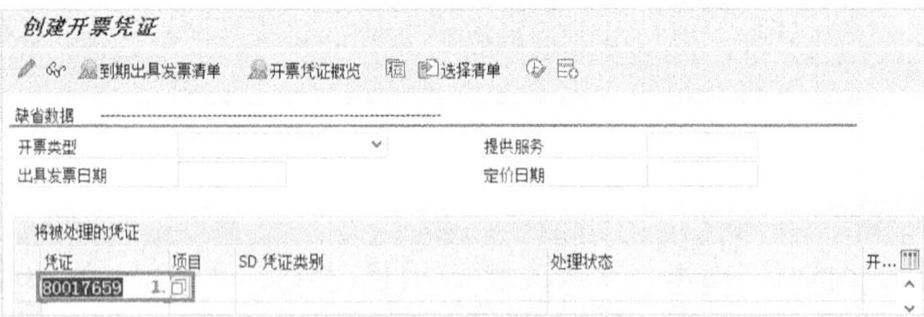

图5－29 创建开票凭证

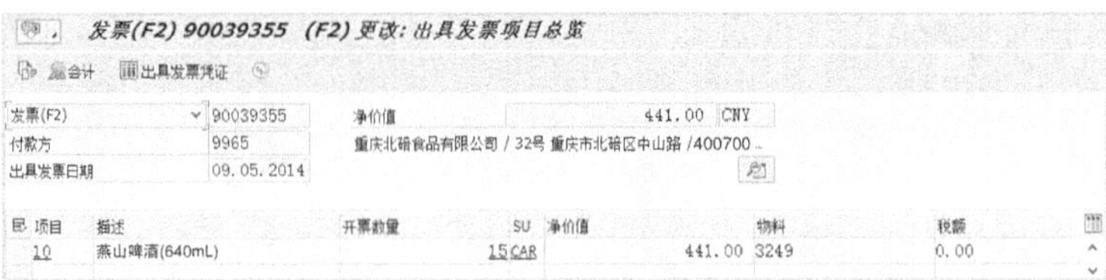

图5－30 创建销售发票 初始屏幕

5.4.10 销售凭证流

销售凭证流以把全部信息整合到一个逻辑链中为目的，销售凭证要互相依存而建立，例如销售订单凭证中的数据被传输至销售发货单凭证中，发票凭证中的数据来自装运凭证和销售凭证，这个数据传输的过程就叫凭证流。销售凭证流包括销售订单、销售询报价、销售交货单和销售发票。销售订单是整个流程的核心凭证，销售订单的创建可以由之前的报价和询价生成，也可以手动创建。在销售订单创建的过程中，所有有关产品、服务和客户的信息都记录在该订单凭证中，这些信息将被用于后续一系列的业务处理（见图5－31）。

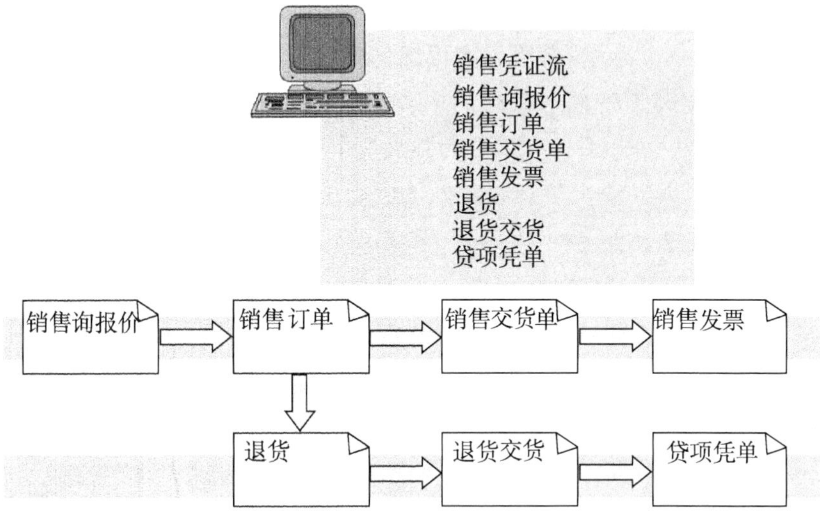

图5－31 销售凭证流

5.5 销售管理常用代码

（1）VD01 创建客户主数据。

（2）VD02 修改客户主数据。

（3）VD03 查看客户主数据。

（4）VA01 创建销售订单。

（5）VA02 修改销售订单。

（6）VA03 查看客户订单。

（7）VA21 创建销售报价。

（8）VL01N 创建销售出货单。

（9）VF01 创建销售发票。

5.6 本章问题

（1）销售主数据的创建对销售流程有哪些作用？

（2）销售主数据的创建中有哪些是关键信息？

（3）销售的询价单、报价单和销售订单的创建有哪些不同点？

（4）销售退货后对发票有什么影响，怎样解决这些不利影响？

（5）销售发货和退货会影响哪些模块？

5.7 案例分析

从销售管理流程优化服装厂的生产

2017 年 7 月华兴化工的客户定制了一批防静电服，由于销售人员在申请采购面料时把里布与主料搞错，给公司造成不小的损失。

建华的客户定制工作服 550 套，销售经理表示按照样衣做，生产部提示样衣上有反光条、滚条，但是客户去年做的时候已经要求把反光条、滚条去掉了，销售经理仍坚持按样衣做，生产部便按照工艺单下单定做了。没过几天生产部接到电话说不要反光条和滚条，为时已晚，工作服已经做了一半。

客户三星定制工作服短款 1051 套，长款 235 套，品管服 42 套，牛仔工作服 112 套。因销售人员没有按照公司流程拿样衣给客户确认签字，导致最终批量做出来的成品与客户需求不相符，扣子款夏装做成了拉链款，品管服白大褂本来是要短袖却做成了长袖，还有牛仔工作服的厚度与客户需求不相符。现在服装全部返厂，将导致公司在人工、时间、成本等方面一系列的损失，而且返工又导致了延期，客户要求降价 18%，否则中断合作。

案例分析问题：

（1）根据销售管理的流程，请问如何避免客户定制的产品做错的问题？

（2）根据销售管理和其他流程的连接，如何避免原材料买错的问题？

（3）案例中客户要求降价 18%，如果要求你来报价，如何确定合理的价钱？

本章小结

销售管理模块系统地介绍了客户订单的业务处理流程。通过本章学习，具体了解销售管理模块在企业生产中的重要性。需掌握销售管理模块主要功能及各功能间是如何紧密联系的，掌握客户主数据的创建方法、销售询价和报价、销售订单、销售发货单、退货以及开具发票等相关操作，掌握如何使用 ERP 给客户下达销售订单并按时把货物送到客户指定地点。同时注意对物料主数据设置的确认，以期 SAP 整体运行畅通。

6　主生产计划与物料需求计划

引言▶ 市场瞬息万变，而企业的资源又是有限的，如何用企业有限的资源去获取最大的收益，不言而喻企业计划与控制是重中之重，其中 MPS 和 MRP 必不可少。企业计划的思想旨在供给与需求在数量和时间上得到调和，以最经济合理的方式满足最终客户的需求。

本章学习目的

➢理解主生产计划的概念

➢了解主生产计划的编制方式

➢掌握物料需求的来源

➢掌握物料需求计划的原理

➢掌握物料需求计划运行中的 MRP 相关概念

➢熟练运用物料需求计划产生的计划订单

6.1　主生产计划与物料需求计划概述

SAP 系统里的企业计划一般分为长期的经营规划，中期的销售与运作计划，短期的主生产计划以及物料需求计划，车间作业计划和采购作业计划。这五层计划充分体现了计划由远到近，由粗到细的过程。具体的流程如图 6－1 所示。

企业的经营规划立足长远的战略规划，为实现企业长期的整体目标和策略而制定的产品发展远景以及企业销售规模远景，通常以目标金额来表示。

SAP 系统里的第二个计划层次是销售与运作计划，是把在第一个层次的经营规划具体化成产品类型的生产大纲，最主要的是将粗略地用目标金额表示的经营规划目标转换成一系列具体产品的产量目标。

接着是主生产计划层次，位于五个计划中的中间，目标是将销售与运作计划更进

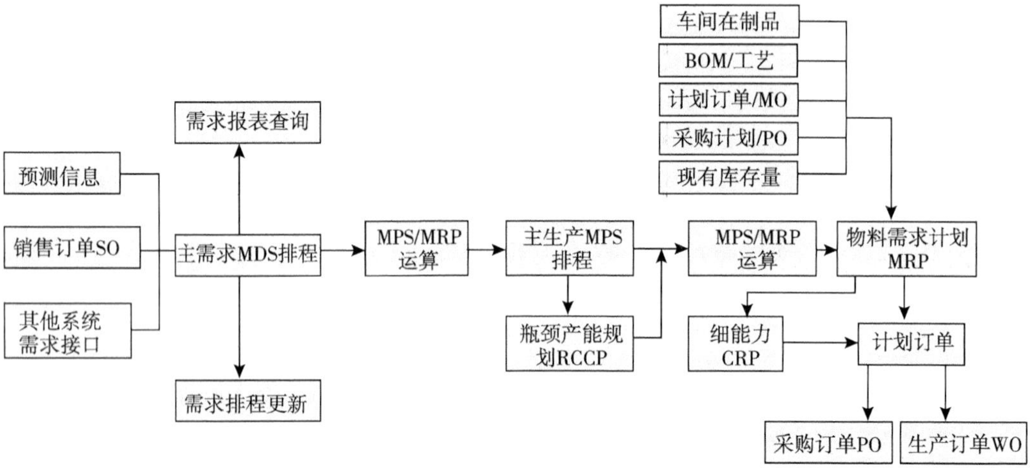

图 6－1　企业计划的流程

一步细化，同时也是下一步物料需求计划推算的前提和基础。它的输入是客户的订单和市场的需求预测，输出是未来每个时段生产什么产品，生产多少及何时完成。主生产计划来源于客户的销售订单和销售预测，具体计划每个产品确定的生产时间和产量。

车间作业计划是指车间生产详细的安排，包括设备和人员的安排以及材料的准备等。采购作业计划则是指生产材料的采购计划安排。

6.2　生产计划相关概念

6.2.1　独立需求与相关需求

独立需求是指需求数量和需求时间都与企业的其他物料需求无关，这通常由企业生产的外部环境决定，例如设备的采购、耗材的采购、服务的采购等。

相关需求是指需求数量和需要时间都是由最终产品的需求量决定，可以根据产品之间的结构组成关系推理得出，例如产品生产所需的主要原材料、半成品等。

6.2.2　时区与时界

SAP 系统中计划需要经过较长周期，通常细分为：订单和交货期已经确定的需求时区；数量和交货期已计划了的计划时区以及订单和交货期尚未确定的预测时区。时区的划分如图 6－2 所示。

6.2.3　批量规则

生产和采购通常按一定的批量来进行，目的是获得最优的运营成本以及最优的库存，常用的批量规则有如下七种。

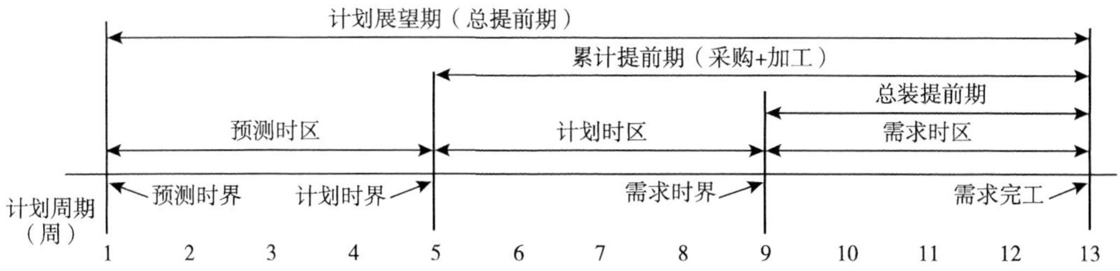

图 6－2　订单计划在计划展望期中各时区时界分布

（1）最大批量：当计划数量大于此批量时，系统取最大批量作为生产计划批量。

（2）最小批量：当计划数量小于此批量时，系统取最小批量作为生产计划批量。

（3）固定批量：当计划数量总是按某个固定数量下达时，系统取此固定数量为生产计划批量。

（4）直接批量：系统直接取计划数量为生产计划批量。

（5）固定周期批量：系统总是按固定周期内（如每月、每周）生产的数量为生产计划批量。

（6）倍数批量：系统总是取某批量的倍数（该批量可能是最小批量，也可能是其他）作为生产计划批量。

（7）经济批量：系统取采购和仓储总成本最低的生产量作为生产计划批量。

6.2.4　安全库存

MRP 系统的优点是能够根据最终的产品需求计划驱动产生物料需求计划，理论上讲，中间无须设置安全库存；但实际生产要复杂得多，供应商延迟送货、原材料品质不佳、瓶颈工序、残次品率高都会导致正常的生产流程中断。为保证生产正常连续的运行，各工序能够维持平滑的生产，这时安全库存的设置就变得非常重要。

6.2.5　工厂日历

工厂日历是用来标明工厂必须上班日期的日历，也就是排除了节假日和周末后的有效生产日期。MRP 系统运行时必须基于工厂日历安排生产，MRP 系统不允许在休息日安排生产任务。

6.2.6　提前期

提前期是指生产或作业必须提前安排的期限，在供应链中常用的提前期很多，主要有采购提前期、生产提前期、运输提前期等。

6.2.7　计划策略

计划策略常用的是按订单生产和按库存生产两大类，其中有一些是两种功能混合的。策略的应用取决于企业或者产品的生产模式，SAP 的策略很多，按库存生产 MTS 的策略种类：40、30、10、11、52、63；按订单生产 MTO 的策略种类：50、60、20；按计划组件生产的策略种类：70、59；按带有变量配置的生产的策略种类：25、26、55、65、56、89、54；按装配订单生产的策略种类：82、81、89。但一般一个企业都只应用少数几个策略，本书所用的计划策略举例说明如下。

1. **策略** 20：**按订单生产**（MTO）

特点：

（1）根据销售订单生产。

（2）成品库存的数量来源于生产销售订单。

（3）因为是为客户订制生产，产成品极少有库存。

使用场景：

按订单生产，如重型机械制造工业、船舶、飞机等。

属性设置：

（1）计划策略组设置为 20。

（2）项目类别组设置为 NORM。

流程说明：

（1）创建销售订单。

（2）根据销售订单开展下层部件的生产或采购以及最终产品的生产。

（3）产成品生产收货后库存与销售订单挂钩。

（4）产成品发货后，产成品需求减少。

2. **策略** 40：**按库存生产**（MTS）

特点：

（1）计划独立需求由销售订单产生，能根据销售订单调整主生产计划以适应当前形势。

（2）快速响应客户需求，主生产计划不要求平滑。

使用场景：

希望能够准确预测成品生产数量，计划较为准确。

属性设置：

（1）计划策略组设置为 40。

（2）消耗参数（需要设置消耗模式）。

（3）项目类别组设置，一般设置为 NORM。

流程说明：

（1）独立需求引发生产与装配计划。

（2）确定的销售订单减少计划的独立需求数量。

（3）运行销售订单时，系统开启可用性检查，系统判断有无足够的计划独立需求来满足销售订单。

（4）当销售订单数量超过计划独立需求数量时，系统会自动调整主计划；如果销售订单数量少于计划独立需求数量，剩下的尚未被消耗的计划独立需求会增加产成品库存。

6.2.8 MRP 元素

MRP 元素包括：采购申请、采购订单项目、计划订单、预留等，其值为正表示在用数量增加，为负表示减少，可用数量为以上各项之和。双击行项目，可以查看明细。MRP 元素明细如表 6－1 所示。

表 6－1　MRP 元素明细

MRP 元素	对应项	MRP 元素	对应项	MRP 元素	对应项
PldOrd	计划订单	IndReq	计划独立需求	CustSt	客户库存
PrdOrd	生产订单	CusReq	客户独立需求	ProjSt	项目库存
PurRqs	采购申请	Delvry	交货	SubcSt	外协加工商库存
POitem	采购订单项目	SafeSt	安全库存	BtchSt	批次库存
SfyReq	安全需求	SLockSt	仓储地库存	QM－lot	检验批量
DepReq	相关需求	MtlRes	预留	TotReq	总需求

6.3 主生产计划（MPS）

6.3.1 主生产计划概述

主生产计划是企业生产的具体安排，通常细化到每天需要生产的产品、产量以及出厂日期的计划。主生产计划的安排可以有效协调物料的采购、储存安排，也有效地协调了生产资源，如员工、设备、工具等的安排。主生产计划的出现提高了企业经营效益，促进了资源的有效利用，提高了客户服务水平以及降低了库存。

6.3.2 主生产计划（MPS）的计算原理

主生产计划的计算原理实际上就是如何根据现有的销售订单以及需求预测数据推导出生产计划产出和生产计划投入的过程。

1. 毛需求量的计算

如表 6－2 所示，主生产计划推导的输入项为各时区的预测需求量以及销售订单量。根据各时区的远近以及销售订单的确认情况，可以知道在需求时区，销售订单量非常准确，因此在需求时区的系统毛需求量直接使用销售订单量；而到了计划时区，销售订单量和预测需求量都不是非常准确，因此为了稳妥取销售订单量和预测需求量中间的大值作业系统毛需求量；再接着到了预测时区，因为这时尚未收到客户销售订单，因此只能取预测需求量作为系统的毛需求量。

2. 预计库存量初值的计算

预计库存初值的计算是用上一期预计库存量减去本期毛需求。最早一期的预计库存初值是期初库存和第一期毛需求的差值。

3. 净需求的计算

净需求的参照是系统设置的安全库存量，当预计库存初值高于安全库存量时，说明库存量足够，没有生产需求，净需求为0；但当预计库存初值低于安全库存量时，这时就产生了生产需求，这个净需求量 = 安全库存 - 预计库存量初值。

4. 计划产出量的计算

只有当净需求量大于零时才说明系统需要计划产出，而计算产出量为最小批量的倍数即计划产出量 = 批量 × N（N 为正整数）。

5. 预计库存量的计算

因为有了产出，因此库存会发生变化，预计库存量应该用当期预计库存量初值加上当期的计划产出量。

6. 计划投入量的计算

考虑到生产需要时间，因此计划投入必须比计划产出早一个生产提前期。

全部计算数据见表 6 - 2MPS 主生产计划报表。

表 6 - 2　　MPS 主生产计划报表

MPS - X　提前期 = 1　批量 = 60　安全库存 = 25　期初库存 = 200　（单位：g，kg，m 等）

时区	需求时区				计划时区				预测时区			
时段（周）	1	2	3	4	5	6	7	8	9	10	11	12
预测需求量	110	110	110	110	110	110	110	110	110	110	110	110
销售订单量	90	85	112	95	125	70	89	113				
毛需求	90	85	112	95	125	110	110	113	110	110	110	110
预计库存初值	110	25	-87	-62	-67	-57	-47	-40	-30	-80	-70	-60
净需求			112	87	92	82	72	65	55	105	95	85
计划产出量			120	120	120	120	120	120	60	120	120	120
预计库存量	110	25	33	58	53	63	73	80	30	40	50	60
计划投入量		120	120	120	120	120	120	60	120	120	120	

6.4 物料需求计划（MRP）

6.4.1 物料需求计划概述

物料需求计划来自主生产计划，是在物料清单、库存记录以及工艺路线基础上运算得来的，并最终给出计划订单的建议。物料需求计划概览如图6-3所示。

物料需求计划的输出内容有主报告和二级报告。

主报告的内容有生产、库存的计划安排，具体内容如下。

（1）计划订单，未来生产和采购的需求数量及时间。

（2）需要执行的计划订单。

（3）计划订单的变化情况，如预计日期的改变、订货数量的变动等。

二级报告的内容有绩效控制、例外情况等，具体内容如下。

（1）绩效控制用于判断系统运作绩效，为管理者提供诸如实际运行偏离计划的程度报告，例如成本、缺货以及遗漏方面的信息。

（2）未来库存需求的预测。

（3）例外情况包括重大差异方面的信息，如最新订单、到货延迟、过多的残次品、报告失误等。

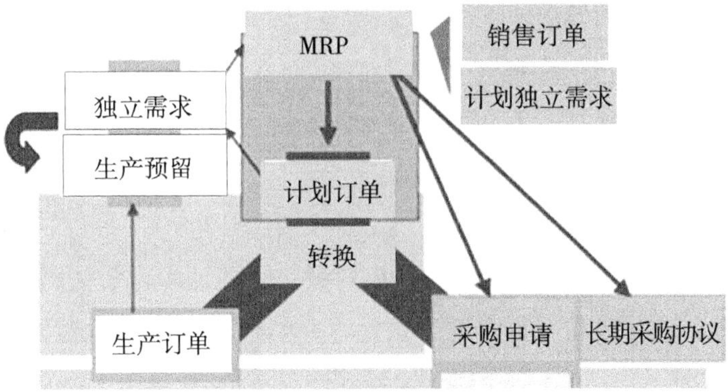

图6-3 物料需求计划概览

6.4.2 物料需求计划的计算原理

1. **物料需求计划计算的原理**

物料需求计划计算的原理是从主生产计划推导出原材料的采购计划，如图6-4所示。它的推导过程主要是基于库存的数据、物料清单中各组件的组成及配比，因此物料需求计划制订料需求的基础数据包括主生产计划、库存记录和物料清单以及提前期。

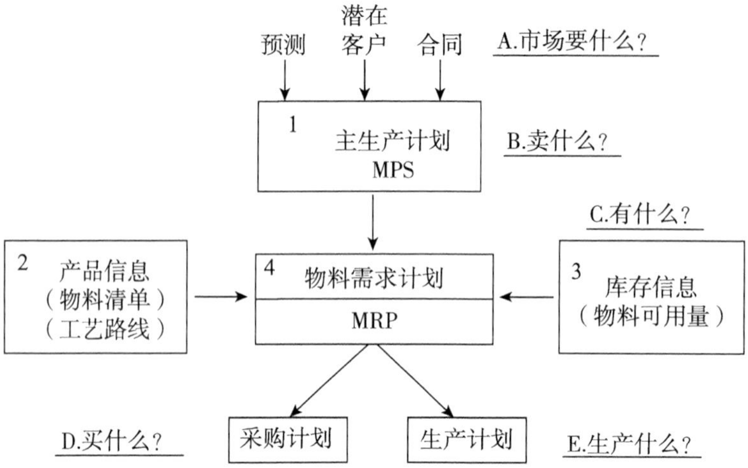

图 6-4　MRP 的逻辑流程

2. **物料需求计划计算的步骤**

物料需求计划的计算是对所有材料进行“需求”与“供给”的平衡计算，其中不能平衡掉的材料“需求”量就是 MRP 给出的计划订单，该计划订单可以进一步转化为采购订单。

(1) 物料毛需求量的计算

物料项的毛需求量直接来源于其父项的相关需求，同时还要乘上该项在物料清单的用量因子。

(2) 预计库存量初值的计算

预计库存初值的计算是用上一期预计库存量减去本期毛需求。最早一期的预计库存初值是期初库存和第一期毛需求的差值。

(3) 净需求量的计算

净需求的计算是参照系统设置的安全库存量，当预计库存初值高于安全库存量时，说明库存量足够，没有采购需求；但当预计库存初值低于安全库存量时，这时就产生了采购需求，这个净需求量 = 安全库存 - 预计库存量初值。

(4) 计划产出量的计算

只有当净需求量大于零时才说明系统有采购需求，而计算产出量为最小批量的倍数即计划产出量 = 批量 × N（N 为正整数）。

(5) 预计库存量的计算

因为有了产出，因此库存会发生变化，预计库存量应该用当期预计库存量初值加上当期的计划产出量。

(6) 计划接受量的计算

计划接受量就等于当期的计划产出量。

（7）计划投入量的计算

考虑到采购需要时间，因此计划投入必须比计划产出早一个交货提前期。

全部计算数据见表 6 - 3MPS 主生产计划报表。

表 6 - 3　　　　MPS 主生产计划报表

MPS

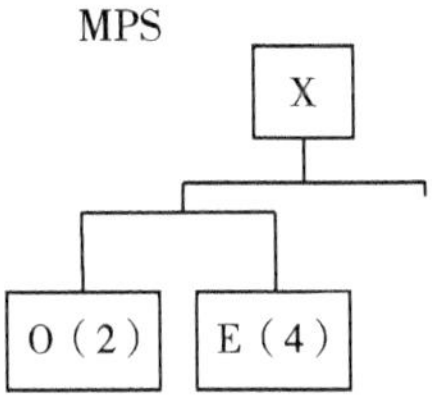

MPS-X　　提前期=1　批量=60　现有量=0

时段	1	2	3	4	5	6	7	8	9	10	11	12
计划产出量			120	120	120	120	120	120	60	120	120	120
计划投入量		120	120	120	120	120	120	60	120	120	120	

采购计划—O　　提前期=2　批量=50　期初库存=70　安全库存=25

时段	1	2	3	4	5	6	7	8	9	10	11	12
毛需求		240	240	240	240	240	240	120	240	240	240	
计划接受量		200	250	250	250	250	200	150	250	200	250	
预计库存量初值	70	-170	-210	-200	-190	-180	-170	-90	-180	-170	-210	
净需求		195	235	225	215	205	195	115	205	195	235	
预计库存量	70	30	40	50	60	70	30	60	70	30	40	
计划产出量		200	250	250	250	250	200	150	250	200	250	
计划投入量	250	250	250	250	200	150	250	200	250			

6.5 主生产计划及物料需求计划关键字段解释

主生产计划及物料需求计划关键字段解释及操作如表 6 - 4 所示。

表 6 - 4　　　　主生产计划及物料需求计划关键字段解释及操作

字段名	解释	R/O	操作	备注
单独读取	物料号	R	3249	一般查询单个物料使用
集中读取	多个物料号	R		集中查看多个物料
订单申请	手动创建生产订单	R	3249	
PR 申请	采购申请订单	R	0010018354	
DepReq	计划订单	R	3249	一般是客服录入工单
CustSt	销售订单	R	0000015610	客户需求来源
PO 项目	采购凭证	R	4500017732	采购订单项目
日期	显示的是交货日期或需求日期	R	24. 04. 2014	
再计划日期	重新计划日期	O	25. 04. 2016	当输入日期与需求日期不符合时，重新排产的日期
收货/需求	收货或需求所需数量	O		行项目对应的收货的数量
可用数量	当前可用库存	R		

6.6 主生产计划及物料需求计划创建操作步骤

6.6.1 检查修改物料主数据

物料主数据的创建在前面已经详述，这里需要确认的是与主生产计划及物料需求计划相关的设置是否完整、正确。进入菜单 MM03 查看，进入菜单 MM02 修改，如果需要拓展其他窗口进入菜单 MM01。与主生产计划及物料需求计划相关的窗口及需要设置的内容有：

基本数据 1：名称、单位、物料组、毛重、净重、重量单位、体积、体积单位；

销售组织数据 1：交货工厂、税率；

销售组织数据 2：物料统计组；

一般/工厂数据：可用性检查、运输组、装载组；

采购：采购组、中英文名称、进口；

MRP 1：MRP 类型、MRP 控制者、批量大小；

MRP 2：计划交货时间、计划边界码；

MRP 3：策略组；

一般工厂数据/储存 1；

会计 1：评估类、价格控制、标准价格。

6.6.2 检查修改物料清单

运用物料清单查看命令 CS02，查看物料清单的设置是否正确如图 6－5 所示，主要检查的内容是物料清单的所有组成组件及其组件数量，如果不正确，则需要进行修改，检查完成后点击保存，完成物料清单的检查设置。

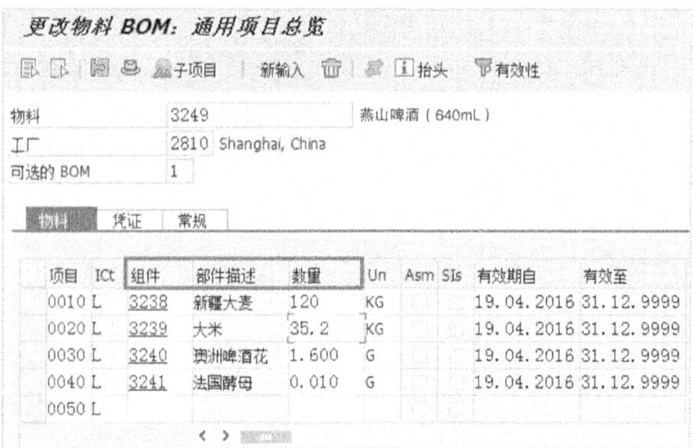

图 6－5　修改物料清单

6.6.3　检查修改工作中心

运用 CR02 命令进入工作中心查看和修改窗口，如图 6－6 所示。检查工作中心的设置参数是否正确，主要看基本计量单位和标准可用能力的设置。如果不正确，则要修改正确，检查完成后点击保存，完成工作中心的检查设置。

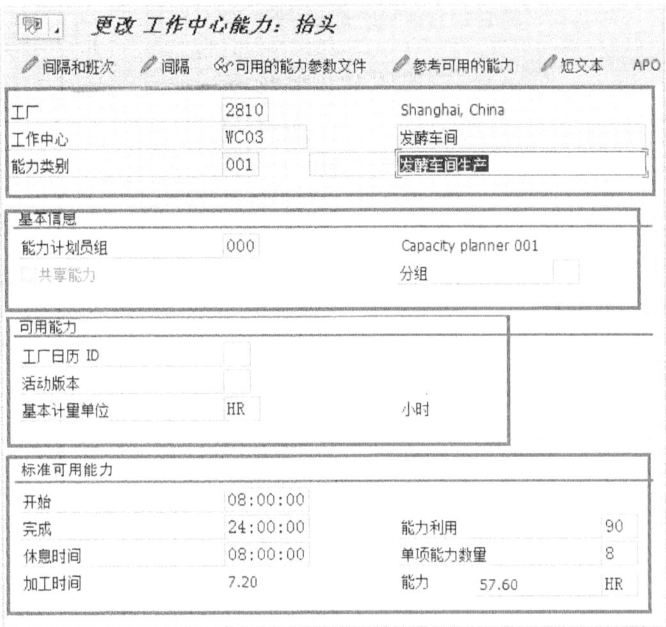

图 6－6　修改工作中心

6.6.4　检查修改工艺路线

运用 CA02 命令进入工艺路线查看和修改窗口，如图 6－7 所示，检查工艺路线的设置参数是否正确，主要看工序是否完整、工作中心和控制码的选择是否正确、各工序的生产用时设置是否完整正确。如果不正确，则要修改正确，检查完成后点击保存，完成工艺路线的检查设置。

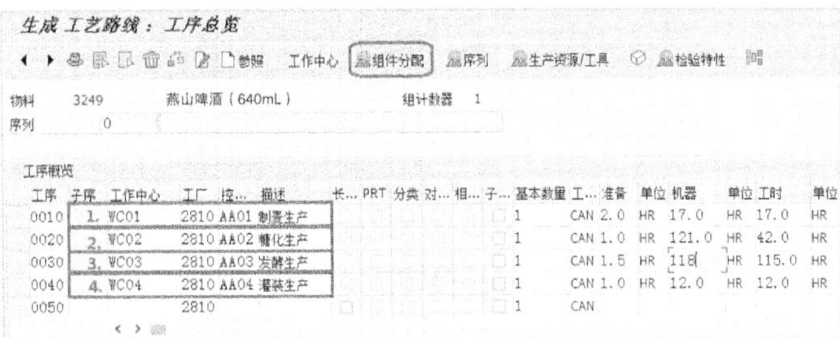

图 6－7　修改工艺路线

6.6.5 创建需求计划

6.6.5.1 创建独立需求的需求预测

1. 需求预测创建的菜单路径（见表6－5）

表6－5　需求预测创建的菜单路径和事务代码

SAP 菜单	后勤 → 生产 → 生产计划编制 → 需求管理 → 已计划的独立需求 → 创建
事务代码	MD61
操作实例	图6－8～图6－9

2. 创建需求预测的初始屏幕设置

在命令栏输入 MD61，按回车键或打钩，进入创建需求预测的初始屏幕设置窗口，设置如下的初始屏幕参数，如图6－8 所示。

（1）输入物料：3249。

（2）输入 MRP 范围：2810。

（3）输入工厂：2810。

（4）输入版本：00。

（5）输入计划区间：从 24.04.2016 至 29.05.2017。

（6）输入计划周期：M。

按回车键确认是否正确，如果正确，进入下一个界面进行操作。

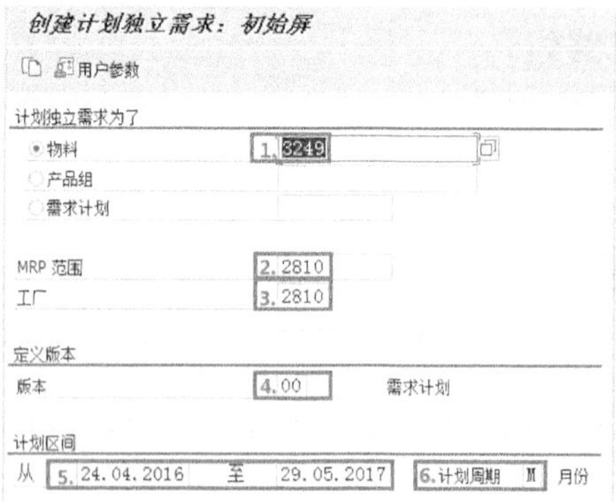

图6－8　创建独立需求 初始屏幕

3. 需求预测数据创建

紧接着在计划独立需求创建窗口输入预测需求量（见表6－6），并在前面的小框内打钩，如图6－9 所示。设置完成后点击保存，以保存独立需求计划数据。

表 6－6　　预测需求量　　（单位：千克）

月度	4 月	5 月	6 月	7 月	8 月	9 月	10 月
数量	220	230	280	260	190	150	130

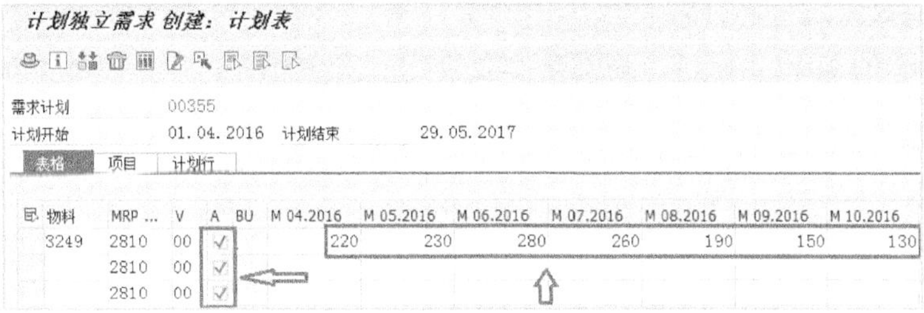

图 6－9　创建独立需求

6.6.5.2　创建独立需求的销售订单

这里采用手动的方式创建一个销售订单，从而产生源于客户销售订单的需求计划。参照销售订单的创建方式，通过命令 VA01 进入销售订单创建窗口，并输入相应参数，如图 6－10 所示。

（1）输入售达方：9965。

（2）输入送达方：9965。

（3）输入定价日期：24. 04. 2016。

（4）输入物料：3249。

（5）输入订单数量：199。

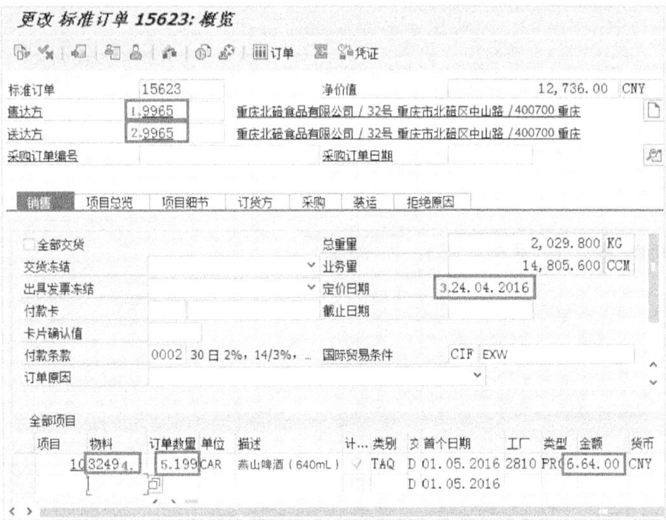

图 6－10　创建销售订单

（6）输入金额：64.00。

按回车键确认是否正确，如果正确，点击保存，销售订单创建完成。

6.6.5.3 创建独立需求的安全库存

这里通过创建安全库存的方式产生需求计划。通过物料主数据的修改命令 MM02，进入物料 3249 的 MRP 2 窗口，在安全库存处输入安全库存：10，修改完成后，点击保存，即可完成安全库存的创建（见图 6－11）。

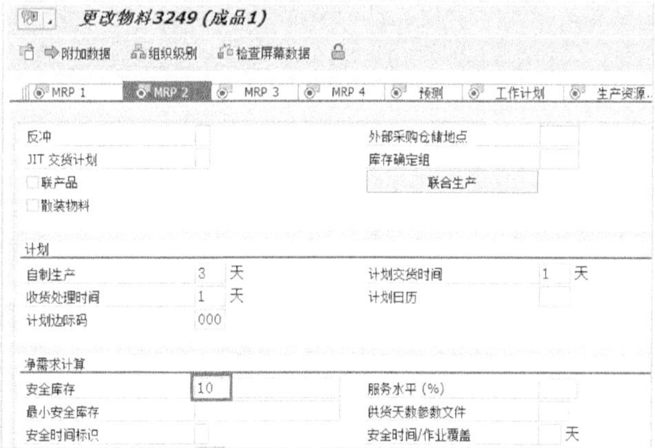

图 6－11 创建安全库存

6.6.6 查看需求管理

1. **需求显示的菜单路径（见表 6－7）**

表 6－7 需求显示的菜单路径和事务代码

SAP 菜单	后勤 → 生产 → 生产计划编制 → 需求管理 → 已计划的独立需求 → 显示
事务代码	MD63
操作实例	图 6－12

2. **查看结果显示（见图 6－12）**

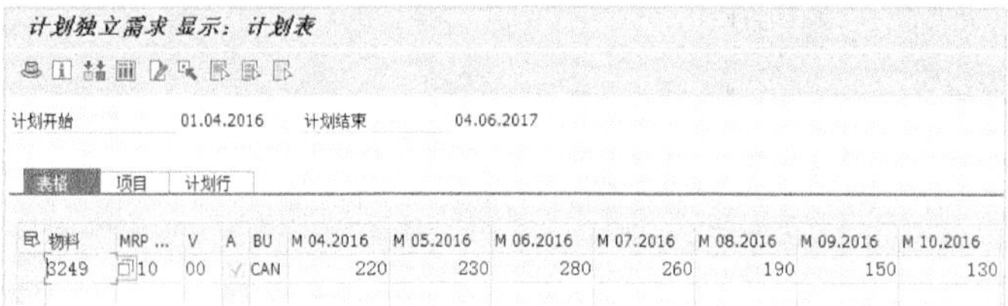

图 6－12 计划独立需求显示

6.6.7 运行主生产计划

1. 主生产计划运行的菜单路径（见表6－8）

表6－8　　主生产计划运行的菜单路径和事务代码

SAP 菜单	后勤 → 生产 → 物料需求计划 → 计划 → 多层单项计划
事务代码	MD02
操作实例	图6－13～图6－18

2. 主生产计划的运行参数设置

在进入的主生产计划运行窗口输入下列详细参数，如图6－13所示。

（1）输入物料：3249。

（2）选择 MRP 范围：2810。

（3）选择工厂：2810。

（4）选择处理代码：NETCH。

（5）创建采购申请：2。

（6）修改 SA 交货计划行：3。

（7）创建 MRP 清单：1。

（8）选择计划模式：3。

（9）修改调度：1。

按回车键运行计算，再按回车键返回运行结果。

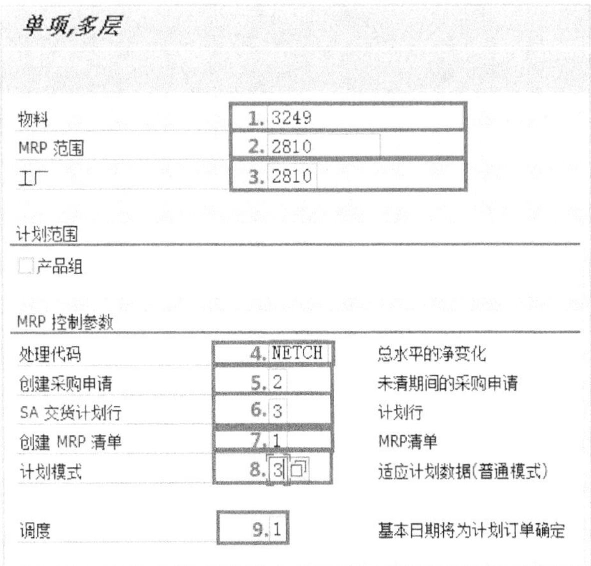

图6－13　主生产计划运行窗口

3. 主生产计划运行结果查询（见图 6－14）

单项,多层

参数	
MRP 范围	2810
工厂	2810
处理代码	NETCH
创建采购申请	2
SA交货计划行	3
创建 MRP 清单	1
计划模式	3
调度	1

带最高 CPU 时间（以毫秒计）的物料分级清单

物料	MRP 范围		工厂		
运行时间	读取	净计算	物料单	提前期计划	更新
3249	2810		2810		
1,503	404	277	146	0	641
3238	2810		2810		
852	71	31	0	0	744
3239	2810		2810		
310	68	6	0	0	229
3240	2810		2810		
241	54	13	0	0	168
3241	2810		2810		
219	57	11	0	0	145

图 6－14　主生产计划运行结果查询

4. 主生产计划信息读取

在命令栏输入 MD04 后，按回车键进入计划信息读取的初始界面，输入物料：3249，MRP 运行区域：2810，工厂：2810 后，按回车键进入主生产计划信息读取的明细窗口，如图 6－15 所示，分为日期、MRP 元素、MRP 元素数据、再计划日期、例外、收货/需求、可用数量等，每行显示一条某日期的需求记录。

物料 3249 燕山啤酒（640mL）
MRP 运行区域 2810 Guangzhou, China
工厂 2810　MRP 类型 PD　物料类型 FERT　单位 CAN

附. 日期	MRP元素	MRP元素数据	再计划日期	例外	收货/需求	可用数量	库...
01.10.2016	IndReq	LSF /00355			130-	2,996	
30.04.2016	CustSt	0000015610/000010				1,760	
25.04.2016	交货	0080017650/000010/0...			1,920-	160-	0002
28.04.2016	PldOrd	0000040642/SO	25.04.2016	30	160	0	
30.04.2016	CustSt	0000015611/000010				156	
20.04.2016	订单	0000015611/000010/0...			1,760-	1,604-	
25.04.2016	交货	0080017651/000010/0...			156-	1,760-	0002
28.04.2016	PldOrd	0000040643/SO	20.04.2016	30	1,604	156-	
28.04.2016	PldOrd	0000040644/SO	25.04.2016	30	156	0	
30.04.2016	CustSt	0000015616/000010				0	
26.04.2016	交货	0080017657/000010/0...			1,884-	1,884-	0002
28.04.2016	PldOrd	0000040645/SO		07	1,884	0	

图 6－15　主生产计划信息读取明细窗口

5. 常用 MRP 项详解

（1）IndReq。

这一行显示的按库存生产，需求的物料：3249，需求数量：130，需求日期：01.10.2016，更详细的信息可双击该行进入明细窗口查询，如图6－16所示。

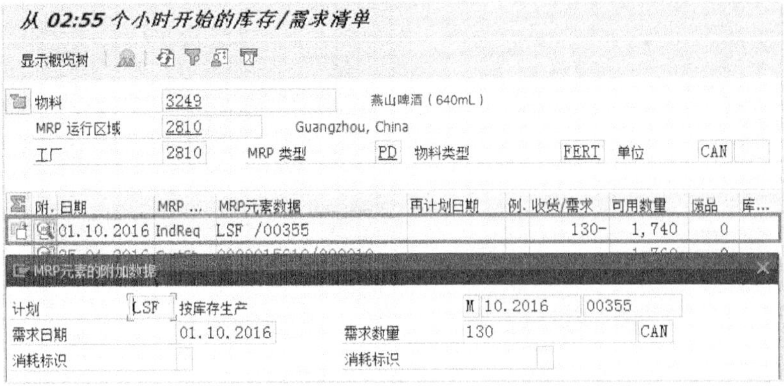

图6－16 MRP运行结果 部门需求

（2）CustSt。

这一行显示的是销售订单，如销售订单0000015611，可用数量为1604，客户需求数量1760，尚缺156个单位的物料。双击该行可以查看详细的信息，如图6－17所示。

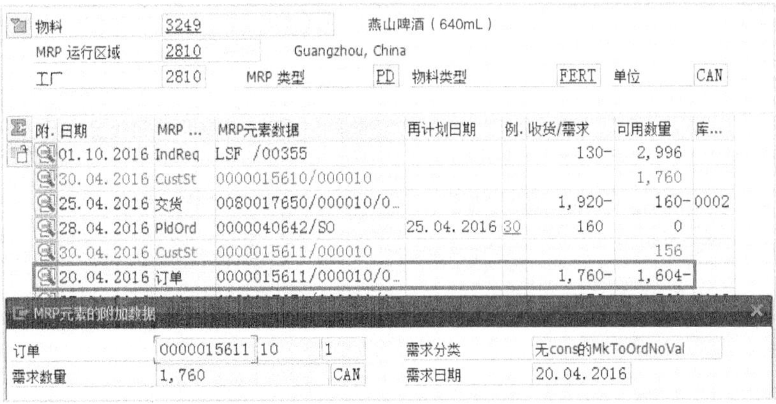

图6－17 MRP运行结果 客户需求

6.6.8 计划订单后续操作

运行MRP后，库存不足的部分系统自动会产生PldOrd补足，如上例中的销售订单0000015611，系统自动产生了日期为28.04.2016的PldOrd要求平衡缺数。双击该行可进行下一步操作，如图6－18所示，根据提示可以将该计划行转化为生产订单，由生产线安排生产补足缺数；也可以部分转化为生产订单，其他转化为采购申请；也可以转化为流程订单补足；还可以转化为采购申请外购补足。

图 6－18　计划订单后续操作

6.6.9　运行物料需求计划

1. 物料需求计划运行的菜单路径（见表6－9）

表 6－9　物料需求计划运行的菜单路径和事务代码

SAP 菜单	后勤 → 生产 → 物料需求计划 → 计划 → 多层单项计划
事务代码	MD02
操作实例	图 6－19

2. 物料需求计划运行的参数设置

这里的设置和主生产计划设置差不多，只不过这里运行的物料是最低层次的原材料料号，具体设置如图 6－19 所示。

（1）输入物料：3239。

（2）选择 MRP 范围：2810。

（3）选择工厂：2810。

（4）输入处理代码：NETCH。

（5）创建采购申请：2。

（6）修改 SA 交货计划行：3。

（7）创建 MRP 清单：1。

（8）选择计划模式：3。

（9）修改调度：1。

按回车键运行计算，再按回车键返回运行结果。

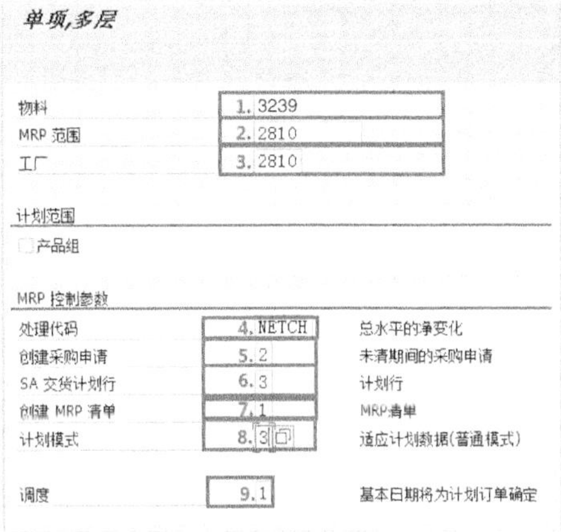

图 6－19　物料需求计划的运行窗口

3. **物料需求计划运行结果查询**（见图 6－20）

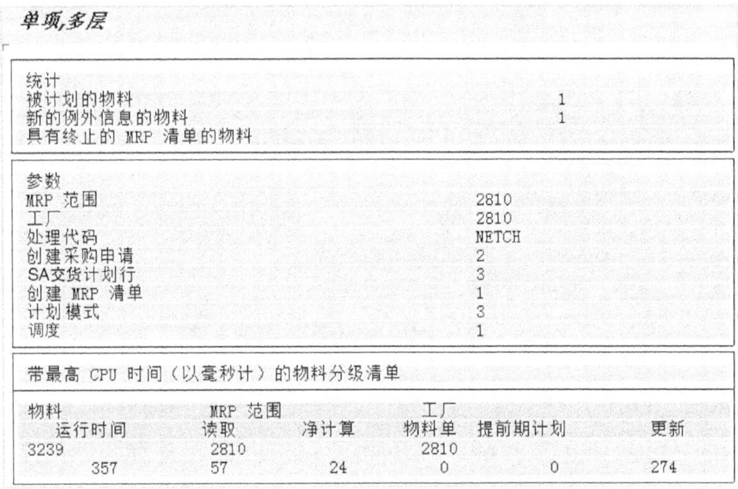

图 6－20　物料需求计划运行结果查询

4. **物料需求计划信息读取**

在命令栏输入 MD04 后，按回车键进入物料需求计划读取的初始界面，输入物料：3239，MRP 运行区域：2810，工厂：2810 后，按回车键进入物料需求计划的明细窗口，如图 6－21 所示，分为日期、MRP 元素、MRP 元素数据、再计划日期、例外、收货/需求及可用数量等列，每行显示一条某日期的需求记录。

5. **常用 MRP 项详解**

（1）PR 申请。

如图 6－22 所示，下例显示的 0010018354 为采购申请计划订单，申请数量为 67858.560KG，双击该行可显示明细信息。

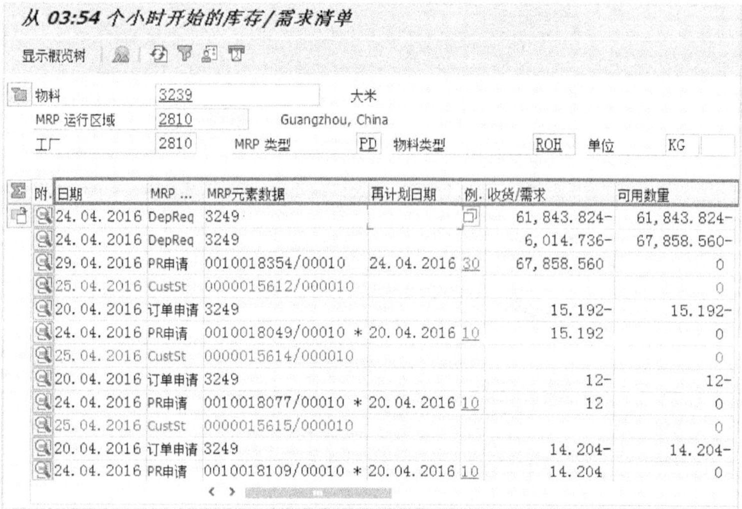

图 6－21　物料需求计划明细

图 6－22　MRP 信息读取 采购申请

（2） DepReq。

该行显示的是部门独立需求 6014.736KG，双击可进入查看明细信息，如图 6－23 所示。

图 6－23　MRP 信息读取 部门需求

（3） 订单申请。

该行显示的是采购订单申请信息，双击可进入查看明细信息，如图 6－24 所示。

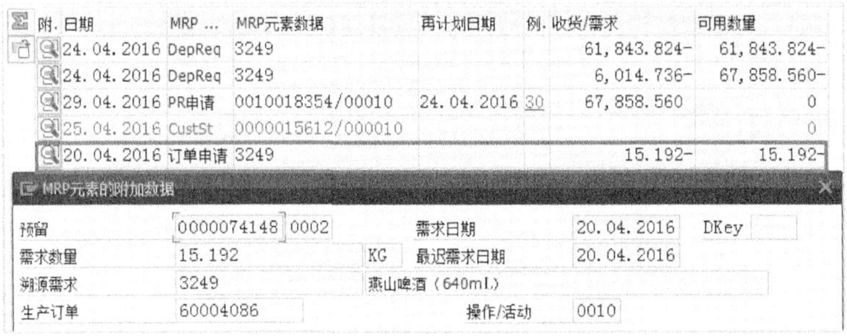

图 6－24　MRP 信息读取 订单申请

（4）PO 项目。

该行显示的是采购订单信息，双击可进入查看详细的采购订单信息，如图 6－25 所示。

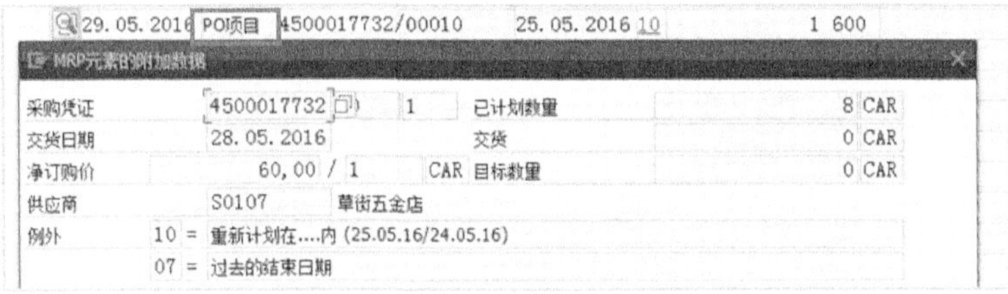

图 6－25　MRP 信息读取 采购订单

6. **物料需求信息集中读取**

物料需求信息也可以集中读取，如图 6－26 和图 6－27 所示，在命令栏输入 MD04，按回车键进入库存/需求清单的初始屏幕，点击【集中读取】，输入 MRP 范围：2810，输入工厂：2810，输入 MRP 控制器：000，按回车键进入图 6－27 所示的需求信息集中读取窗口。物料需求信息集中读取的目的是对物料需求整体考察。在企业实际运行中，可以按负责的采购员集中读取，以便采购员明确每天急需解决的缺料补充任务；也可以按产品集中读取，以便清楚如果现在计划生产某产品有没有原材料短缺；同时还可以按生产线显示，以便明确生产线能否连续运行。

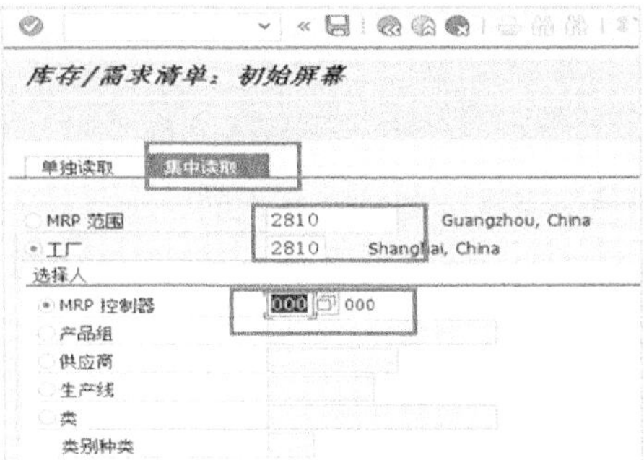

图 6－26　MRP 集中运行

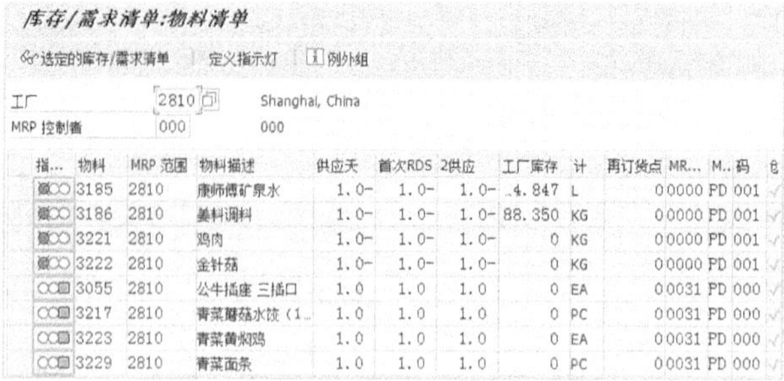

图 6－27 MRP 运行结果 信息读取

6.6.10 物料需求计划订单的后续操作

对于原材料，运行 MRP 后，库存不足的部分系统会自动产生 PR 申请补足，如图 6－28所示，PR 申请为 0010018354，双击该行可进行下一步操作，转化为采购订单。

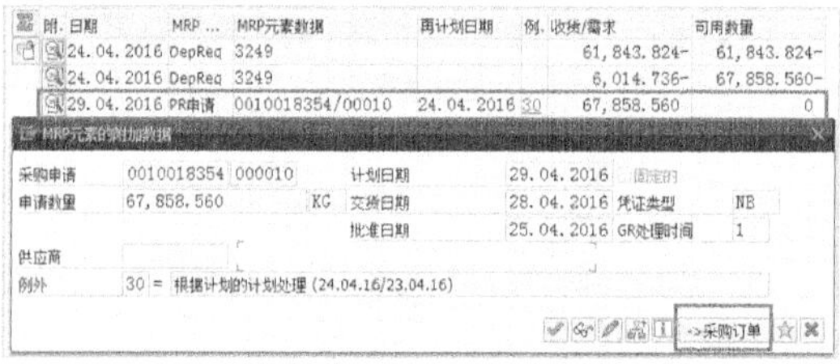

图 6－28 MRP 运行结果 后续操作

6.7 主生产计划与物料需求计划常用代码

（1）MD02 运行物料需求计划。

（2）MD04 物料需求计划结果查询。

（3）MD61 需求计划创建。

（4）MD63 需求计划查询。

6.8 本章问题

（1）相关需求计划和独立需求计划有什么不同？

（2）主生产计划能解决什么问题，物料需求计划又能解决什么问题？

（3）划分时区和时界有什么作用？

（4）批量确定对生产成本有什么影响？

（5）常用的计划策略有哪些？它们之间有哪些异同点？

（6）主生产计划运行的结果有哪些应用？

6.9 案例分析

产品 A 的物料需求计划

伟创日用品公司是坐落于重庆市郊的五金电器生产企业，在武汉和西安设有销售中心。该企业生产小五金电器，这里以其工厂所生产的一种产品 A 在武汉和西安两个销售中心的销售情况为例。产品 A 的产品结构简单，它由两个部件灯管和灯壳组成，生产一个批量产品 A 的交货期为 2 天，产品 A 在武汉和西安两地的每天期望需求、订货批量、安全库存、现有库存、预期到货数量和向工厂订货提前期的数据见表 6－10。

表 6－10　产品 A 在两地销售相关数据　（单位：件）

城市	每天期望需求	订货批量	安全库存	现有库存	预期到货数量	提前期（天）
武汉	6700	10000	6700	12900	（第 2 天）11000	2
西安	3700	5300	3300	9900		1

工厂的运营经理确定产品 A 的生产批量为 28000 件，以便持有 11000 件的安全库存。工厂当前产品 A 的存货量为 27900 件，没有待运订单。工厂中，部件灯管的有关数据见表 6－11。

表 6－11　部件灯管的有关数据　（单位：件）

订货批量	安全库存	现有库存	预期到货数量	提前期（天）
44000	21000	75000	（第 3 天）35100	4

未来 5 天的两地销售中心的预测需求见表 6－12。

表 6－12　未来 5 天的两地销售中心的预测需求　（单位：件）

城市＼天数	1	2	3	4	5
武汉	6800	5100	6900	6500	5000
西安	3300	3500	4800	3500	4100

你的任务是制订一份与配送需求计划相结合的物料需求计划。

本章小结

本章介绍了主生产计划与物料需求计划的相关概念，重点讲解了主生产计划的计算原理及计算步骤和物料需求计划的计算原理及计算步骤。最后详细讲解主生产计划和物料需求计划创建的操作步骤。

7 生产管理

引言 生产计划（PP）模块、物料管理（MM）模块和销售（SD）模块一同构成了生产型企业最基本的产供销体系。PP 模块展示了从原材料输入到产品输出的生产计划管理控制的全过程。

本章学习目的

- 了解生产管理的流程及主要功能
- 掌握生产订单的创建流程
- 掌握生产过程中订单的管理
- 了解生产订单成本管理的分配和结算

7.1 生产管理概述

PP 模块通过生产订单发料及收货，产生物料凭证和会计凭证，在更新库存的同时完成材料成本的归集，实现了与物料管理、管理会计模块的集成；通过生产订单的完工确认，完成公用工程等能源消耗量或人工工时、机器工时等作业量的收集，根据各种能源或作业实际价格，计算出能源或作业费用成本，实现了与管理会计模块的集成。

生产主数据的内容包括：物料主数据、物料清单、工作中心、工艺路线。

生产订单作为车间生产指令和生产进度控制的基础性文件，其子文件资料是领取生产用料和控制生产过程的依据。通过生产订单实现了对生产计划、排产、用料、生产进度等生产作业过程的监管以及其他各项业务的相关报表的管理，从而帮助企业更有效地收集和管理各种创造性活动的信息。

生产订单就是企业给生产部门的生产凭据，生产部门按订单领料进行生产，然后产成品入库，即完成生产任务。生产订单处理流程如图 7 - 1 所示 ，包括创建订单、可用性核查、能力计划、下达订单、物料提货、订单结算等重点工序。

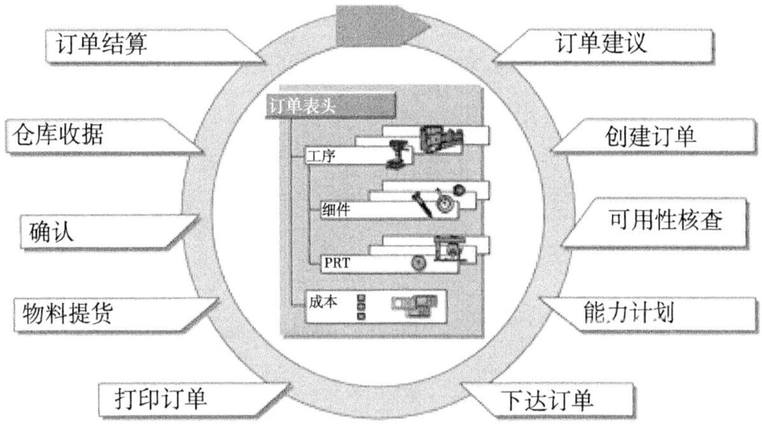

图 7－1　生产订单处理流程

7.2　生产管理的组织结构

生产管理的组织结构如图 7－2 所示，与库存管理的组织结构类似，只是增加了工作中心。

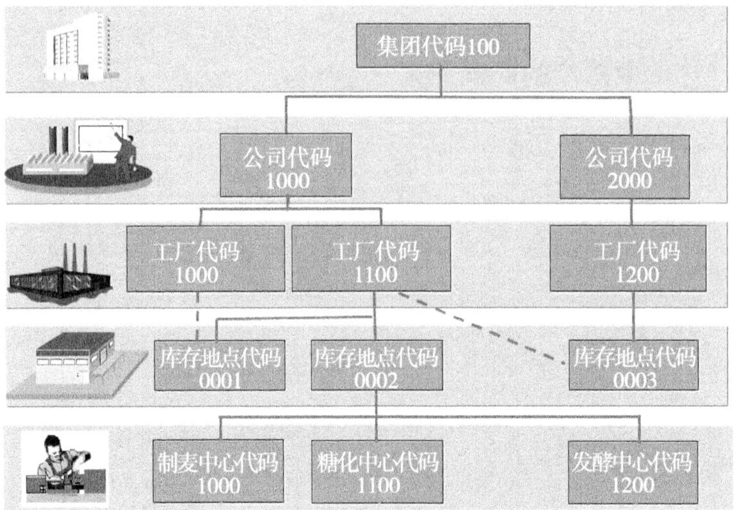

图 7－2　生产管理的组织结构

7.3　生产管理相关概念

7.3.1　生产类型

（1）按库存生产的方式（MTS）：生产计划是依据生产订单安排的，销售订单与生产订单并无直接关系。因为没有客户的需求订单，只能根据预测销量组织生产。这种生产方式一般没有很复杂的物料清单，通常有规范的批量，所以标准成本就可以明确，而且容易和实际成本对比。

（2）按订单生产的方式（MTO）：有明确的客户需求订单，只需要把销售订单转换为生产订单，生产是根据生产订单安排的，生产的目的是满足销售订单的需求。这种生产方法主要适合于可预测性比较差的产品。

（3）按订单装配的生产方式（ATO）：装配工序由销售订单驱动，只生产半成品并保持库存，成品不设库存，接单后才开始装配。这种生产方式能以最低成本满足客户的定制要求。供应商和代理经销商必须储存多种组装件、配件及产品的其他部分，以便能按照用户的特殊需求进行迅速装配。这种生产方式的产品配置、车间控制、成本计算、分销及库容状态相对简单且易于管控。汽车和个人计算机的生产通常采用这种生产方式。

（4）按订单设计的生产方式（ETO）：这种生产方式也是由销售订单触发的，计划也是根据销售订单安排，关键的活动有设计、加工、组装等一系列工序。可预测性较差的产品适合这种生产方法，产品的生产过程中需要根据客户的需求进行设计生产。这种生产方法成本较高，涉及的周期也较长。飞机、发电站设备、军用产品以及比较特殊的工具通常采用这种生产方式。

7.3.2 生产订单中排产的时间元素

生产订单中排产的时间元素如图 7－3 所示。

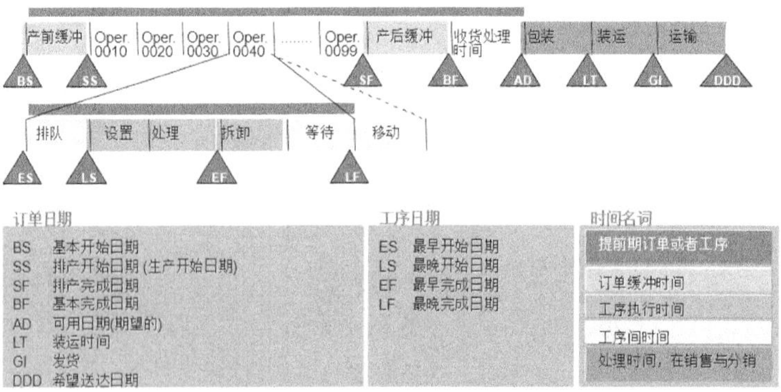

图 7－3　生产订单中排产的时间元素

7.3.3 生产订单状态

生产订单的常见状态有四种。刚开始创立时的生产订单状态为“CRTD”，此时的生产订单在系统里不允许进行发料操作；手动释放后（按释放键并保存），生产订单的状态变为“REL”，这时的生产订单的状态为对生产下达，生产可以投料生产，系统可以进行发料、入库操作；生产结束时，生产线需要将生产耗用的工时输入到生产订单中，这时生产订单的状态变为“CNF”；最后是生产的产品入库，并将生产订单关闭，生产订单的状态则变为“TECO”。原则上来说一旦生产订单关闭，此生产订单就不能再进行收发料、报工等操作，财务会核算其工单成本，这时一旦变动，财务核算的数据就不准确。

7.4 生产订单管理的内容及操作步骤

7.4.1 生产订单管理概述

生产订单是生产计划管理的重要组成部分，一个生产订单指定生产何种产品、需要使用何种物料、在哪些机器设备上生产、需要多长时间、需要多少人工、生产的开始及结束日期。生产订单管理流程始于生产订单的创建，经过释放，再到仓库领料后开始生产，生产订单可用于监控整个生产过程并收集生产过程中的成本消耗信息。

7.4.2 生产订单管理的关键字段解释

生产订单管理的关键字段解释见表7－1。

表7－1　　生产订单管理的关键字段的解释及操作

字段名	解释	R/O	操作	备注
订单类型	订单的归类	R	PP01	一般为标准生产订单
生产工厂	负责生产的工厂	R	2810	
报废部分	报废品数量	O	7%	
基本日期	包括开始和结束的日期	O		结束日期一定晚于开始日期
工序总览	生产所经历的各个工序	O		
组件总览	生产原材料	O		

7.4.3 生产订单手工创建

1. 生产订单手工创建的菜单路径（见表7－2）

表7－2　　生产订单手工创建的菜单路径和事务代码

SAP 菜单	后勤 → 生产 → 车间现场控制 → 订单 → 创建
事务代码	CO01
操作实例	图7－4、图7－5

2. 生产订单创建初始屏幕

在命令栏中输入 CO01，按回车键后进入生产订单创建的初始屏幕，如图 7－4 所示。

（1）输入物料：3249。

（2）选择生产工厂：2810。

（3）选择订单类型：PP01，打钩或按回车键，进入下一个窗口。

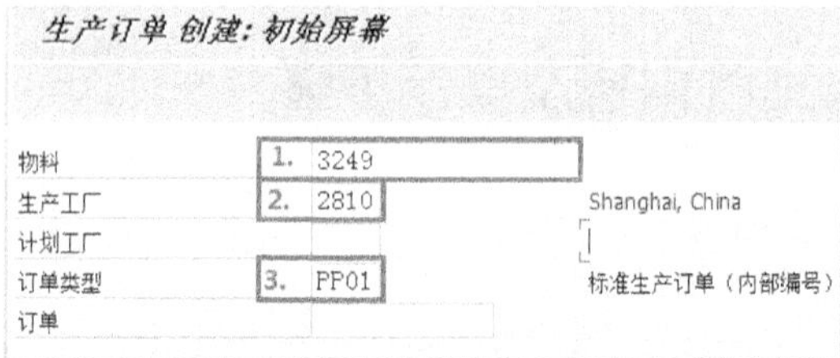

图 7－4 生产订单创建 初始屏幕

3. 生产订单创建

进入生产订单创建窗口后，进行如图 7－5 所示操作。

（1）输入生产订单总数量：1447。

（2）输入报废部分：7，生产订单总数量已经包含报废部分的 7 个，因此入库的只有 1447－7＝1440 个，所以参与系统 MRP 计算的只是 1440 个，而不是 1447 个，7 个被记在了右边报废一栏。

（3）输入该生产订单计划投产的开始基本日期：25.04.2016。

（4）输入该生产订单计划投产的结束基本日期：29.04.2016。

输入完成后，按回车键确认设置是否有错，如有错误则应进行更改，没有则点击保存，生产订单手动创建完成。

注：结束日期一定要晚于开始日期，这两个日期一定不能选法定节假日。

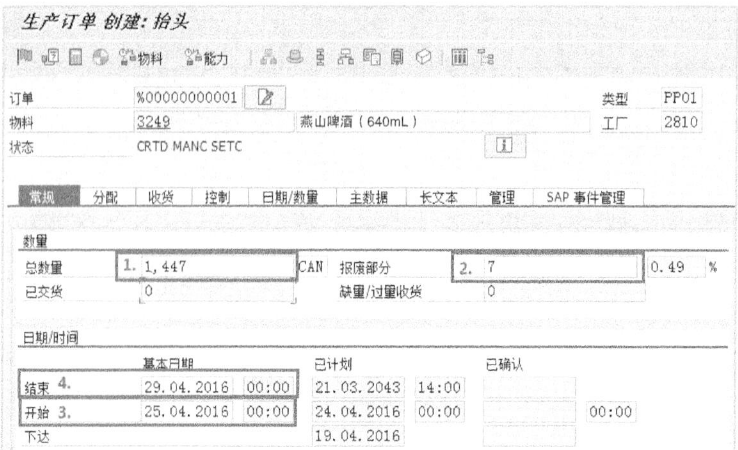

图 7－5 生产订单创建

4. **生产订单释放**

手动创建的生产订单创建完成后会处于创建状态，不能用于生产和领料；如果要用于生产，生产计划员还要确认所有的生产资源安排是否到位，在确认到位的情况下释放生产订单才能用于生产。在命令栏输入 CO02，按回车键进入生产订单修改窗口。

（1）输入创建的生产订单号，进入创建的生产订单。

（2）点击 释放，保存，生产订单释放成功。

注意：生产订单在释放前处于计划状态，系统显示的状态为“CRTD”，释放后系统显示的状态为“REL”。

7.4.4 生产订单自动创建

1. **生产订单自动创建的菜单路径（见表 7－3）**

表 7－3　　生产订单自动创建的菜单路径和事务代码

SAP 菜单	后勤 → 生产 → 车间现场控制 → 控制 → 库存 / 需求清单
事务代码	MD04
操作实例	图 7－6

2. **需求清单查询**

在命令栏输入 MD04 后，按回车键，进入物料需求清单窗口。

（1）输入物料：3249。

（2）输入 MRP 运行区域：2810。

（3）输入或选择工厂：2810，打钩或按回车键，进入需求清单。

（4）双击“PldOrd”一行（计划订单行），进入该行明细窗口，如图 7－6 所示。

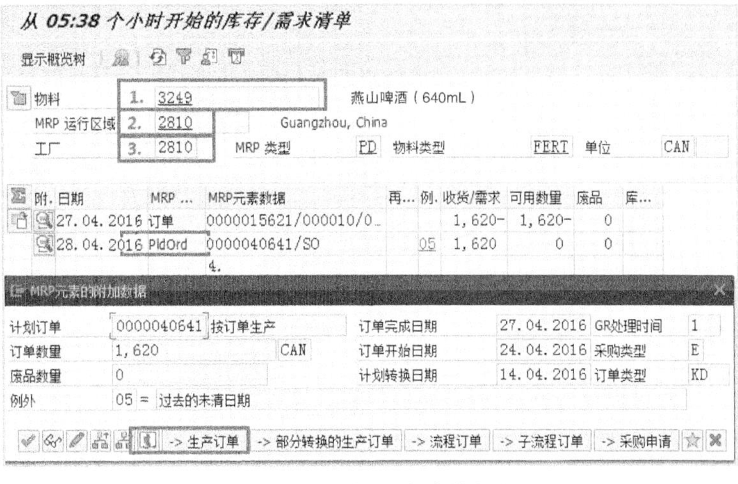

图 7－6　物料需求清单查询

（5）点击“→生产订单”，进入生产订单创建窗口。

直接保存系统自动创建的生产订单或修改订单参数，修改完成后，直接保存，生产订单创建完成。

7.4.5 生产订单打印

生产订单的打印一般设为自动打印。生产订单创建完成并释放后，点击【打印】按钮，生产订单将自动打印。

7.4.6 生产订单内容

7.4.6.1 生产订单抬头内容

在命令栏输入 CO03，进入生产订单查询窗口，直接通过输入生产订单号码的方式查询。如果不清楚生产订单号码，可以在命令栏输入 COOIS 用物料号查询生产订单号，将查询到的生产订单号码输入工单查询窗口后直接打钩找到待查询的生产订单。

生产订单的抬头栏显示生产订单号码、订单类型、生产的产品物料号、名称、生产工厂以及该生产订单的状态（生产订单的常用三种状态：刚产生 CRTD 状态、释放后 REL 状态、完工后 TECO 状态）。

生产订单的明细栏内有常规、分配、收货、控制、日期/数量、主数据、长文本、管理、SAP 事件管理多个窗口。常规内显示生产订单的数量信息，如总数量、报废部分数量、已交货数量、缺量/过量收货数量等。已交货数量显示已经收货的数量，如图 7－7 所示。

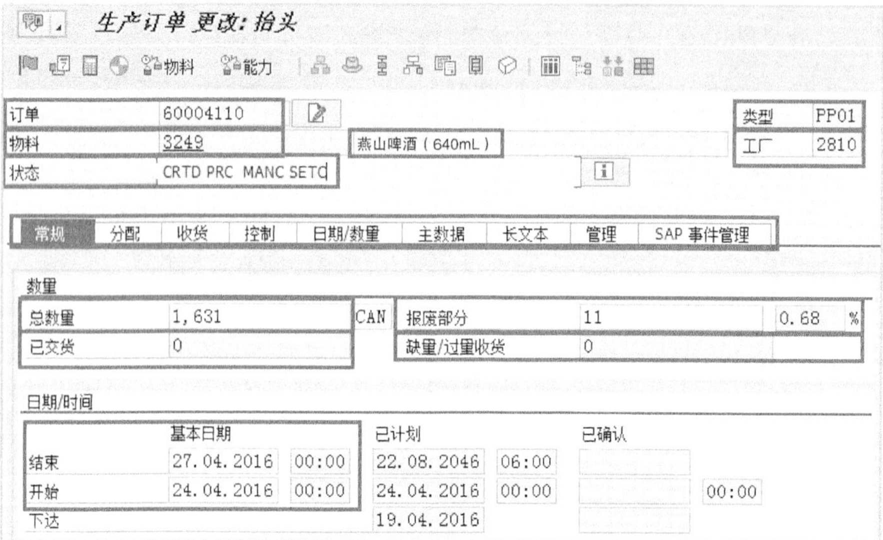

图 7－7 生产订单 抬头

7.4.6.2 生产订单组件

在生产订单主界面，点击品，进入生产组件查询，这里可以看到该产品由哪些组件组成，组成部件的数量各是多少，如图 7－8 所示。

图 7－8 生产订单 组件概览

7.4.6.3 生产订单工序

在生产订单主界面，点击，进入生产工序查询，可以看到该订单的生产安排在哪个工厂、由哪些设备生产、需要生产多长时间、生产多少数量以及上下道工序的连接情况等，如图 7－9 所示。

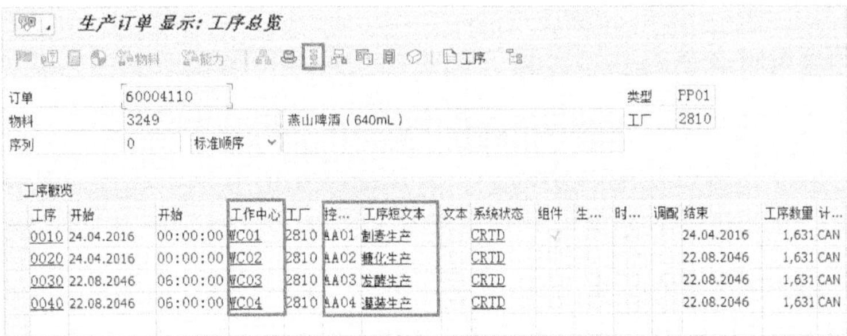

图 7－9 生产订单 工序总览

7.4.7 生产订单缺料查询

生产订单缺料查询有两种进入方式，一种是在命令栏输入 CO24 进入，另一种是通过菜单路径【转到】→【短缺零部件】→【遗漏零部件清单】（见图 7－10）进入，显示的生产订单的遗漏零部件清单如图 7－11 所示，如果想了解遗漏零部件料号的具体收发存情况，可以在命令栏输入 MD04 具体查看。

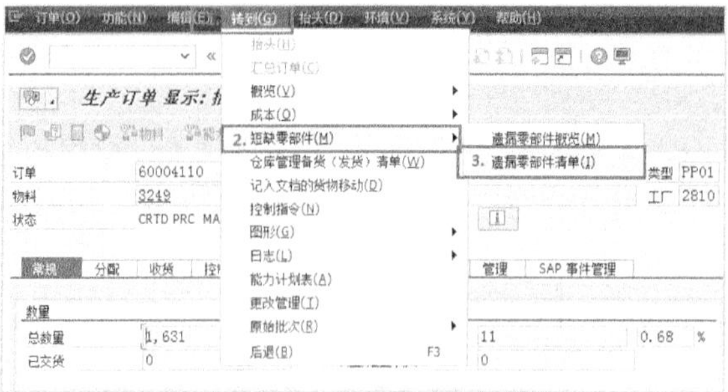

图 7－10　生产订单 缺料概览

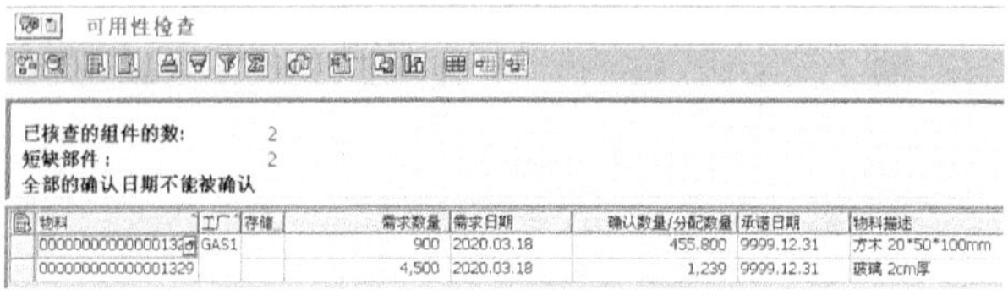

图 7－11　生产订单 缺料清单

7.4.8　生产订单发料

生产订单的正常发料和退料参见第 9 章库存管理的 9.4.5 小节，通常有两个发料用的代码，分别是 MIGO 和 MB1A，它们对生产订单的发料作用一致。

当然生产订单的发料也可以通过配料的模式实现，本节重点讲解配料模式发料。

7.4.8.1　配料模式概述

配料模式发料也称为拉料单发料，即运用拉料单，根据车间的需要，仓库人员先把库存从仓库运送到车间的线边仓，接着再对生产订单发料或者是工序确定时对线边仓的物料进行反冲扣料。在配料模式下，要依照固定的时间节奏来进行配料，比如每天晚上要对其他各个生产车间第二天所需要的物料进行配料，如果采取看板或者 JIT 等模式，则发料的时间节奏就需要加快，必要时每隔 2 小时或 1 小时配送一次。

7.4.8.2　配料模式的操作步骤

1. **配料模式操作的菜单路径（见表 7－4）**

表 7－4　　配料模式操作的菜单路径和事务代码

SAP 菜单	后勤 → 生产 → 车间现场控制 → 货物移动 → 物料分段运输 → 拉料单
事务代码	MF60
操作实例	图 7－12 ~ 图 7－14

2. **拉料单的初始界面设定**

在命令栏输入 MF60，按回车键或打钩后进入按生产/流程订单备料的初始屏幕，如图 7－12 所示。

（1）输入配料模式针对的单证号码，可以是计划订单、流程订单或生产订单。

（2）输入需求选择区间（配料覆盖的时间，可能是第二天），系统默认的需求日期为第二天，需求量的计算是整个第二天的需求量。输入完成后，按回车键进入下一个窗口。

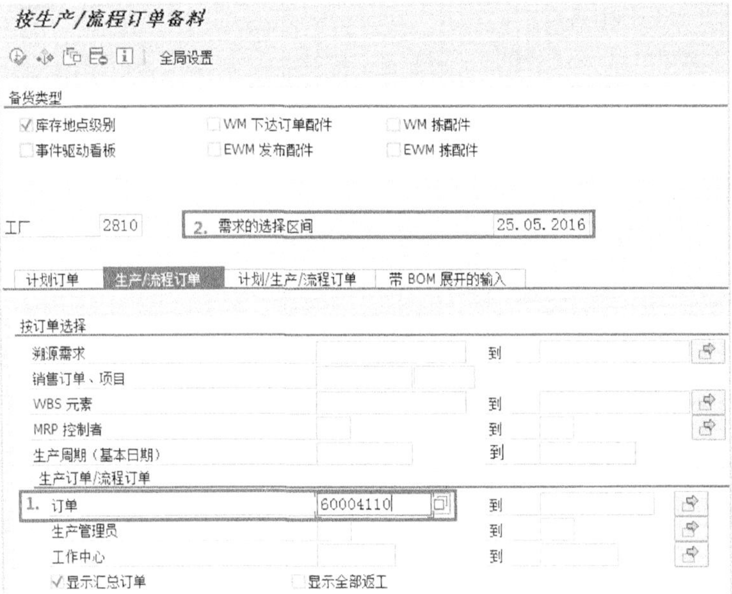

图 7－12　拉料单的初始界面

3. **拉料单的明细清单**

拉料单的明细清单，即为系统自动生成的补货建议，如图 7－13 所示。生产线次日的物料补货量应等于次日线边仓的生产需求数量减去线边仓的已有库存数量，如物料 2927，在车间库位 0002 的可用库存为 113，第二天所有生产订单的净需求总数为 270，尚缺 157，因此仓库需要补发 157 个单位的物料 2927 给生产线，以满足第二天的生产对该物料的需求。

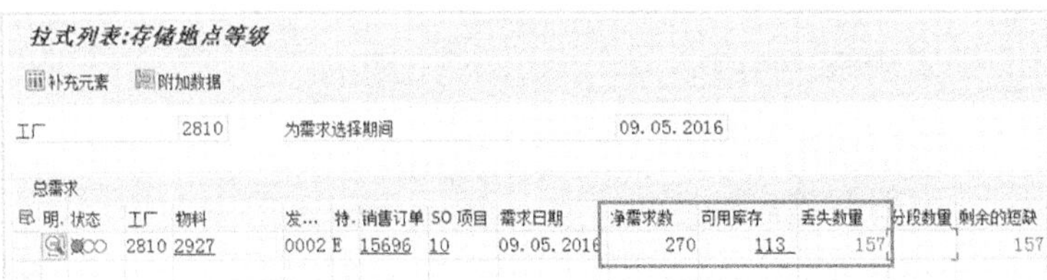

图 7－13　拉料单明细清单

4. **生成补货凭证**

在补货建议的窗口中，继续如下操作，以便生成补货凭证。

（1）点击【补货元素】，查看补货建议的详细内容。

（2）点击右下角的【批次和库存确定】，系统会自动生成补货的物料的批次及库存地点。

（3）点击【场所】，系统确定生成补货建议，点保存后，补货凭证生成，如图 7－14 所示。

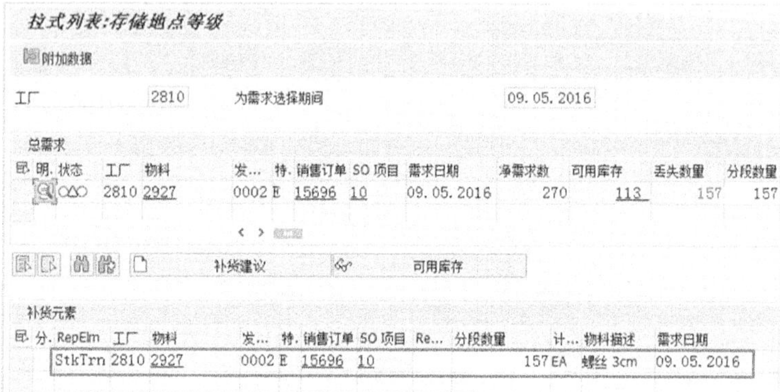

图 7－14　补货凭证

5. **补货过账**

根据补货凭证补货，并在命令栏输入 MB1B 将物料的库存从仓库调拨到车间库位。

7.4.9　生产订单完工确认

生产过程中，每一阶段完工后，都需要将生产及完工数据及时录入到系统中。报工的内容包括生产相应产品各工序投入的人力工时、机器工时、产出数量、返工数量、报废数量等。订单完工确认的数据有多种用途：可作为计算未来订单成本的依据；可被人力资源部门用来计算员工工资与加班费；可用于机器设备的维护计划；可用来更新存货的库存；可作为质量标准的依据。订单的完工确认数据包括订单相关的数据，人工有关的数据，物料相关的数据和资源有关的数据。

在命令栏输入 CO11N，进入完工确认屏幕，如图 7－15 所示。

（1）输入确认：65885。

（2）输入订单：60002746。

（3）输入工序/作业：0010。

（4）输入完工时的产量：5。

（5）输入完工后报废数量：1。

（6）输入完工后返工数量：2。

（7）完工确认的作业时间输入，准备时间：30。

（8）输入机器作业时间：160。

（9）输入工时：5。

输入完成后，确认输入的数据是否正确，如果正确，按保存，保存输入的完工确认数据，然后依次完成所有工序的完工确认工作直至结束。

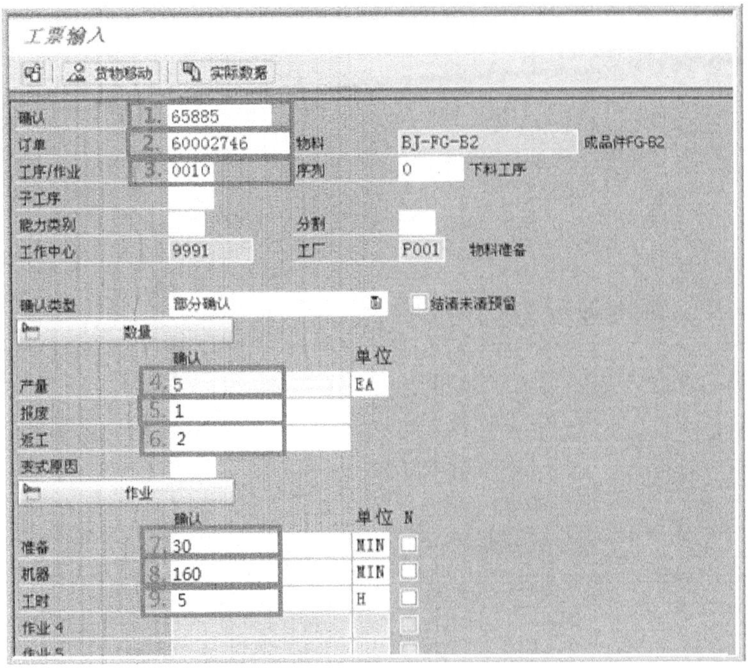

图7-15　生产订单完工确认

7.4.10　生产订单成品入库

经检验合格的产品由仓库接收到成品仓库。检查实际入库数量是否和计划入库数量一致，如有差异，应检查原因，并消除差异。

具体入库的操作方法见第9章库存管理9.4.6小节。

7.4.11　关闭订单

完成的生产订单需要及时关闭，以避免生产订单上的其他误操作，保证生产订单上的数据完全正确，同时也给财务对订单成本的核算做准备。

生产订单的关闭方式是查询进入生产订单后的生产订单主界面操作，进入路径为【功能】→【限制处理】→【技术性完成】，具体操作如图7-16所示。生产订单关闭后禁止再做任何操作，包括发料退料、入库退货以及完工确认数据的更改。关闭后的生产订单状态显示为“TECO”。

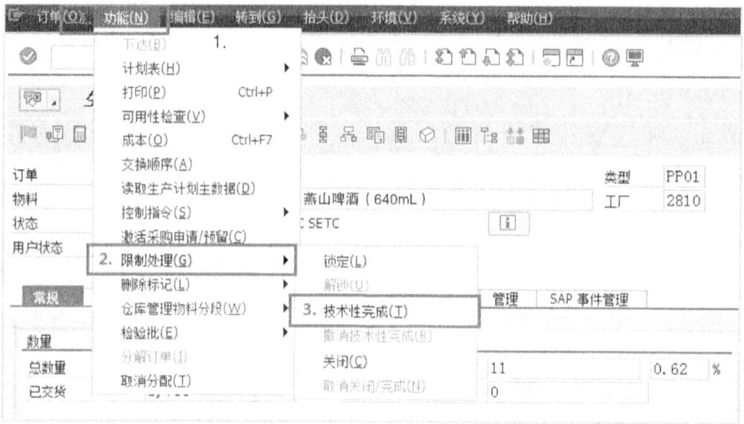

图 7－16　生产订单 技术性完成

7.4.12　生产订单进度查询

生产订单的查询方式多种多样，可以用 CO03，也可以用 COOIS。可以查询的内容也很多，主要是查询投料状况、生产进度、产品入库情况等。可以参考使用的 COOIS 查询清单类型（见表 7－5）。

表 7－5　生产信息系统中的 COOIS 报表名称（中）清单类型

代码	名称	说明
PPIOA000	Documented Goods Movements	工单的货物移动信息
PPIOF000	Production Resource/Tool	工单需要的工具和资源
PPIOH000	Order Headers	订单抬头信息
PPIOK000	Capacities	查看订单耗用的工作中心的能力情况
PPIOM000	Components	显示订单中的组件
PPIO0000	Operations	显示工序
PPIOR000	Confirmations	显示工序确认报废返工信息
PPIOS000	Sequences	查看工序使用的工艺路线

生产订单查询方式为：在命令栏输入 COOIS 后，按回车键进入生产订单查询的初始窗口（见图 7－17），在查询窗口可以输入生产订单号查询，也可以输入成品料号查询，还可以通过生产工厂或生产计划员查询等。如果是通过物料查询，输入物料：3249，打钩进入查询结果窗口（见图 7－18），如果需要了解明细内容，可双击该订单行，进入该生产订单明细，可以具体了解该订单已生产多少，已入库多少，有多少报废等（见图 7－19）。

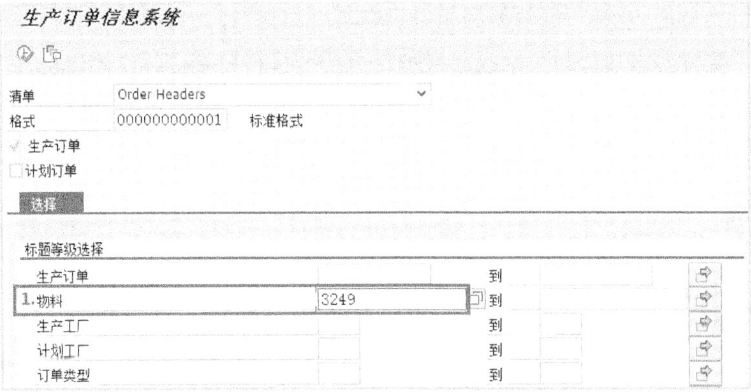

图 7－17　生产订单查询 初始窗口

图 7－18　生产订单查询 结果窗口

图 7－19　生产订单查询 结果明细窗口

7.4.13　生产订单成本查询

生产订单一旦关闭，其订单成本也就固定，此笔生产的计划成本和实际成本以及差异成本都将由系统自动计算并保存在生产订单中。

查询生产订单成本时，首先进入你选择的订单中，选择路径【转到】→【成本】→

【分析】，如图 7－20 所示，进入成本窗口，在这个生产订单成本明细清单上可以看到材料计划成本、实际成本以及差异成本明细，也可以看到各工作中心耗用的计划成本、实际成本以及差异成本（见图 7－21）。此成本报告可以用于帮助生产订单的管理和控制。

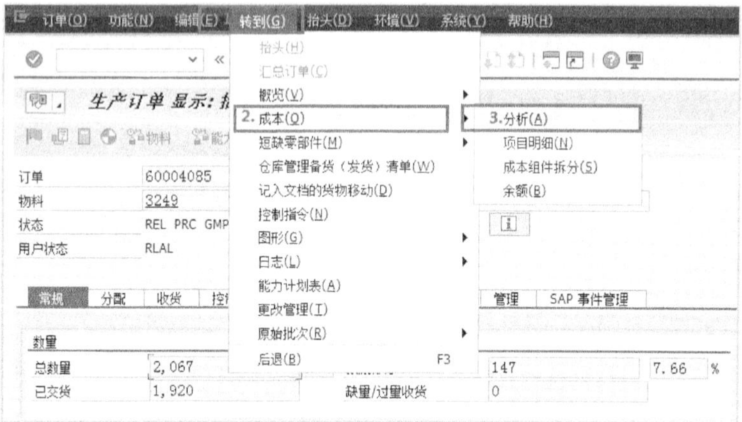

图 7－20　生产订单成本查询 初始窗口

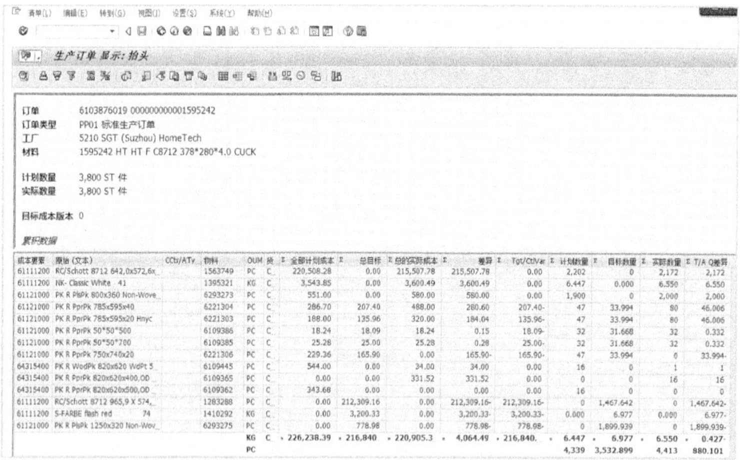

图 7－21　生产订单成本明细窗口

7.5　生产管理常用代码

（1）CO01 创建生产订单。

（2）CO02 修改生产订单。

（3）CO03 查询生产订单。

（4）COOIS 生产订单信息系统。

(5) COHVOMPRINT 打印生产订单。

(6) MIGO 生产订单收发料。

(7) MB1A 生产订单发料。

(8) MB31 生产订单成品入库。

(9) CO11N 生产报工。

(10) CO04N 打印生产订单。

(11) CO05N 下达生产订单。

(12) CO24 短缺零部件信息系统。

7.6 本章问题

(1) 手工生成的生产订单的生产数量受控吗?

(2) 生产订单的发料必须完全遵守生产领料单吗? 如果不一致，如何管控?

(3) 生产成品的合格数量如果和生产订单的目标数量不一致，会有什么影响?

(4) 生产订单的成本数据有哪些作用?

7.7 案例分析

ERP 如何助力企业解决实际存在的问题

在全球竞争日益激烈的市场环境下，不管是流程型制造业还是离散型制造业，不管是单个的生产，还是小批量多品种的生产，不管是品种少的循环生产还是大批量的生产，制造业内部的管理都是相当的复杂，问题也是相当的多。例如企业拥有优秀的销售员工来推销他们的产品，但生产员工却无法按期交货，车间管理者总是责怪采购部门没能准时供应原材料；而事实上，仓库囤积的原材料五年也用不完，仓库库位塞满货物，企业资金周转也非常慢，很多公司得用 6～13 周才能计算出未来订单要用的物料量，这导致订货的周期也只能是 6～13 周，而订货单与采购单上的时间与缺料单上的时间的不一致，也导致不可避免地发生缺货情况，当然财务部门也从来没相信过仓库部门给的数据，也从未按照它来计算制造成本。

毋庸置疑，这些情况是企业里经常出现的现象，具体可分为五种，对于这五种现象，只能通过 ERP 信息系统管理的方式解决。

第一种现象是盲目组织生产。如物料没到就先生产那些物料到了的产品，最后交货期就快到了，物料却还是没有来，不能如期交货，只能选择航空运输的方式压缩时间，这就提高了自身的物流成本。然而没有到出货期的产品却堆满了仓库，仓库的人员为了看管这些产品痛苦不堪。这样的现象在鞋厂尤为突出，他们在出货时，发现饰扣生了锈，皮革发了霉，最终给公司带来了非常大的损失。为何会出现这种现象？主要是因为没有进行有计划的生产，缺少 ERP 做有系统的生产计划和物料计划。

第二种现象是责任不清。许多企业的管理员，因为公司的效益不能改善，所以天天奔波在各个部门，但却始终弄不明白是哪里出了问题。在与客户讨论时，各高管都望而兴叹地表示：公司流程杂乱，无法厘清。ERP 能够解决这个问题，因为 ERP 是环环紧扣的，把各个部门串联了起来，要是其中有一个环节没有做到位，那么下一环节就无法进行，从这就反映出来各个部门员工对待工作的责任态度。当上一部门完成了工作后，下一部门没法工作的时候，管理人员就会轻易地发现问题。举一案例，某公司的一客户订单离出货日期越来越近了，然而产品还是没有进行生产，到底是为什么呢？生产订单没到生产部没人敢生产，为什么生产订单没有到生产部呢？原来是因为物料清单没有做出来，那么为什么物料清单没有做出来呢？是因为技术部门的整套纸板没发出来，为什么发不出来呢？是因为开发的样品确认没打出来，这个时候管理人员就很容易发现原因，问题出在了开发部门。公司所要做的就是根据问题原因做出正确的决策流程，以便能及时解决存在的问题。

第三种现象是库存不清。走入仓库一看，进入眼帘的是数不胜数的物料，问仓库的员工有哪些物料，仓库员工无法准确回答，原因是没有一个员工知道仓库的确切品种数量，因为工厂里的物料有各种各样的叫法，生产部门带着生产订单去领料，但是仓库里却没有该物料，然后就让采购部门去购买，其实仓库里的这种物料还有很多，这种物料名称不统一的现象导致了存货的大量积压。因为品名叫法不同，也没有人知道存量，采购人员没法及时准确了解仓库的信息，也就无法及时扣除库存。ERP 可以解决这个问题，月结是 ERP 每个月的强制要求，月结做完后，系统会清晰明了地告诉各个部门，上月末各种物料还剩多少，该月进、出了多少，现在还库存多少。

第四种现象是数据不清。采购部门经理每月都要把各采购人员的数据录入 EXCEL，便于统计，这样的打字工作十分费时费力，有的时候要整理很久，而且还得担心电脑会不会出现问题。ERP 可以轻松解决数据统计的问题，ERP 能够在线统计操作人员的数据，什么时候想看哪一位操作人员的采购情况，或者是想看整个部门的，只需一分钟就可以看到各种数据，例如：想看李四的采购情况，只需要输入李四进行查询就行了，李四本月或近几个月的采购情况立即出现在面前。ERP 不存在员工电脑中毒影响工作问题，原因是 ERP 是在 C/S 的基础上，把各种数据保存在服务器里，数据库每月（可自行设置时间）就会自动备份，免去担心数据丢失的问题。

第五种现象是流程不畅。手工的任意性非常大，ERP 不存在这方面的问题，原因是 ERP 把各个部门连接在一起，环环紧扣，公司的业务流程被固化到了 ERP 中。当 ERP 正常运转时，各部门员工不得不按流程走，因为上一个步骤没有做好，下一步就无法操作，这就是为何 ERP 能够控制工厂流程的关键所在。

总而言之，ERP 能够带来庞大的经济效益，根据美国生产与库存控制协会统计，运用 ERP 系统，能使库存降低 30%～50%、交货延迟减少了 70%、交货期缩短 50%、停工待料降低 60%、制造成本下降 12%、减少管理员工 10%、生产能力提升 10%～15%。

案例分析问题：

（1）企业管理五大不正常现象的根源是什么？

（2）SAP 生产管理如何解决盲目生产问题？

（3）SAP 生产管理如何解决流程不顺问题？

（4）库存和生产管理有什么关系，如何解决？

本章小结

通过本章的学习，可以了解整个生产的流程：从生产订单的下达，到物料准备，然后到生产线准备物料用于生产的过程，每完成一道生产工序需要进行完工确认，到最后成品完成进入仓库，生产订单的完工确认，差异确认结束。生产订单完成了生产计划的任务，同时随着生产过程中生产数据的收集，也为进一步优化生产过程、优化生产成本提供了有力的数据支撑。

8 采购管理

引言 SAP 采购模块是 SAP 系统重要的组成部分，采购与生产计划、财务会计、销售分销等各个模块都有着紧密的联系，而且 SAP 采购管理的内容比较多又比较复杂，所以在本章的学习中需要弄清整个模块的逻辑顺序，在掌握整体内容的同时，还要认真学习每个子模块的操作，掌握每一步操作的具体内容和具体步骤。

本章学习目的

- 熟悉采购管理的相关概念
- 掌握采购管理的整个流程
- 掌握采购管理的采购类型
- 掌握采购管理的相关文件和凭证
- 掌握供应商主数据的创建流程
- 熟悉采购需求的来源
- 掌握采购申请的创建流程
- 掌握询价报价过程管理
- 掌握采购订单的创建流程
- 掌握采购订单的后续收货和开票流程

8.1 采购管理概述

8.1.1 采购管理的概念

采购管理是指在采购过程中，通过对业务进行组织、实施与控制的一系列管理过程，它是一个循环往复的作业过程，从有采购需求开始到收货付款结束。采购子系统包括采购申请、采购订货、检验、入库、退货、发票处理、供应商管理等功能系统，通过对采购过程中的物流、信息流和资金流进行合理高效的管控和追踪，保证企业的物料高效准时供给。采购管理、仓储管理、应付管理、现金管理以及总账管理等共同组成了企业采购业务的信息流管理，具体的业务流程如图 8－1 所示。

生产所需要的原材料、零部件和合同服务全部由采购部门负责提供。通常在产品制造成本中，超过 60% 的生产成本来自所购买的零部件和原材料，其中零售和批发所占的比例尤其高，有的可能超过 80%。采购更重要的工作还包含所采购的物品和服务的质量以及交货期，这两方面会对生产运行起到重要的作用。

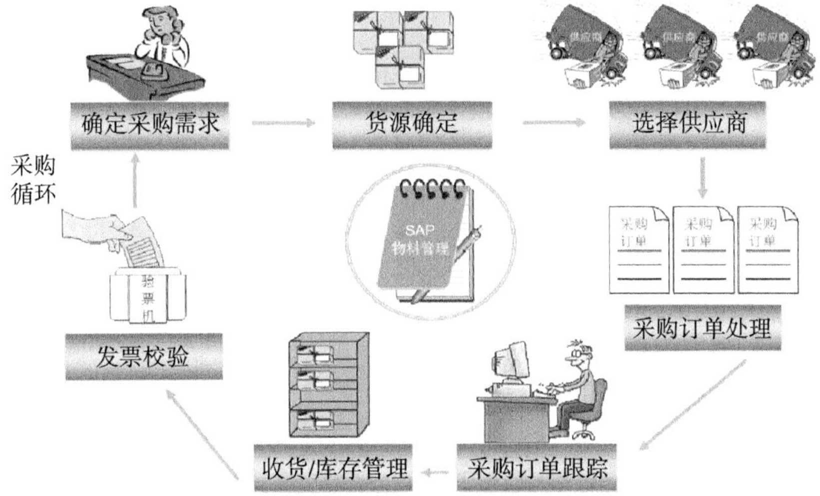

图 8－1 采购管理流程

8.1.2 采购管理的凭证流

采购管理的凭证流实际上是采购过程中的信息流在具体载体上的体现，通过单证将信息流汇集在一起，以便向下一阶段传递。采购管理的凭证主要有采购申请、询价单、报价单、采购订单、合同等（见图 8－2）。

图 8－2 采购凭证流

8. 2 采购管理的组织结构

采购组织是一种功能性的组织机构，负责寻找货源、询价报价、处理采购申请、创建采购订单、组织收货、向供应商退货等业务。每个采购组织可以定义为不同的业务功能，如物料采购、服务采购、资产采购等；每个采购组织管辖范围也不尽相同，大至整个集团，小至多个或一个工厂。

采购组织负责为企业采购原料、设备或服务；可以为一个指定的工厂服务，也可以跨公司或跨工厂服务。

8. 3 采购的相关概念

8. 3. 1 采购类别

1. 标准采购类型

根据需求部门提出的采购申请，采购部门汇集各项信息并创建标准采购订单，这是一种最常用的采购方式。本章只介绍标准采购类型。

2. 寄售采购类型

这是大型企业常用的一种采购方式。在企业的仓库中会单独建立一个供应商仓库，做寄售采购订单时，先确认供应商仓库中材料是否有存货、数量是否足够，如果有，就把供应商库存的物资通过“411 移动类型”转移到企业自有仓库，这时产生收货凭证；如果没有，就先通知供应商向仓库补货。在寄售采购订单中没有单价只有数量，这个价格会维护在货源清单里。

3. 框架采购类型

这种采购类型比较适合大批量物资的采购，如石化行业的煤炭采购。采用这种采购类型时，企业通常会与多个供应商分别签订框架协议，这种框架协议分为数量型和金额型，用以约定企业在某一段时间内，会向该供应商购买一定数量或金额的某类物资。在做这类采购订单时，通常会参照之前签订的框架协议做采购订单。

4. 委外加工类型

委外加工也称为带料加工。这种业务的背景是，企业有一种 A 规格管材，而需求部门需要一种 B 规格管材，根据物资的特性 A 可以加工成 B，那么这时候就可以建立委外加工的采购订单，通过“541 移动类型”对这个采购订单发货，将 A 发到供应商，由供应商加工成 B 之后再收货到仓库。

5. 库存转移单

某些配置方案会把采购类型配置成公司间库存转移单。很多企业中有公司间的物资交易，一个集团中也有分公司之间的交易，或是分公司与总部的交易，这些交易都是通过库存转移单实现的。

8.3.2 供应商绩效评估

供应商绩效评估的目的是优化采购作业，简化货源选择过程，持续跟踪现有的供应过程，尽量客观评估现有的供应商。供应商的评估通常采用同一标准，尽量减少个人的主观影响。

供应商绩效评估的指标通常有四个，即价格、质量、交货、服务；评估的方法也有两种，即“手动统计输入”和“系统自动计算”。“手动统计输入”是指企业根据一定的评估标准确定供应商的评估分数后手动输入到系统中，“系统自动计算”是指由系统软件根据一定的标准自动打分。采购经理会适时根据实际情况，决定采用详细的基础评估还是简单的评估以便节省时间和费用。

8.3.3 货源清单

货源清单是指在某一确定时期，定义某种物料优先、可用或者不可用的货源组成。每个货源都由货源清单中的货源记载表明。有了货源清单，采购就能很好地管理货源。

货源记录的主要来源如下。

（1）来源于手动维护，当公司的货源有变化或有新条目时，公司负责人员将手动维护货源清单，维护时可以参考现有的货源记录。

（2）来源于采购协议，新的采购协议或采购协议修改后相应地在系统中可以维护或更新货源记录，此时的货源记录可以直接从协议中的相关项中复制。

（3）来源于采购信息记录，采购信息记录可以直接维护成货源清单，新生成的采购信息记录或修改的采购信息记录可以直接加到货源清单中去。

（4）来源于自动生成，系统能够自动生成某一种物料的货源清单，这时系统针对指定物料，每一个信息记录生成一个货源清单，或每一个协议项自动生成一个货源清单。

如某种物料有多个不同的货源，并为每个货源分配一定的份额，则在给定时期内，这种物料会按指定的份额确定和建立货源清单。

8.3.4 科目组

拥有同一类型的主记录可分列为一个科目组，比如一次性的供应商就可以列为一个科目组，用来分组列出这一种特殊类型供应商。

供应商科目组的作用有四个，一是确定供应商主数据的编号范围，用来区分识别不同的供应商主数据；二是可以控制供应商主数据不同的字段选择；三是可以控制不同的合作伙伴方案；四是控制供应商工厂的特定数据。

8.3.5 统驭科目

统驭科目是总账会计中的总账科目。

8.3.6 采购类型

通常企业的采购品类繁多，有各种不同类型的材料、设备、耗材和服务，根据它们的品类，可以分为如下九类。

（1）原材料类采购。

原材料是指用于加工生产成可供销售产品的原料，如塑料粒子、木材、农产品等，原材料的价格受市场以及供需双方影响，波动很大，因此需要洽谈货源和价格。

（2）半成品类采购。

半成品是指由原材料加工生产并已检验合格但尚未制造完成的产品，或是仍需进一步加工的中间产品。采购半成品一是考虑到自身生产能力不够，二是简化本企业生产流程，是发展企业的核心装配优势的一种举措。

（3）成品类采购。

成品是指可供出售的经检验合格的产品。对于贸易公司来说重要的不是生产而是销售，只要有市场，产品可以直接从生产企业购买。

（4）备品备件类采购。

备品备件主要是指与维修相关的零部件、清洁用具、维修工具。备品备件的采购可以满足生产设备维修的需求。

（5）办公用品类采购。

办公用品是指用于办公用途的辅助性用品，包括的种类非常广泛，有档案用品、办公用品、财务用品等。

（6）消耗耗材类采购。

消耗耗材指用于损耗的材料，如生产用耗材中的抹布、拖把、胶带、手套，又如办公用耗材中的墨盒、色带、纸张等。

（7）包装材料类采购。

包装材料是指在物流运作的仓储及运输中保护产品所使用的包装纸箱、捆带、塑封膜等。

（8）设备类采购。

设备通常指一些生产设备，如成型机、烘干机等，又如电脑、打印机等。设备采购通常是和固定资产联系在一起的，这类设备可供长期使用，购买费用可以分摊到每个实际使用的年份。

（9）服务类采购。

所有的企业或多或少都需要其他相关企业提供某种形式的服务，如律师咨询、人员培训、专家维修指导、猎头招聘服务、水电空调维修服务等，这种服务的采购不像传统的采购可以看到物资进出，可能更多的是一种知识经验的传递。服务的采购可能比较复杂，也可能比较简单。

8.4　采购管理的操作流程及步骤

8.4.1　供应商主数据

供应商主数据是指将同一供应商的所有数据集中记录在一个供应商记录中，形成一个供应商的数据记录集合，并用唯一的编号标明以方便系统处理和读取，这样分门别类地存放既实现了数据归类存放，又减少了数据冗余。这些数据记录包括物料管理方面的相关数据，如采购、报价、交货和仓储数据以及财务管理方面的相关数据，如发票、付款、银行方面的数据。

8.4.1.1　供应商主数据概述

1. 供应商主数据维护层次

供应商主数据包含了公司供货商的信息，这些信息统一存放在供应商主数据中。供应商主数据的结构可以分成三个层次，如图 8－3 所示。

通用数据：这些数据应用于企业集团中所有的公司中，包括供应商名称、单位、物料组、地址等；

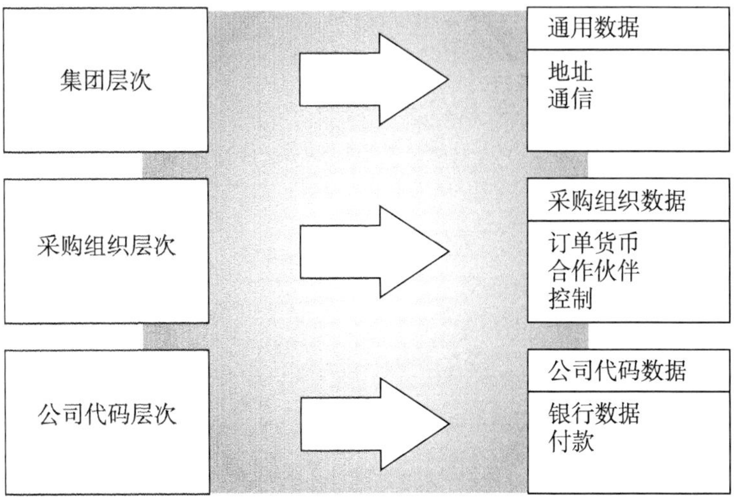

图 8－3　供应商主数据的维护层次

采购组织数据：存储特定的采购组织相关的采购信息；

公司代码数据：大量与财务相关的信息。

（注：供应商主数据必须要扩展到自己的公司代码下才能使用。）

2. **供应商角色**

供应商的角色是多方面的，既是采购订单的接受方、货源供应方，又是开票方和收款方，如图 8－4 所示。

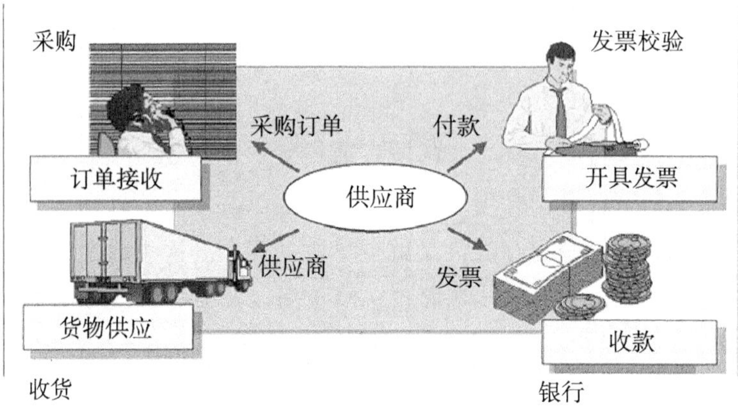

图 8－4　供应商角色

3. **供应商账户组**

供应商账户组与物料类型相似，是对供应商进行分类区别的字段。在创建供应商时，必须选择对应的账户组。账户组有一定的控制功能，它可以决定出现的屏幕以及显示的字段；供应商代码的来源，自动按序生成还是人工在给定号码段范围内手工输入；是否为一次性供应商；供应商的业务合作伙伴等。

8.4.1.2　供应商主数据的关键字段解释

表 8－1　供应商主数据的关键字段的解释及操作

字段名	解释	R/O	操作	备注
供应商	供应商代码	R	S0125	手动创建输入
地址	供应商具体地址、名称等	R	重庆北碚区朝阳街 100 号	地址必须准确详细
联系人	联系人姓名	O	王晓琳	信息准确
部门	联系的部门	O	0003	一般部门与功能是相对应的
功能	联系人职位	O	03	

续　表

字段名	解释	R/O	操作	备注
统驭科目	应收应付和资产相关科目	R	21210101	根据公司实际而定
现金管理组	具体的资金科目	R	A1	根据公司而定
付款条件	交易付款条件	R	0002	付款条件多为45天
订单货币	订单货币单位	R	RMB	人民币、美元等

8.4.1.3　供应商主数据的操作步骤

1. 供应商主数据创建的菜单路径（见表8－2）

表8－2　　供应商主数据创建的菜单路径和事务代码

SAP菜单	后勤 → 物料管理 → 采购 → 主数据 → 供应商 → 中央的 → 创建
事务代码	XK01
操作实例	图8－5～图8－14

2. 创建供应商初始屏幕

双击菜单XK01或在命令栏内输入XK01，按回车键后进入图8－5所示的窗口。

（1）输入供应商：S0125（重庆百货公司）。

（2）输入公司代码：2800。

（3）输入采购组织：2800。

（4）选择科目组：0001（一般供应商）。

按回车键进入下一个界面进行操作。

（注：此处的创建供应商也可借鉴其他供应商，相关的内容输在参照栏。）

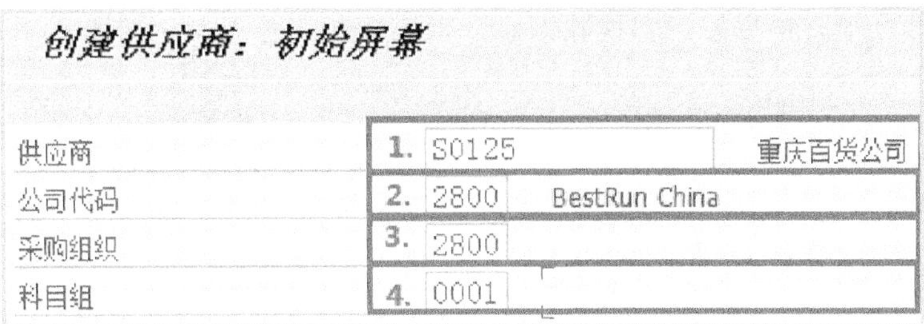

图8－5　供应商主数据 初始屏幕

3. 供应商名称地址的创建

进入供应商创建主界面后，输入相应的供应商名称地址信息，如图8－6所示。

（1）选择称谓：公司。

（2）输入名称：重庆百货公司。

（3）输入搜索项：百货（用于快速搜索）。

（4）输入街道/门牌号：重庆北碚区朝阳街 100 号。

（5）输入邮政编码/城市：400700/重庆。

（6）选择国家：CN（中国）。

（7）选择地区：320（重庆）。

按回车键确认是否正确，若无错误，点击保存。供应商名称地址创建完成，进入下一个界面进行操作。

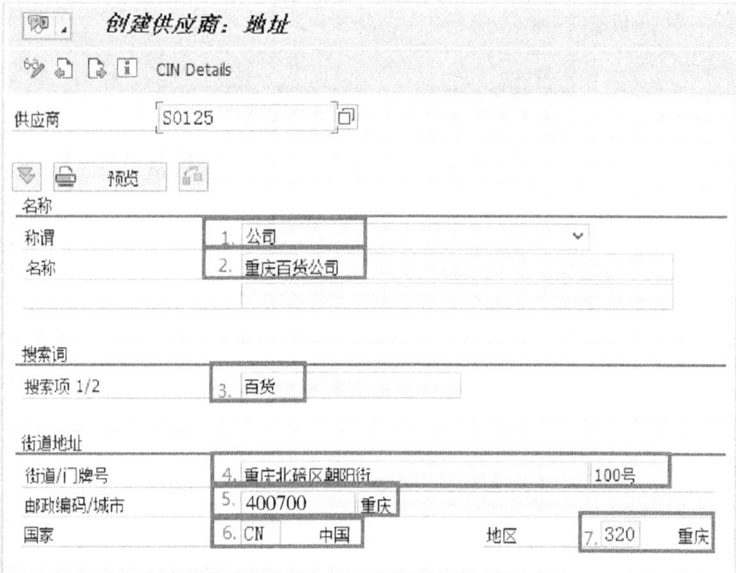

图 8－6　供应商主数据 地址创建

4. **供应商：控制**

该窗口涉及很多科目控制和税收信息，根据企业实际选择，如图 8－7 所示。

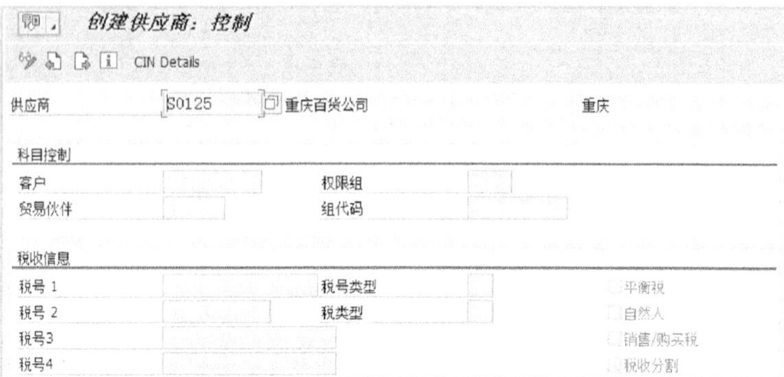

图 8－7　供应商主数据 控制创建

5. **供应商：联系人**

供应商联系人是指供应商指定负责此业务的人，通常为销售人员。维护相关的供应商联系人信息，以方便查询，如图 8－8 所示。

（1）输入供应商联系人名：王晓琳。

（2）输入公司地址名：重庆北碚区朝阳街 100 号。

（3）输入部门：0003（销售）。

（4）输入功能：03（销售主管）。

按回车键确认是否正确，若无错误，点击保存。供应商：联系人创建完成，进入下一个界面进行操作。

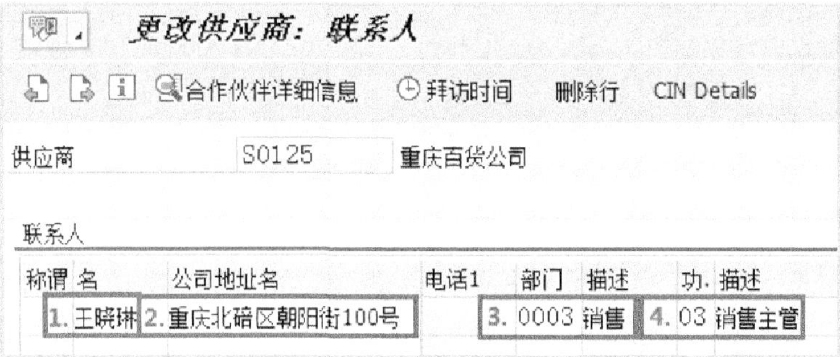

图 8－8　供应商主数据 联系人创建

6. **供应商：财务会计**

供应商的交付涉及银行付款，因此供应商的银行账户信息需要维护，包括国家、银行代码、银行账户，这些信息由供应商提供，财务部门负责维护。银行的会计信息也需要维护，统驭科目根据企业设置维护。付款条件根据企业管理要求设置，45 天付款或 60 天付款。催款数据由具体负责人负责，通常是对应的采购员负责，选择相应采购员即可。具体的维护内容如图 8－9、图 8－10、图 8－11 和图 8－12 所示。

创建供应商付款交易的窗口需要维护详细的银行信息，如图 8－9 所示。

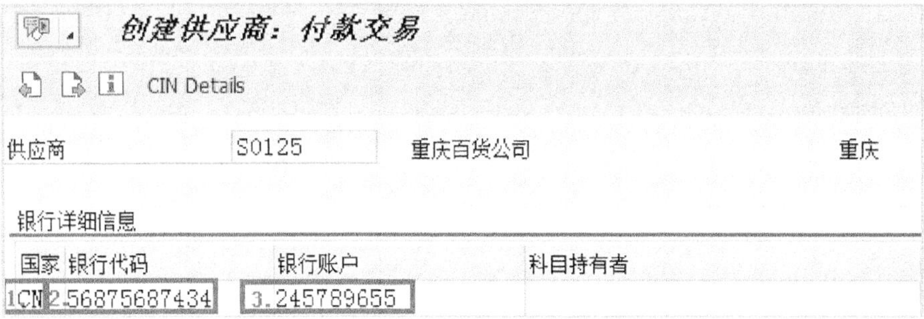

图 8－9　供应商主数据 付款交易创建

（1） 选择国家：CN（中国）。

（2） 输入银行代码：56875687434。

（3） 输入银行账户：245789655。

输完后按向右箭头，进入下一个窗口的维护。

创建供应商会计信息窗口的维护，如图 8－10 所示。

（1） 输入统驭科目：21210101。

（2） 输入现金管理组：A1（国内的）。

输完后按向右箭头，进入下一个窗口的维护。

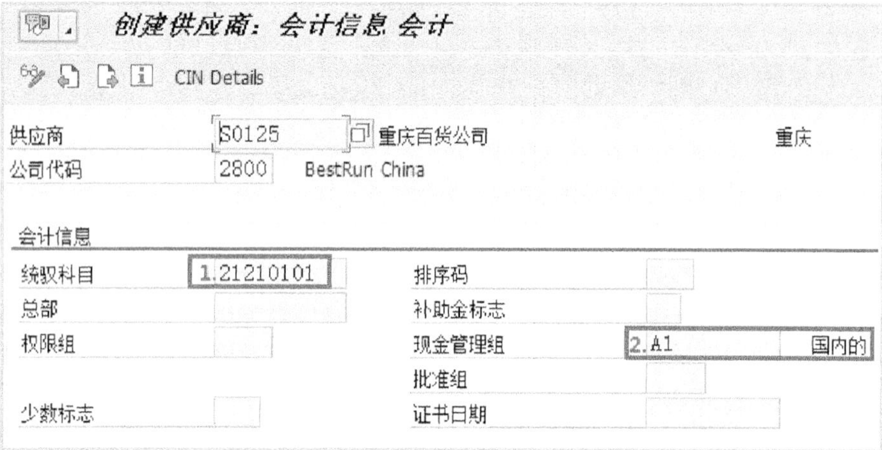

图 8－10　供应商主数据 会计信息创建

创建供应商付款交易窗口的维护，如图 8－11 和图 8－12 所示。

输入付款条件：0002。

输完后按向右箭头，进入下一个窗口的维护。

图 8－11　供应商主数据 付款交易会计创建 1

图 8－12　供应商主数据 付款交易会计创建 2

7. 供应商：采购数据

供应商采购数据需要维护定价交付方面的信息，如订单货币和付款条件等，维护内容如图 8－13 所示。

（1）选择订单货币：RMB　（人民币）。

（2）输入付款条件：0002（45 天付款）。

（3）选择国际贸易条件：EXW 。

输完后按向右箭头，进入下一个窗口的维护。

图 8－13　供应商主数据 采购数据创建

8. 供应商：合作伙伴职能

合作伙伴职能窗口只是显示，不必输入，可以直接保存（如图 8－14 所示）。到此，一个供应商主数据就创建成功了。

图 8－14　供应商主数据 合作伙伴职能创建

8.4.2　物料主数据设置确认

物料主数据的创建在前面已经详讲，这里需要确认的是与采购相关的设置是否完整正确。如果只是查看，直接进入菜单 MM03，需要修改，进入菜单 MM02，如果需要拓展其他窗口，进入菜单 MM01。

与采购相关的窗口及需要设置的内容如下。

基本数据 1：物料料号、物料名称、基本单位、物料组、分类、毛重、净重、重量单位、体积、体积单位。

采购：订单单位、采购组、基本计量单位、收货处理时间、过账到检验库存。

MRP2：采购类型。

采购文本：中文文本维护、英文文本维护（如果需要）。

8.4.3　采购申请

采购申请单是公司内部使用的非正式单证，也是 SAP 系统中采购物品时首先提交的单据，同时也是需求部门向采购部门提出采购需求的内部凭证。采购申请单的内容包括物料需求信息和供应基本信息，采购申请单填好后通常需要领导审批后才能进入正常的采购程序。

采购申请单是为了采购物品而提出支付货款的申请凭证。在此所讲的采购申请单是指在 SAP 系统中填写的单据，是一种无纸化的采购申请单。

8.4.3.1　采购申请概述

采购申请单类型可分为库存采购申请和非库存采购申请。库存采购申请是为库存不足或产品生产所需购买，非库存采购申请的物品无须做库存处理，可直接由申请者领走。非库存采购的物品没有物料号，多为一些办公用品或其他一些并不需要经常采购的物品。

按采购申请的创建方式可分为自动创建和手动创建。自动创建即系统根据 BOM 自动生成采购需求，手动创建即根据需要手动创建采购申请单。

8.4.3.2 采购申请的关键字段解释（见表 8 – 3）

表 8 – 3　　采购申请的关键字段理解及操作

字段名	解释	R/O	操作	备注
物料	产品的代码	R	3238	
科目	科目分配类型	R	K	K 指成本中心
短文本	物料描述	R	大米	一般为物料品名规格
物料组	物料分组类别	R	015	指食品类
申请者	申请物料的人	R	王小三	
总账科目	总账使用的会计科目分类	R	41010100	
评估价格	预估购买价格	R		指非库存采购

8.4.3.3 采购申请创建的菜单路径（见表 8 – 4）

表 8 – 4　　采购申请创建的菜单路径和事务代码

SAP 菜单	后勤 → 物料管理 → 采购 → 采购申请 → 创建
事务代码	ME51N
操作实例	图 8 – 15 ~ 图 8 – 20

8.4.3.4 采购申请的自动创建

运行物料需求计划，系统会自动创建有需求的采购申请单，它等同于手动创建的采购申请，如图 8 – 15 所示，第五行 MRP 元素数据为 0010018277 的即系统自动创建的采购申请。

8.4.3.5 库存采购申请单的手动创建

在命令栏输入 ME51N，按回车键或打钩，进入采购申请创建屏幕（见图 8 – 16）。

（1）输入物料：3239（大米）。

（2）输入申请数量：55（单位 KG）。

（3）输入交货日期：27. 04. 2016。

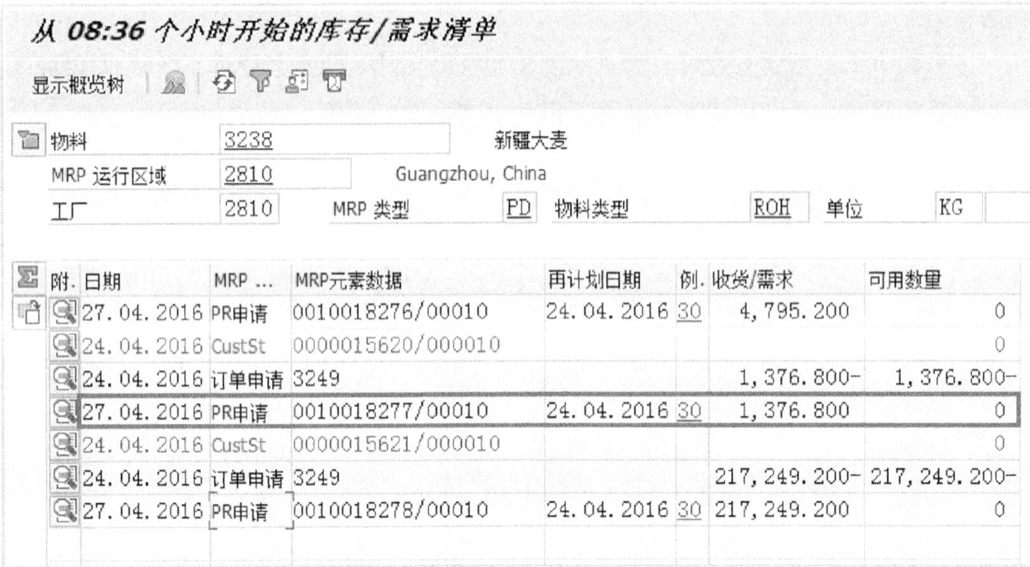

图 8－15 物料需求清单 转采购申请

（4）输入物料组：非酒精。

（5）输入工厂：2810。

（6）输入库存地点：0001，指原材料库存。

（7）输入 PGr：000。

（8）输入申请者：王小三。

按回车键确认是否正确，若无错误，则点击保存，生成采购申请并记下采购申请号。

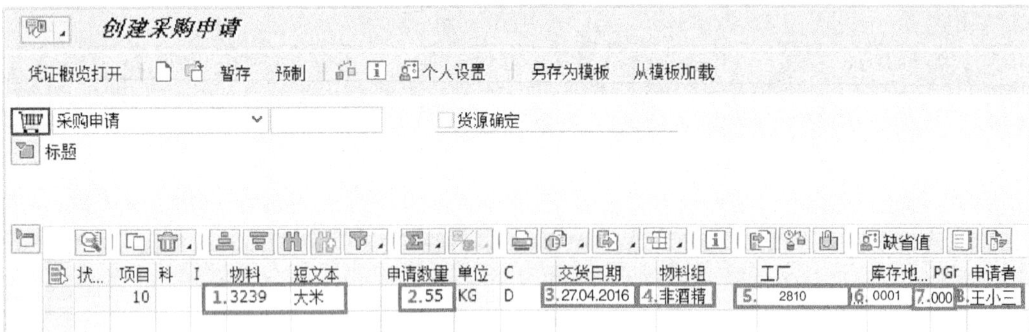

图 8－16 采购申请创建

8.4.3.6 非库存采购申请单手动创建

非库存采购申请单是指采购那些直接分发给各部门的物资，如设备、备品备件、生产耗材、办公用品的采购等，具体操作内容包括采购申请内容输入（见图 8－17 和

图 8－18），评估价格输入（见图 8－19），成本中心输入（见图 8－20）。

1. 非库存采购申请内容输入

在命令栏输入 ME51N，按回车键或打钩，进入采购申请创建界面。

（1）输入短文本：DELL 电脑（采购的物品名称）。

（2）输入申请数量：2。

（3）输入交货日期：25.04.2016。

（4）输入物料组：办公用品。

（5）输入工厂：2810。

（6）输入 PGr：000。

（7）输入申请者：王小三。

（8）选择科目分配：K，成本中心。

按回车键确认是否正确，若无错误，点击保存。

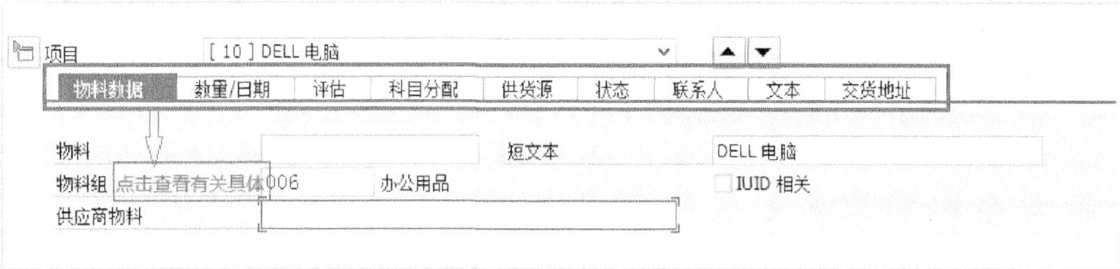

图 8－17 非库存采购申请

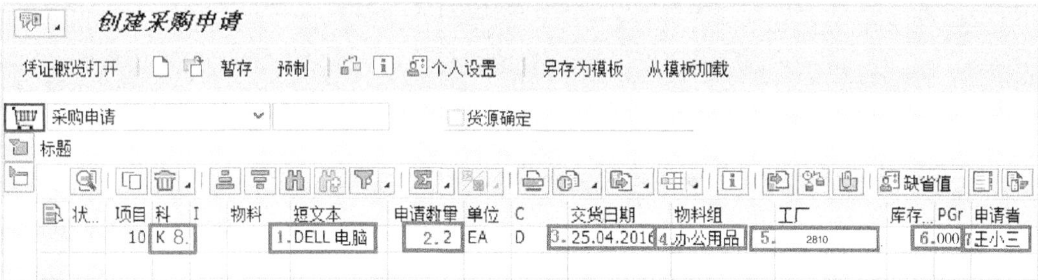

图 8－18 非库存采购申请创建

2. 评估价格输入

点击项目概览，找到评估栏内的评估价格，并输入以下内容。

（1）输入评估价格：5600.00。

（2）输入数量：1。

按回车键确认是否正确，若无错误，点击保存。评估价格创建完成，进入下一个界面进行操作。

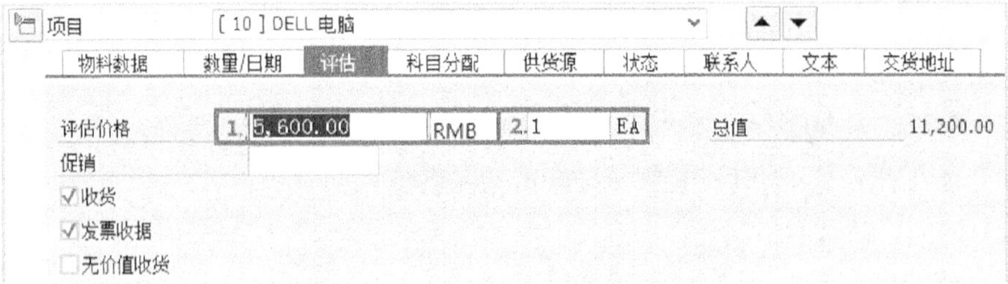

图 8 - 19　非库存采购申请 评估价格

3. **分配成本中心**

找到科目分配栏内的总账科目，应该预设为 41010100，然后输入成本中心。

（1）输入成本中心：12008。

（2）输入利润中心：99995。

点击保存生成采购申请并记下采购申请号。

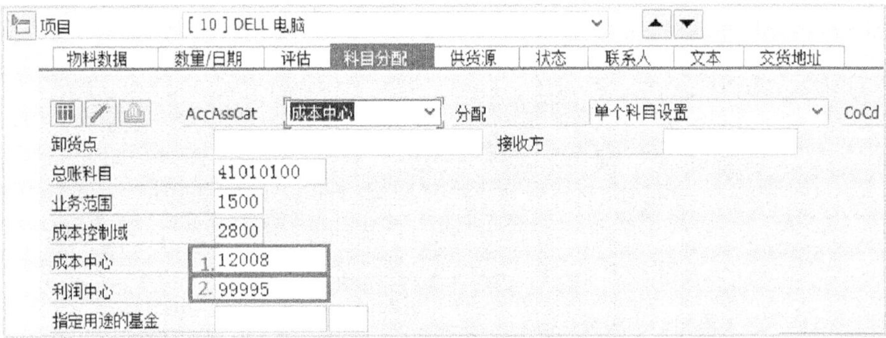

图 8 - 20　非库存采购申请 科目分配

8.4.3.7　采购申请清单显示

1. **采购申请清单显示的菜单路径（见表 8 - 5）**

表 8 - 5　　**采购申请清单显示的菜单路径和事务代码**

SAP 菜单	后勤 → 物料管理 → 采购 → 采购申请 → 清单显示 → 一般
事务代码	ME5A
操作实例	图 8 - 21、图 8 - 22

2. **采购申请查询的初始屏幕**

采购申请的查询信息可以根据已知内容组合填写，以便精确查询到想找的采购申请（见图 8 - 21）。

（1）输入物料：3238。

（2）输入工厂：2810。

（3）输入交货日期：19. 04. 2016 到 26. 04. 2016。

点击查询，进入查询结果界面。

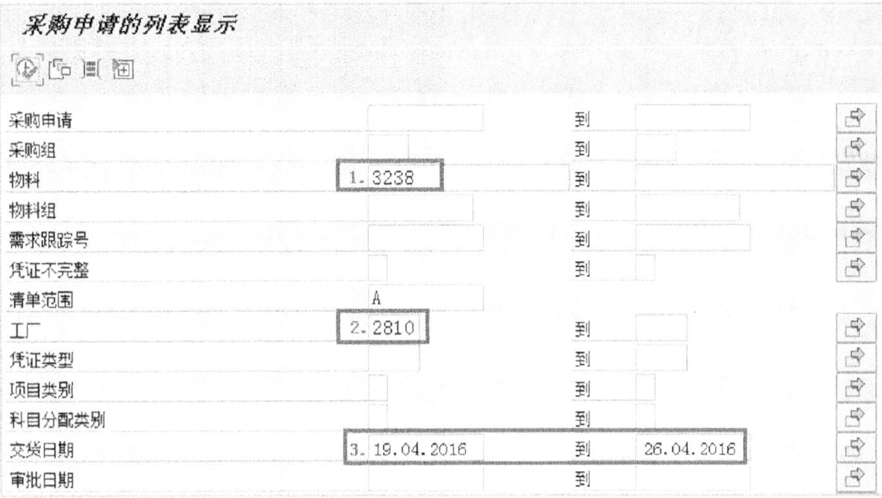

图 8－21　采购申请查询 初始屏幕

3. 采购申请查询结果显示

图 8－22 显示的是物料 3238 在工厂 2810 从 19/04/2016 到 26/04/2016 期间的采购申请清单。

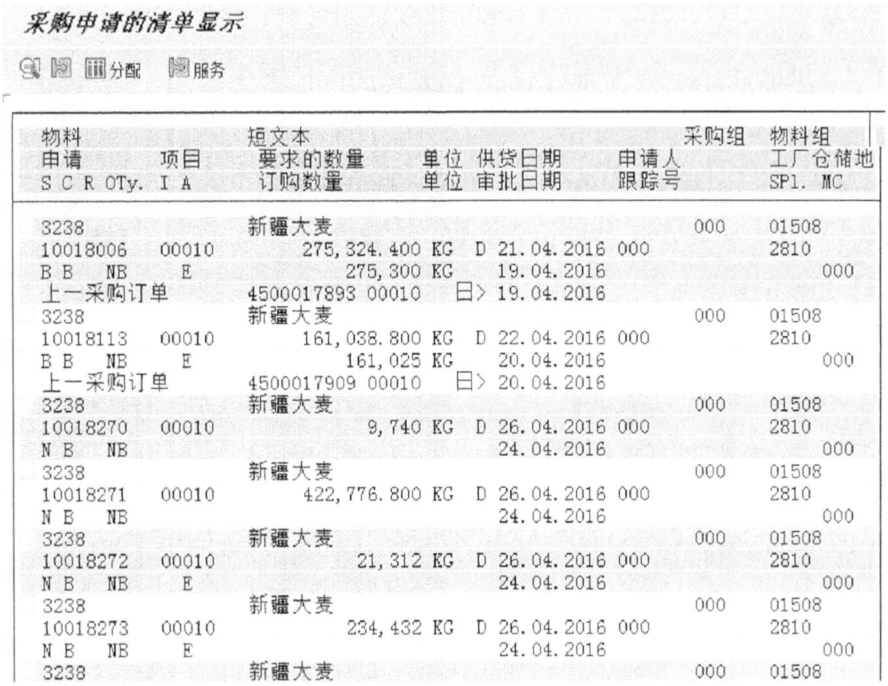

图 8－22　采购申请查询清单

8.4.4 采购询价

为了获取商品的价格，企业通常采用向供应商发送询价单的方式获取供应商的报价信息。询价单可手动输入，也可由采购申请单自动生成，生成的询价单可传递给不同的供应商，以便获取报价信息。

8.4.4.1 询价单概述

询价单是由企业向供应商发出的一个报价邀请，由供应商提供报价，同时提供物料供应时的相关服务条件，采购询价的流程如图 8－23 所示。

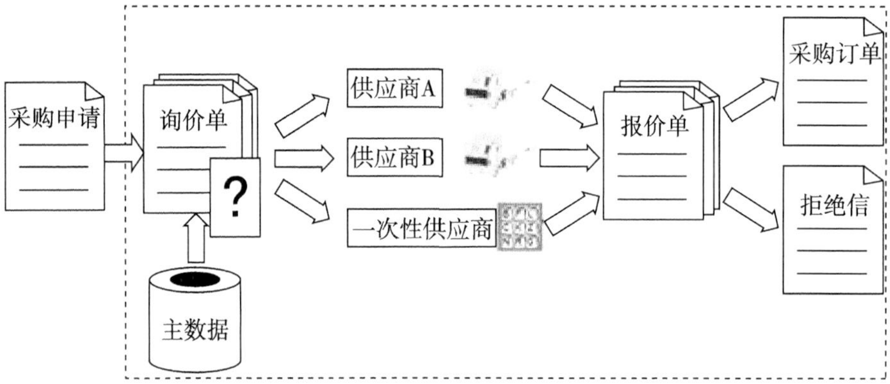

图 8－23 采购询价报价流程

8.4.4.2 询价单的关键字段解释（见表 8－6）

表 8－6 询价单的关键字段解释及操作

字段名	解释	R/O	操作	备注
RFQ 类型	采购凭证类别	R	AN	此处用于询价
询价日期	向供应商发出询价单的日期	R	24.04.2016	可直接打开选项框进行选择
报价截止日期	供应商最晚报价回复日期	R	26.04.2016	报价截止日期必须填写准确，晚于询价日期
交货日期	供应商交货日期	R	28.04.2016	晚于询价和报价截止日期
汇总号	投标邀请码	R	RW003	手动输入

8.4.4.3 创建询价单操作步骤

1. 采购询价创建的菜单路径（见表8－7）

表8－7　采购询价创建的菜单路径和事务代码

SAP 菜单	后勤 → 物料管理 → 采购 → 询价/报价 →询价邀请 → 创建
事务代码	ME41
操作实例	图8－24～图8－27

2. 询价创建的初始屏幕

在命令栏输入 ME41，按回车键进入创建询价单的初始屏幕窗口，如图8－24所示。

（1）选择 RFQ 类型：AN。

（2）选择语言代码：ZH。

（3）输入询价日期：24.04.2016。

（4）输入报价截止日期：26.04.2016。

（5）选择或输入采购组织：2800。

（6）选择采购组：000。

（7）输入交货日期：28.04.2016。

（8）选择或输入工厂：2810。

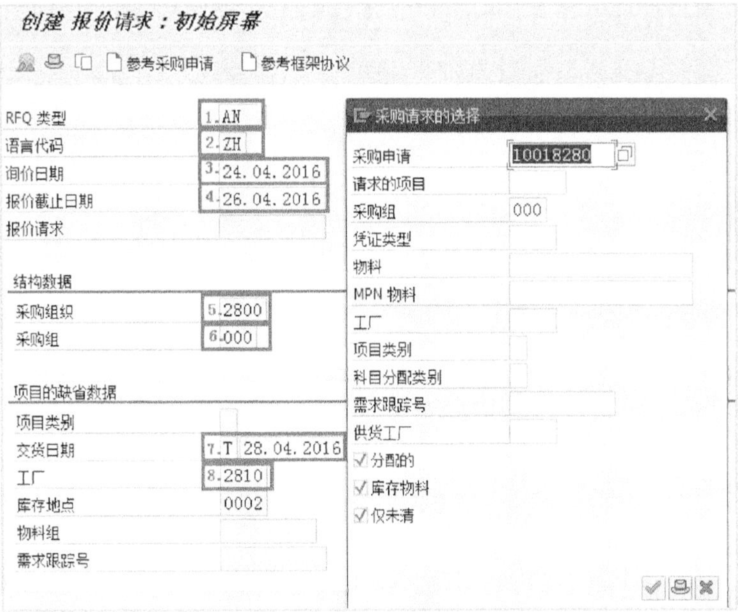

图8－24　采购报价 初始屏幕

点击【参考采购申请】工具，在出现的选择窗口中选择创建报价参考的采购申请；按回车键确认是否正确，完成初始屏幕设置，然后进入下一个界面进行操作。

3. **汇总号输入**

此窗口较为重要的输入信息是汇总号，汇总号可用于该批物料的几份不同报价的汇总比较，汇总号要求不能重复，如图 8－25 所示。

输入汇总号：RW003。

按回车键确认是否正确，若无错误，点击保存。汇总号输入创建完成，进入下一个界面进行操作。

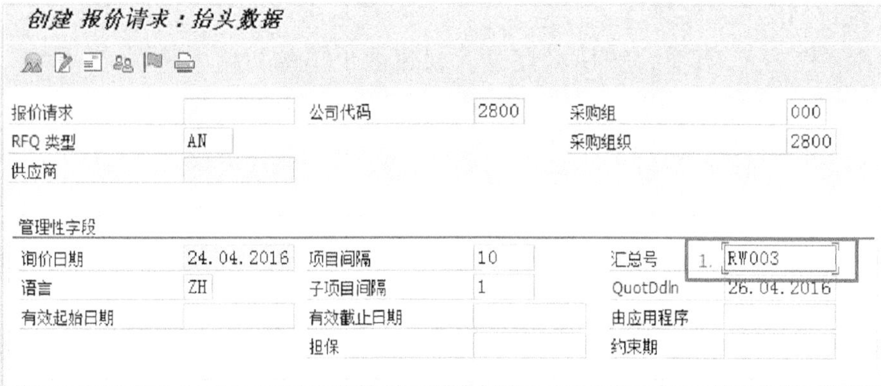

图 8－25　采购询价单创建

4. **创建报价的物料信息输入**

报价的物料信息可以导入，也可以根据采购申请手动输入，具体操作如图 8－26 所示。

（1）检查或输入物料：3238（新疆大麦）。

（2）检查或输入 RFQ 数量：55。

（3）检查或输入订购单位：PAC。

（4）检查或输入交货日期：28. 04. 2016。

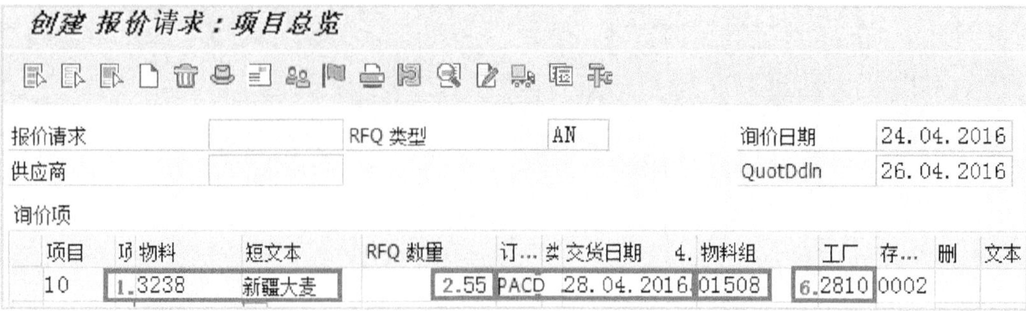

图 8－26　采购询价 清单创建

（5）检查或输入物料组：01508。

（6）选择或输入工厂：2810。

按回车键确认是否正确，若无错误，点击保存。采购询价清单创建完成，进入下一个界面进行操作。

5. 创建报价的供应商选择

报价内容输入完成后，接着选择需要提供报价的供应商，供应商查询可以使用命令 ME2L，直接从供应商清单选择需要报价的供应商。找到供应商代码后点击供应商图标，进入下一窗口直接输入供应商代码：S0125，如果需要查找供应商代码，可点击供应商右边的下拉菜单搜寻供应商。然后返回保存，生成报价单号码，也可打印报价单后传送给供应商报价。此过程要重复两次，还应选择两个供应商报价，生成两个报价单号码（见图 8－27）。

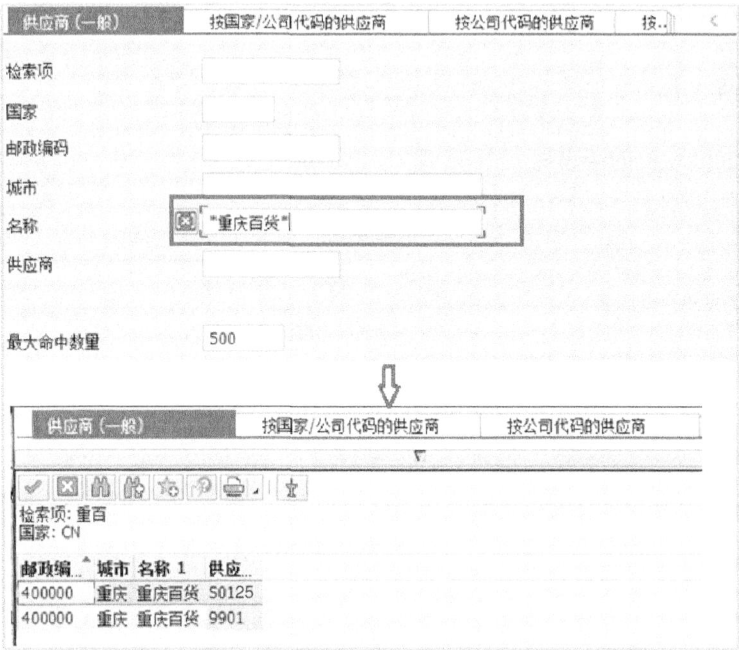

图 8－27　采购询价 供应商查询

6. 采购询价单的打印或输出

根据设置，采购询价单在保存时会自动打印，也可以在命令栏输入 ME8A 重复打印采购询价单。打印的报价单需要及时传递给供应商报价。如果在 SAP 系统内将消息设置成自动将采购报价单发送到邮箱，那么通过邮箱可以直接将报价单发送给供应商。

8.4.5　报价维护

收到供应商报价后，需要在系统中维护报价，为供应商报价比价做数据上的准备，同时供应商的报价也可以作为供应商评估的参考之一。

8.4.5.1 报价维护的概述

采购报价单的报价维护是获得市场价格的基础，通过持续不断地收集市场报价，SAP 系统内储存了大量价格信息，为公司获得公平合理的采购价格做了数据准备。

8.4.5.2 采购报价单维护的关键字段解释（见表 8－8）

表 8－8　　采购报价单维护的关键字段解释及操作

字段名	解释	R/O	操作	备注
报价请求	供应商报价编号	R	6000000207	与报价单创建时对应的供应商相同
净价	购买单位产品的净价	R	69.84	供应商提供的最终价格

8.4.5.3 维护报价的操作步骤

1. 采购报价维护的菜单路径（见表 8－9）

表 8－9　　采购报价维护的菜单路径和事务代码

SAP 菜单	后勤 → 物料管理 → 采购 → 询价/报价 → 报价 → 维护
事务代码	ME47
操作实例	图 8－28 ~ 图 8－30

2. 报价维护的初始屏幕

在报价请求处输入报价请求单号：6000000207，如果不知道，可以通过点击右边下拉菜单，输入供应商查询报价单号码，然后按回车键即可（见图 8－28）。

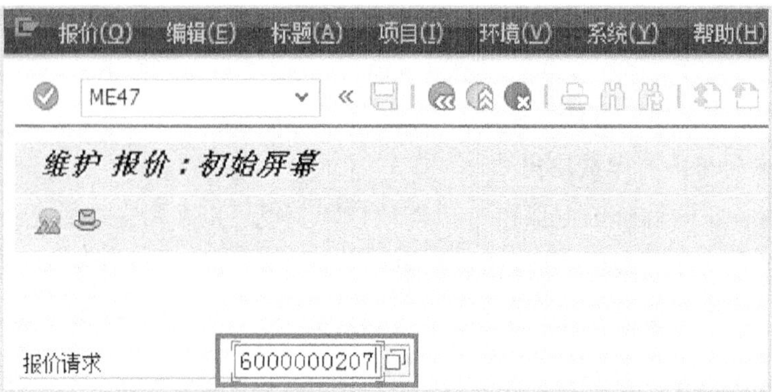

图 8－28　供应商报价维护 初始屏幕

3. **报价维护**

输入按报价单填写的报价，如报价为净价则直接输入净价（见图8－29）；如果报价是明细价格则点击上面的工具栏中的，进入报价项目条件维护窗口，然后按项目维护报价，如图8－30所示。

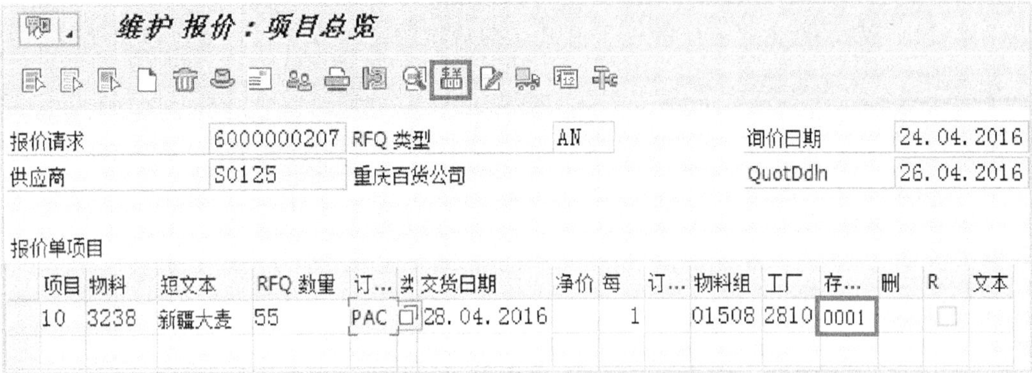

图8－29　供应商报价维护

（1）输入总价格：72.00。

（2）输入总价折扣%：3.000。

（3）输入运费（值）：100.00。

按回车键确认是否正确，如果没有错误，点击保存，保存输入的数据。

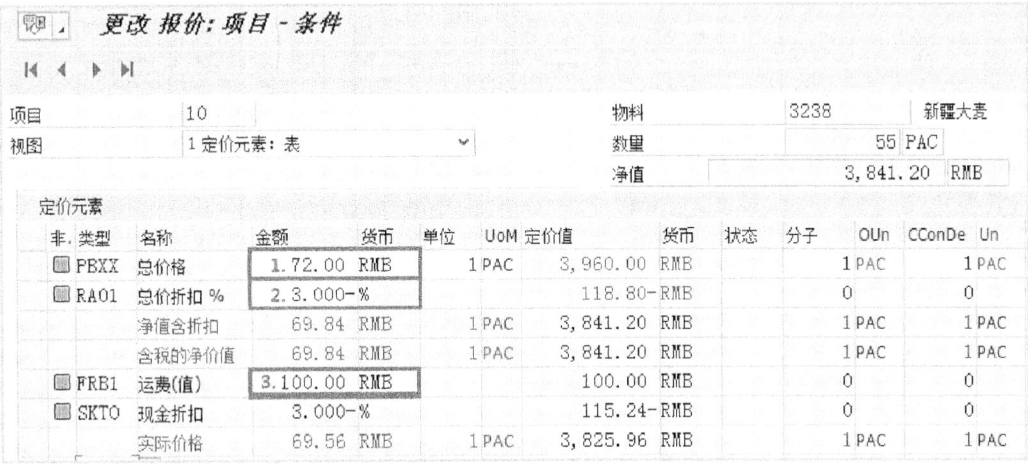

图8－30　供应商报价 项目条件维护

8.4.6 报价比较

多家供应商的报价输入到系统后，就可以运用系统的价格比较功能进行比价分析，以选出条件最优的供应商。同时在系统中将其分配为材料的购买商，形成相关的信息记录保存在物料的货源记录中，以便将来下采购订单时自动调用价格。对于不满意的供应商可以加以回绝。

8.4.6.1 报价比较概述

报价比较功能是企业常用的用于控制采购成本的一种方法，是通过多家比较，从中挑选出符合企业质量要求的且价格具有竞争力的产品和服务的供应商。

8.4.6.2 报价比较处理流程介绍

供应商报价单处理流程如图 8－31 所示，通过系统比较，选择并保存一个公平的价格，以后均采用这个采购价格，其他的报价则予以拒绝。

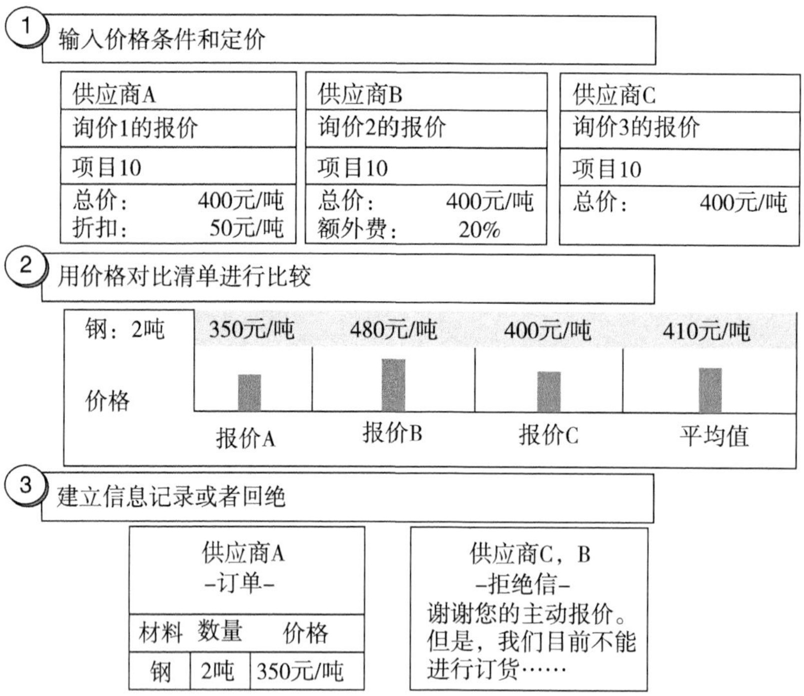

图 8－31 供应商报价单处理流程

8.4.6.3 报价比较处理的关键字段解释（见表 8－10 所示）

表 8－10 报价比较处理的关键字段解释及操作

字段名	解释	R/O	操作	备注
汇总询价	即汇总号，投标邀请号	R	RW003	与前面的汇总号一致，须记住

续　表

字段名	解释	R/O	操作	备注
净订购价	供应商报价的净价	R	67.32	通常选择价格最低的供应商
信息记录更新	将选中的供应商保存成信息记录	R	B	保存成信息记录即选定了供应商
拒绝标识	勾选即放弃这家供应商	R	√	放弃的供应商不需要保存成信息记录

8.4.6.4　报价比较处理操作步骤

1. 报价比较维护的菜单路径（见表 8－11）

表 8－11　报价比较维护的菜单路径和事务代码

SAP 菜单	后勤 → 物料管理 → 采购 → 询价/报价 → 报价 → 价格比较
事务代码	ME49
操作实例	图 8－32 ~ 图 8－35

2. 报价比较初始屏幕

在命令栏输入 ME49 后，在进入的窗口有多种选择，要想找出相应的报价单，最简单的方法是用汇总询价功能，同时将三个报价显示在一起比较。输入汇总询价：RW003，然后打钩，进入下一个窗口。

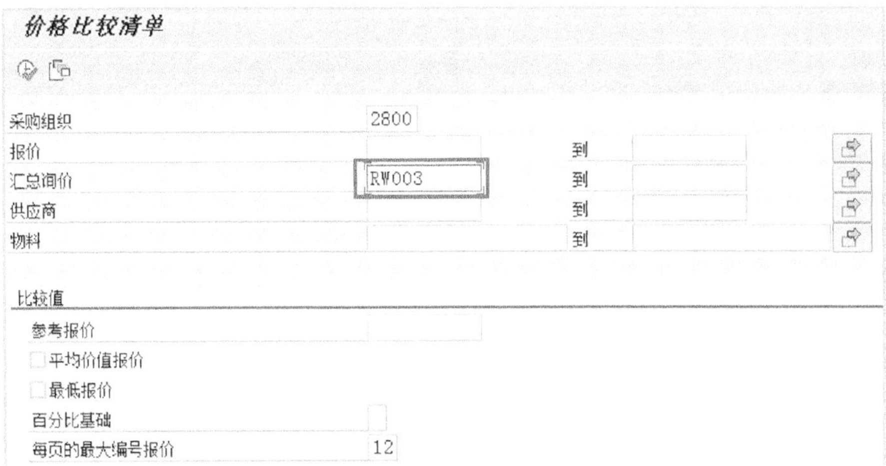

图 8－32　供应商比价 初始屏幕

3. 报价比较结果显示

图 8－33 显示的是三家供应商报价的比较情况。下面第二行“投标人”行显示的

是供应商代码，下面第四行“值”行显示的是该供应商的总报价，下面第六行“排列”显示的是供应商报价占平均报价的百分比，这样可以判断该供应商报价在三家报价的位置。下列报价显示的是 S0129 报价占三家报价的均值的 93%，同样 S0125 报价占均值的 96%，B0012 报价占均值的 111%。S0129 报价最低，B0012 报价最高。

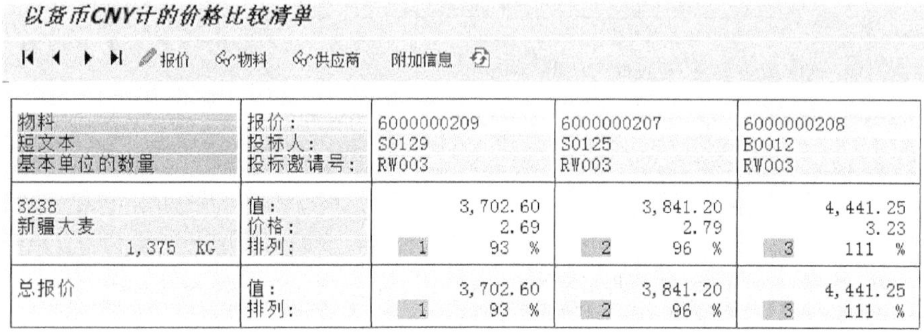

物料 短文本 基本单位的数量	报价： 投标人： 投标邀请号：	6000000209 S0129 RW003	6000000207 S0125 RW003	6000000208 B0012 RW003
3238 新疆大麦 1,375 KG	值： 价格： 排列：	3,702.60 2.69 1 93 %	3,841.20 2.79 2 96 %	4,441.25 3.23 3 111 %
总报价	值： 排列：	3,702.60 1 93 %	3,841.20 2 96 %	4,441.25 3 111 %

图 8－33　供应商报价比价

4. 选定供应商并创建信息记录

根据报价比较情况，可知在同等质量条款下，S0129 供应商报价最优，被选定为该批物资的供应商。双击该供应商旁边的空白处，在弹出窗口中的信息记录更新处选择 B，如图 8－34 所示。这样就将该供应商的报价保存成了信息记录，下次采购时可以向该供应商采购。

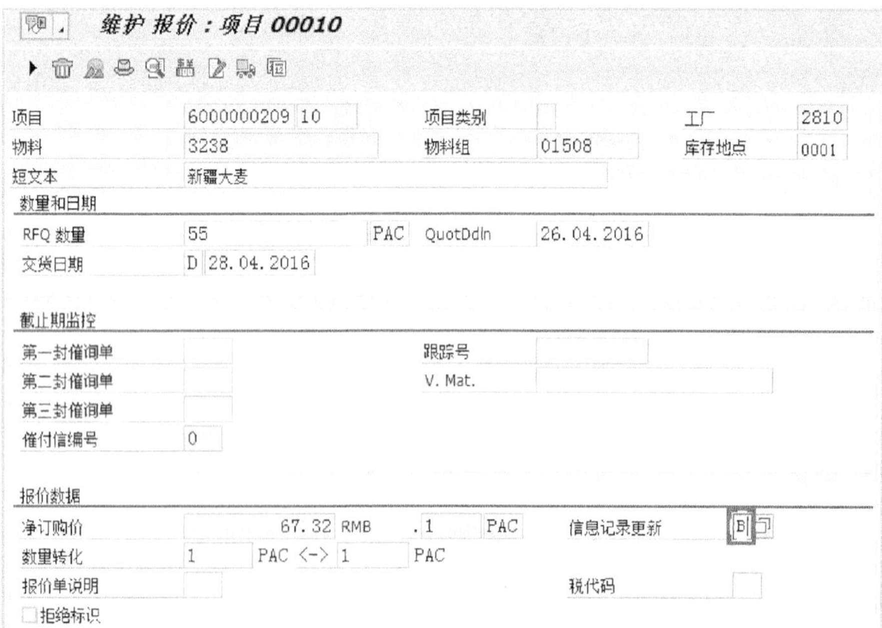

图 8－34　供应商报价维护

5. 拒绝其他供应商的报价

对于报价不占优势的其他两家，点击蓝色区域，在 R（拒绝）处下面方框内打钩，拒绝这两个报价，如图 8－35 所示，拒绝后供应商可以直接在系统中看到报价处理的结果。

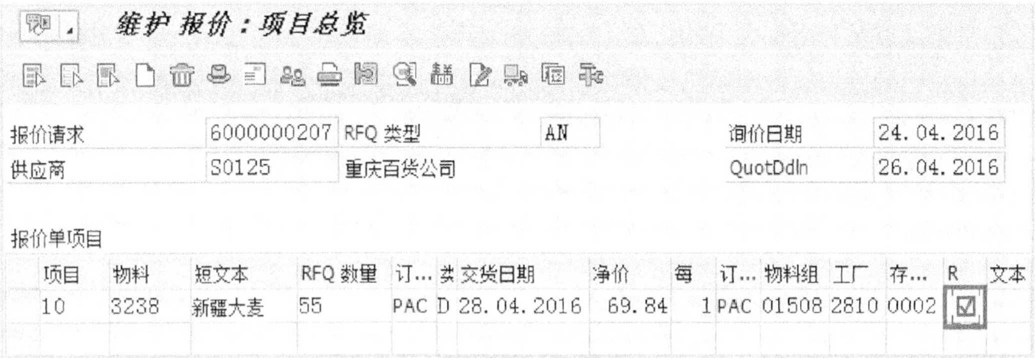

图 8－35 供应商报价拒绝

8.4.7 采购信息记录

采购信息记录向采购部门提供了相关采购物料的货源信息。采购信息记录记载了供应商与被采购物料或服务之间的关系以及相关的报价情况。

8.4.7.1 采购信息记录概述

采购信息记录是采购部门的基础数据，包含物料的供应商与物料之间的关系数据。采购信息记录一般在采购组织级别维护，采购信息记录中的条件和数据是采购下订单的凭证。

采购信息记录的主数据与供应商的主数据类似，由基础数据、采购组织数据＋工厂、采购组织数据组成。

基础数据包括物料和供应商主数据的一些基础信息，如订单单位、供应商数据等。

采购组织数据＋工厂记录了采购部门数据中能对采购部门的全部工厂或者部分工厂生效的信息。也就是说，如果某工厂有特定的信息记录，则需要为该工厂创建采购信息记录并用于该物料在该工厂的采购事宜。

采购组织数据是指采购信息记录中的数据对采购组织的所有工厂均有效，这时的数据存在采购组织级别，该采购组织的所有工厂都建议使用采购信息记录中的数据。

采购信息记录有手动创建和自动创建两种方式。在自动创建时，采购订单上输入的价格信息、采购协议、采购合同上的价格信息都可以转变成采购信息记录。

在创建采购订单时，只需要输入采购的物料号、供应商代码、采购数据以及交货日期，其他的数据可以直接从采购信息记录中复制。当然有的公司出于管理的目的，限制了采购下单的权限，不可以手动输入价格，只能使用采购信息记录。

8.4.7.2 采购信息记录的记录更新

采购信息记录的创建和更新有多种方法，最常见的是手动创建信息记录和比价创建信息记录以及利用每次采购订单上的价格创建信息记录。除此之外，还有其他方法创建信息记录，如根据框架协议创建信息记录，或根据报价单信息创建新的信息记录等。信息记录的创建过程如图 8－36 所示，需要提供的信息记录的要素有：供应商、物料、采购组织、价格条件。

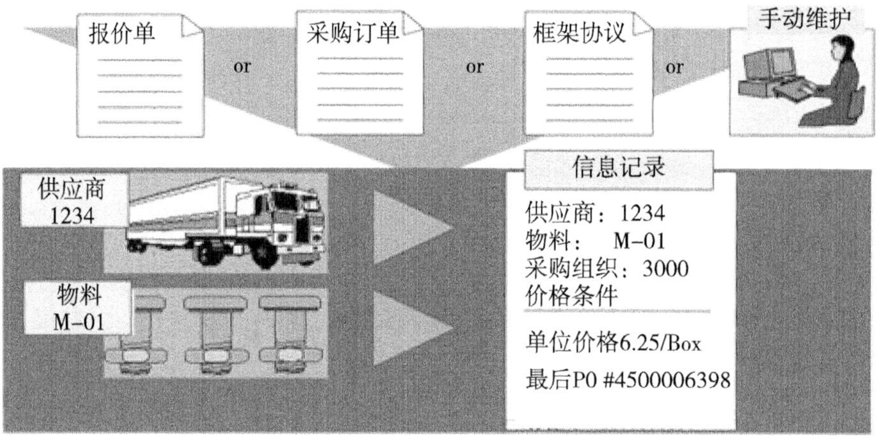

图 8－36 采购信息记录创建流程

8.4.7.3 信息记录的组织维护层次

如果不指定具体的工厂，所建信息记录对所有的工厂有效。采购数据可以由报价单、采购订单、框架协议来更新，也可以手动维护。

8.4.7.4 信息记录创建的关键字段解释（见表 8－12）

表 8－12 信息记录创建的关键字段解释及操作

字段名	解释	R/O	操作	备注
信息类别	常有标准、外协加工、寄售等	R	标准	一般企业都选择标准
计划交货时间	交货前的准备时间	R	2	注意区分，不是交货时间
标准数量	最基本采购数量	R	1	
最小订单数量	一次采购最低采购数量	O	1	一般为标准数量的整数倍

续 表

字段名	解释	R/O	操作	备注
剩余货架寿命	剩余仓储时间	O		一般针对食品
差额开票	价格有差异，非订单实际价格	O		一般不允许差额开票
净价	购买的实际价格	R	37	

8.4.7.5 信息记录自动创建的操作步骤

信息记录自动由供应商报价单创建的操作步骤参见8.4.6.4章节。

8.4.7.6 采购信息记录手工创建的操作步骤

1. 采购信息记录创建的菜单路径（见表8－13）

表8－13　　采购信息记录创建的菜单路径和事务代码

SAP菜单	后勤 → 物料管理 → 采购 → 主数据 → 信息记录 → 创建
事务代码	ME11
操作实例	图8－37～图8－39

2. 采购信息记录创建的初始屏幕

在命令栏输入ME11，或双击信息记录维护菜单进入信息记录创建的初始屏幕，如图8－37所示，维护信息记录创建的相关内容。

（1）选择或输入供应商：S0125。

（2）选择或输入物料：3252。

（3）选择或输入采购组织：2800。

（4）选择或输入工厂：2810。

按回车键进入下一个界面进行操作。

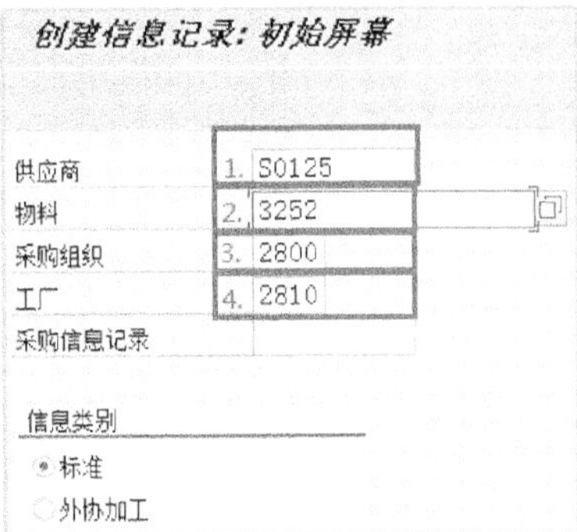

图8－37　采购信息记录创建 初始屏幕

3. **采购信息记录：一般数据**

进入一般数据窗口，可以维护的内容有原产地国、地区、供应商、物料组、电话等内容，如图 8－38 所示。

（1）选择或输入供应商：S0125。

（2）选择或输入物料：3252。

（3）选择或输入物料组：00107。

（4）选择原产地国：CN。

（5）选择地区：230。

维护完成后点击【采购组织数据 1】，进入下一个窗口的维护。

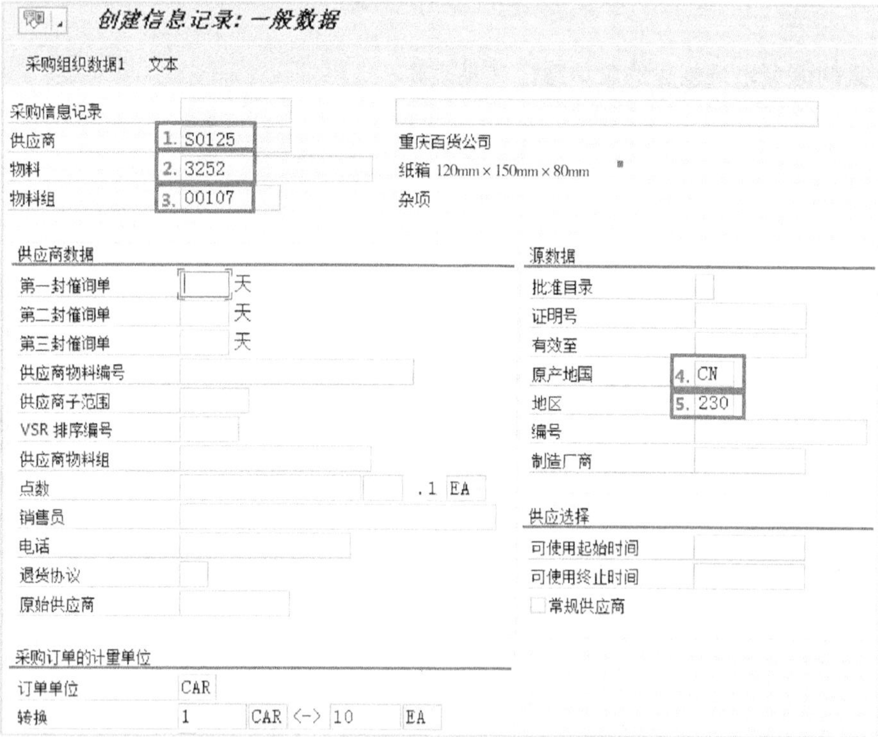

图 8－38　采购信息记录创建 一般数据

4. **采购信息记录：采购组织数据** 1

选择采购组织数据 1 窗口继续维护，如图 8－39 所示。

（1）输入计划交货时间：2（天）。

（2）选择或输入采购组：000。

（3）输入每次订购的标准数量：1（CAR）。

（4）输入每次订购的最小订单数量：1（CAR）。

（5）输入净价：37（RMB/CAR）。

维护完成后，点击保存，信息记录创建完成，记录生成为单证号。

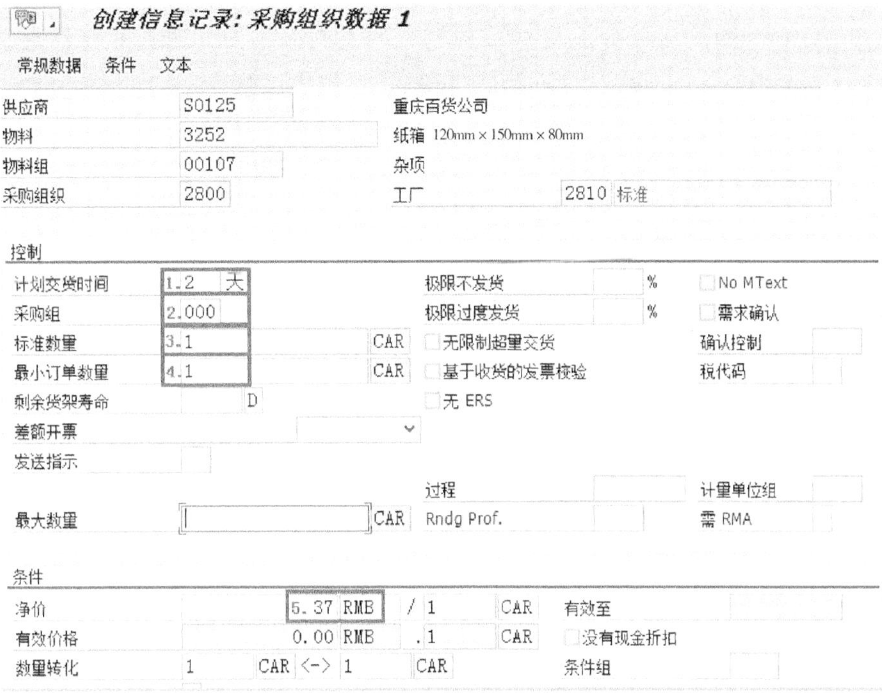

图 8－39　采购信息记录创建 采购组织数据 1

8.4.8　采购订单

采购订单是企业根据生产计划向供应商下达的购买原材料用于满足生产需要的单证，是记录供需双方采购行为的重要合同文本。

8.4.8.1　采购订单概述

采购订单是企业向供应商下达的用于购买材料行为的正式单据，是 SAP 系统的采购模块中的重要单据。采购订单由抬头项和行项目组成，抬头项的内容有供应商、采购组织、采购组等信息，行项目则是采购商品的明细信息，包括物料代码、订单数量、净价、交货日期、交货地址等。

另外，采购订单的采购标的种类也有多种，如库存物料、非库存物料、服务等。对于非库存物料的采购通常不能进入仓库，收货时直接进入成本，实际物料也需要立即通知使用人取走。

图 8－40 给出的是库存物料和非库存物料（即消耗类物料）采购流程的比较，这两种物料的采购是最基本的采购模式。库存物料和非库存物料在采购流程上主要的区别是，对于库存物料，系统可以自动分配科目，而非库存物料的采购需要根据申请原

因的不同而确定不同的科目。此外库存物料收货后直接进入库存，而非库存物料收货后由申请人或申请部门直接领走，作为成本消耗处理。

非库存物料采购的科目分配根据采购对象的不同而不同，通常的科目类别有 A：资产；K：成本中心；P：项目；F：生产订单；C：销售订单等。

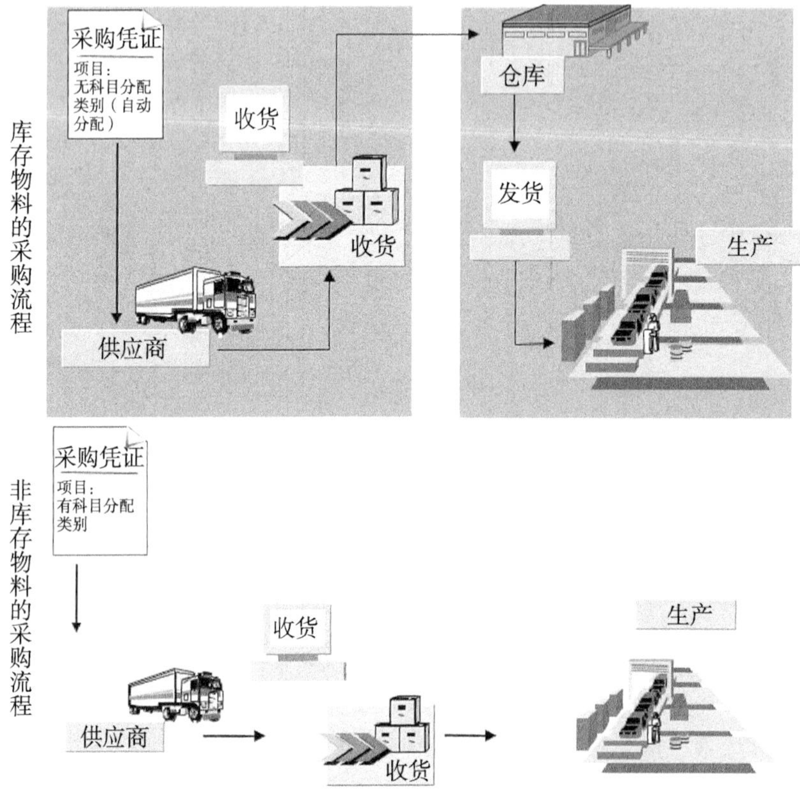

图 8-40　库存物料和非库存物料的采购流程比较

8.4.8.2　采购订单的关键字段的解释（见表 8-14）

表 8-14　采购订单的关键字段的解释及操作

字段名	解释	R/O	操作	备注
物料	采购的物料料号	R	3239	
采购订单数量	采购的数量	R	1	
工厂	订货工厂	R	2810	一般既是订货工厂也是交货工厂

8.4.8.3 采购订单手动创建

1. 采购订单创建的菜单路径（见表8－15）

表8－15　　采购订单创建的菜单路径和事务代码

SAP 菜单	后勤 → 物料管理 → 采购 → 采购订单 → 创建 → 已知供应商/供应工厂
事务代码	ME21N
操作实例	图8－41～图8－55

2. 采购订单创建订单类型的选择

在购物车右边的下拉菜单中选择标准采购订单，如图8－41所示。

3. 采购订单的供应商输入

在供应商右侧空白栏内输入货源供应的供应商代码，如不清楚供应商代码可在右侧下拉菜单中查询，输入供应商：S0125。

4. 采购订单创建的抬头机构数据输入

（1）选择或输入采购组织：2800。

（2）选择或输入采购组：000。

（3）选择或输入公司代码：2800。

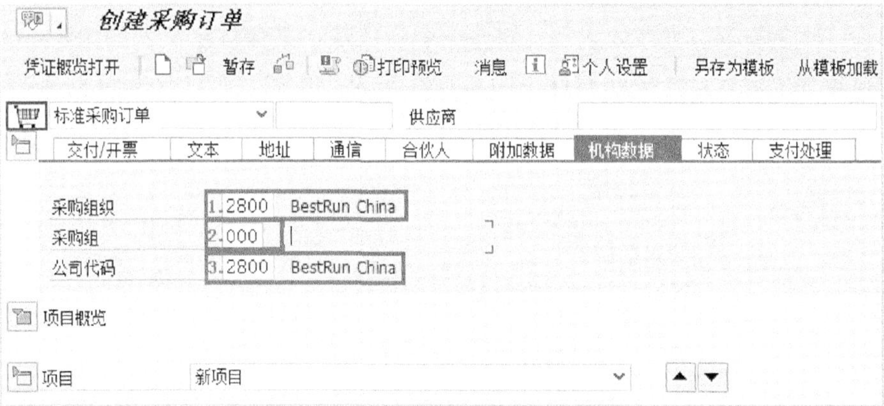

图8－41　采购订单创建 抬头创建

5. 采购订单的项目内容输入

点开项目概览栏，输入具体需要采购的物料信息。物料信息分两类，一类为库存物料，直接在物料栏下边输入物料代码，然后按回车键，就可以调出物料主数据的相关信息；另一类为非库存物料，如设备、项目和耗材等，分别在科目栏下边选择对应的科目代码，如A、P、K，然后在对应的短文本栏内输入采购物品的名称及其他参考信息，如图8－42所示。

（1）输入短文本：计算器。

（2）输入采购订单数量：2。

（3）输入订货单位：EA。

（4）输入交货日期：24. 04. 2016。

（5）输入净价：21. 00。

（6）选择或输入工厂：2810，即 Shanghai，China。

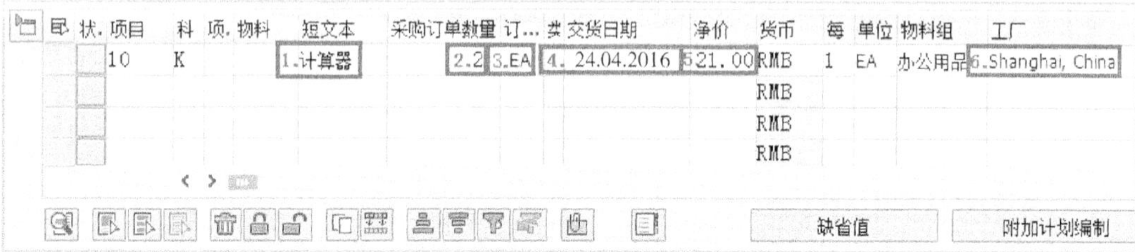

图 8－42　采购订单创建 项目内容

6. 分配成本中心

如果创建的是非库存物料采购，还需要找到科目分配栏内的总账科目，系统应该默认为 51510300，然后输入成本中心：12008，利润中心：111。

7. 维护相关的交付条款

在采购订单表头文本栏内的文本框内可以输入相应的送货要求信息。如送货时间、送货单证、送货要求、发票要求等，这些内容会出现在采购订单上，如图 8－43 所示。所有的信息完成输入后，按回车键，确认没有错误后点保存，在保存好创建的订单后记下生成的采购订单号码，用于后续的打印、收货等。

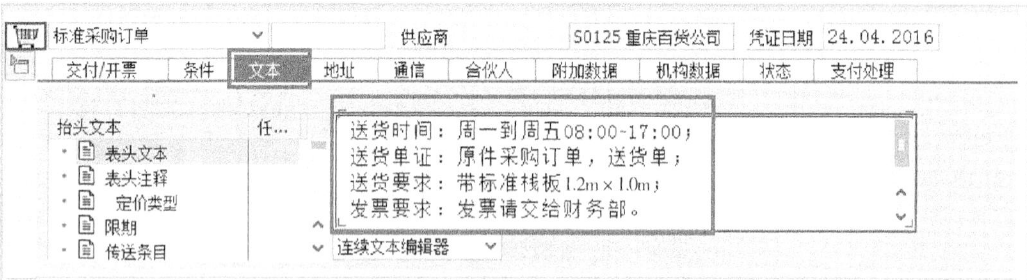

图 8－43　采购订单创建 文本

8. 采购订单的打印输出

进入菜单 ME21N，输入采购订单号：4500017919，点击消息进入采购订单打印设置（或从菜单栏的打印预览也可以进入打印设置）。点击【通信方式】后，在弹出的窗口中输出类型选择 NEUS（中文打印），逻辑目标设置成：locl，在前面打钩立即打印，然后点击【补充数据】，在弹出的窗口选择立即发送（当保存应用程序时），这样采购订单就会自动发送到本地连接的打印机进行打印，整个流程如图 8－44 至图 8－47 所示。

图 8－44　采购订单 打印

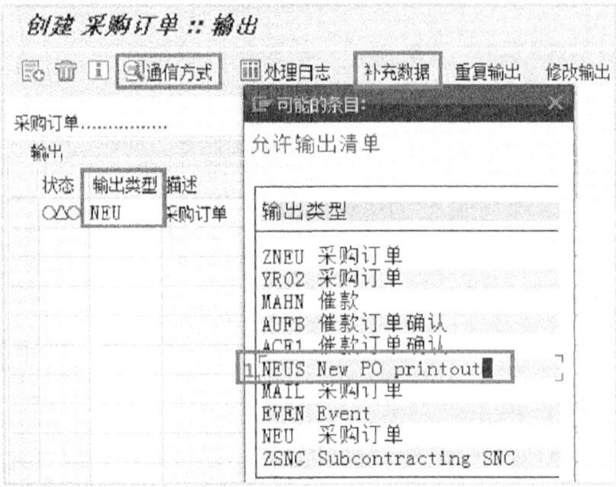

图 8－45　采购订单 打印输出类型

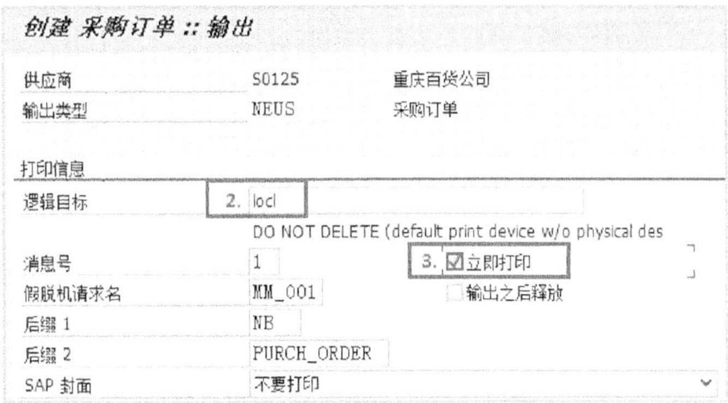

图 8－46　采购订单 打印输出设置 1

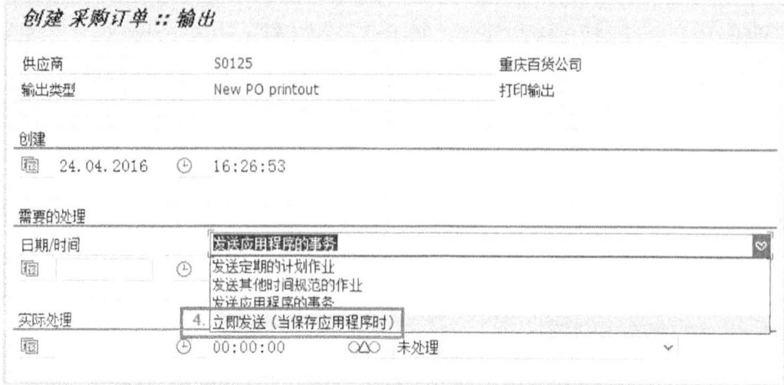

图 8－47　采购订单 打印输出设置 2

8.4.8.4　采购申请转成采购订单

这一流程的任务是根据已有的采购申请单以及已经确认的信息记录来创建采购订单。这种采购订单的创建模式是将建好的采购申请单的信息复制到现有的采购订单中，再将已有的供应商的信息记录中的价格信息复制到采购订单中来。

1. **采购申请转成采购订单的菜单路径（见表** 8－16）

表 8－16　采购申请转成采购订单的菜单路径和事务代码

SAP 菜单	后勤 → 物料管理 → 采购 → 采购订单 → 创建 → 已知供应商/供应工厂
事务代码	ME21N
操作实例	图 8－48 ~ 图 8－50

2. **采购申请转成采购订单**

打开创建采购订单窗口后，选择标准采购订单，打开凭证概览中的导航栏，在下拉菜单中选择采购申请，跳转到采购申请查询窗口，通过输入一些基础查询信息，找到需要转为采购订单的采购申请单（如图 8－48 和图 8－49 所示）。

3. **由采购申请单创建采购订单（见图** 8－50）

（1）把采购申请/请求项目 10018257 拖动到购物篮中。

（2）选择标准采购订单。

（3）输入供应商代码：S0125。

（4）输入采购组织：2800。

（5）输入采购组：000。

（6）输入公司代码：2800。

按回车键确认是否正确，若无错误，点击保存，采购订单创建完成。

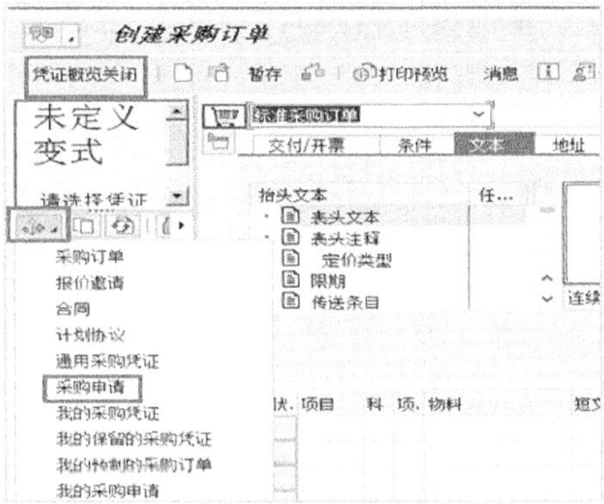

图 8 - 48　采购订单创建 采购申请选择

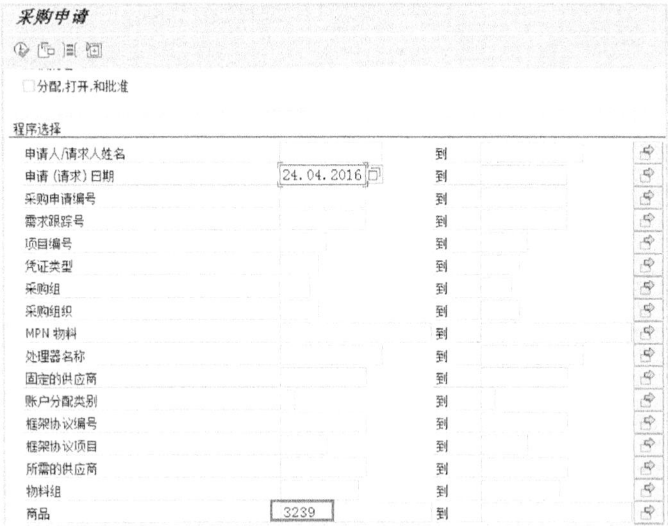

图 8 - 49　采购订单创建 采购申请查询

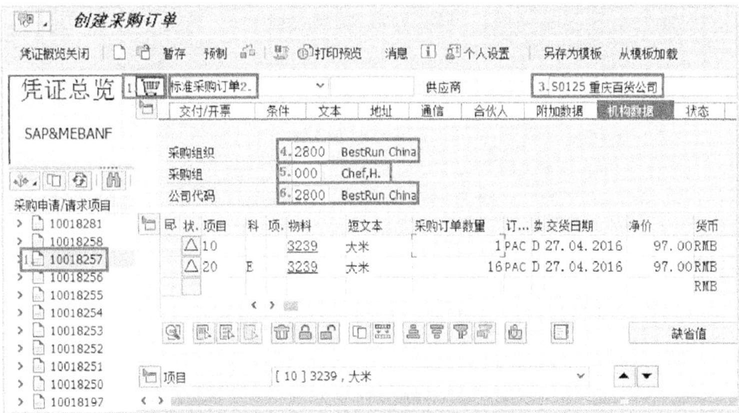

图 8 - 50　采购订单创建 抬头选择

4. 参照手工创建采购订单的方式创建其他信息，完成后保存，并记录生成的采购订单号码

8.4.8.5 采购订单项介绍

1. 采购订单项概述

采购订单项包括抬头、标题、项目概览和项目细节四部分（见图 8－51），抬头分别为订单类型、订单号、供应商和凭证日期，其他三部分内容大体相同，其中项目细节最为详细，下文逐一详细介绍。

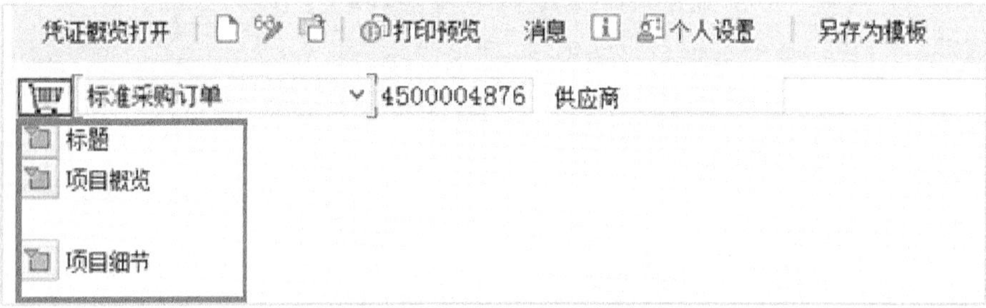

图 8－51 采购订单 项目

2. 采购订单标题

采购订单标题信息的重要内容包括采购组织、采购组、公司代码（见图 8－52）。

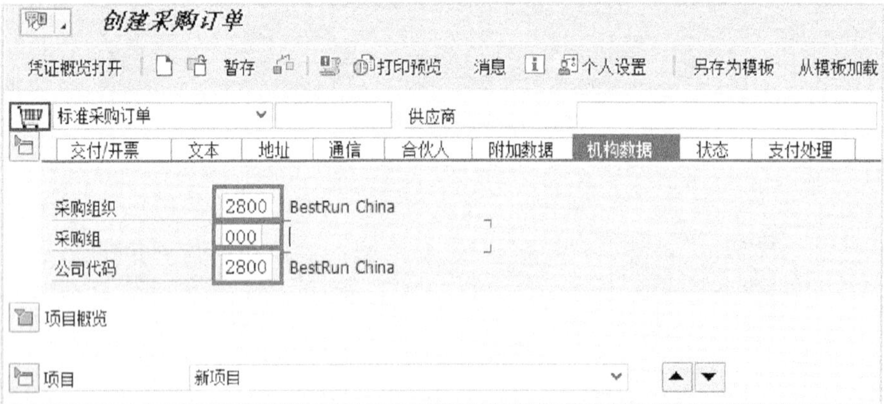

图 8－52 采购订单 标题

3. 采购订单抬头

采购订单抬头信息包括交付/开票、条件、文本、地址、通信、合伙人、附加数据、机构数据以及状态等（见图 8－53）。

图 8－53　采购订单 抬头

4. **采购订单项目概览部分**

采购订单项目概览部分是指采购项目的详细信息，包括项目、科目、物料、短文本、采购订单数量、单位、交货日期、净价、货币、工厂等，如图 8－54 所示。

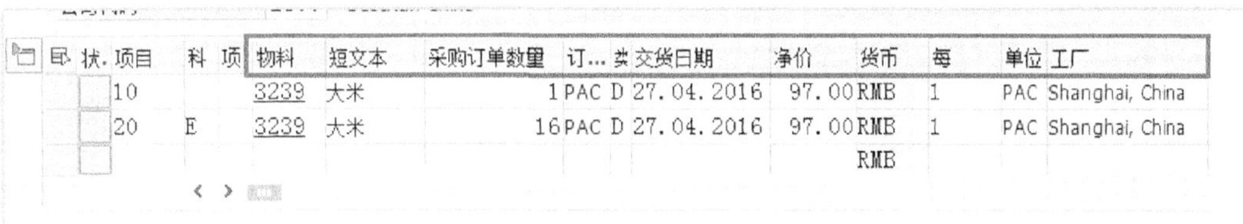

图 8－54　采购订单 项目内容

5. **采购订单项目细节部分**

采购订单项目细节部分包括物料数据、数量/重量、交货计划、交货、发票、条件、科目分配、采购订单历史、文本、交货地址、确认、装运、通信、合伙人、附加数据、机构数据、状态、支付处理，如图 8－55 所示。

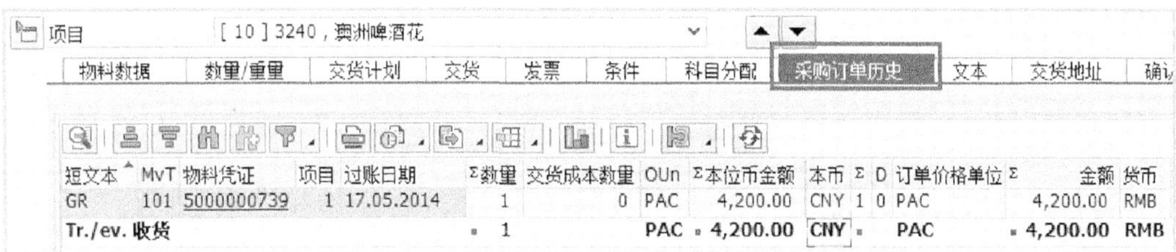

图 8－55　采购订单历史

8.4.9　采购订单收货

采购订单收货操作参见第 9 章 9.4.1 小节。

8.4.10 发票确认

发票确认功能显示出了 SAP 系统的高集成度，提供了物料管理系统和财务会计、控制、固定资产管理之间的联系。发票确认功能可以访问 MM 模块中的采购和收货的数据，过账一张发票时，票据中的信息即传送到会计模块。

8.4.10.1 发票确认概述

发票确认时通常要仔细检查发票金额和发票内容，及发票对应的采购订单和收货单，以保证采购、收货、发票数量一致，金额一致。

如果需要根据一张采购订单生成一张发票时，只需要输入参考的采购订单号和发票金额，系统会自动匹配供应商、税率、现金折扣等信息。如果发票金额和采购订单金额不一致，系统会自动检查差异是否在允许的范围之内，如果差异在允许的范围之内，则发票可以产生，如果超出范围，发票不能产生，只能继续修改。

发票过账时，系统自动生成应付账款，并将金额过账到相应科目。发票过账成功后，差异会自动放到差异科目中。同时物料主数据中的价格信息也会更新。

8.4.10.2 发票确认的关键字段解释（见表 8－17）

表 8－17　发票确认的关键字段解释及操作

字段名	解释	R/O	操作	备注
发票日期	输入系统的当天日期	R	25. 05. 2014	
金额	需要处理的发票金额	R	350	单位和系统单位一致
采购订单参考	本张发票对应的采购订单号	R	4500017905	用于核对采购订单，收货和开票数量及金额

8.4.10.3 发票确认的操作步骤

1. **发票确认的菜单路径（见表 8－18）**

表 8－18　发票确认的菜单路径和事务代码

SAP 菜单	后勤 → 物料管理 → 后勤发票校验 → 凭证输入 → 输入发票
事务代码	MIRO
操作实例	图 8－56、图 8－57

2. **发票维护**

在命令栏输入 MIRO 后，打钩或按回车键，进入发票维护窗口（如图 8－56 和图

8－57所示）。

（1）输入发票日期：25.05.2014。

（2）输入过账日期：25.05.2014。

（3）输入金额：350。

（4）输入采购订单/计划协议：4500017905。

图8－56 采购付款发票查询界面

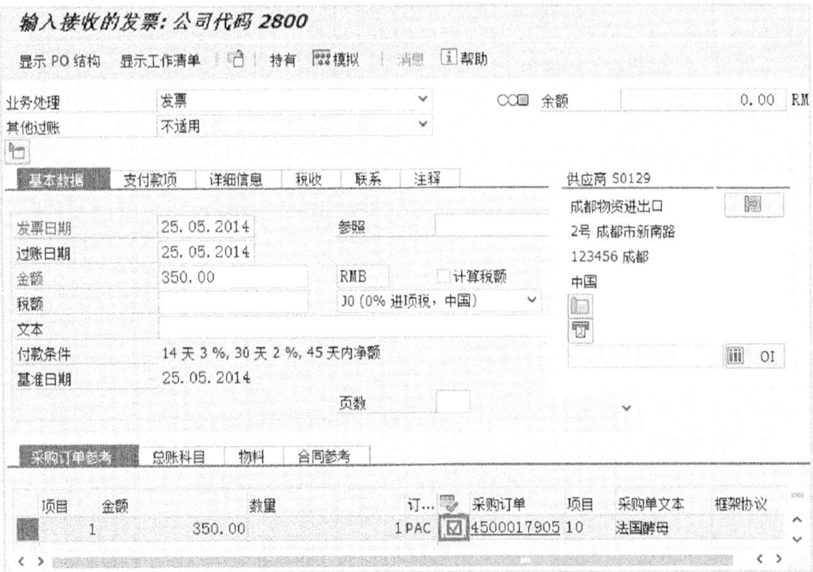

图8－57 采购付款发票生成

采购订单前打钩，检查正确后过账，按回车键确认是否正确，若无错误，点击保存，发票维护创建完成。

8.4.11 采购报表介绍

采购订单总体分析的菜单路径如表 8－19 所示。

表 8－19　　采购订单总体分析的菜单路径和事务代码

SAP 菜单	后勤 → 物料管理 → 采购 → 采购订单 → 报表 → 一般分析
事务代码	ME80FN
操作实例	图 8－58、图 8－59

首先输入查询项内容的相关内容（见图 8－58）。

（1）输入供应商：S0125。

（2）输入工厂：2810。

（3）输入凭证类型：NB。

（4）输入凭证类别：F。

钩选后进行查询，相应的数据按供应商查询的所有采购记录全部显示出来，如图 8－59所示。用户可以根据需要筛选列项，同时可以选择排列方式并保存成自己的格式，如果需要可以导出到 Excel 做进一步分析。

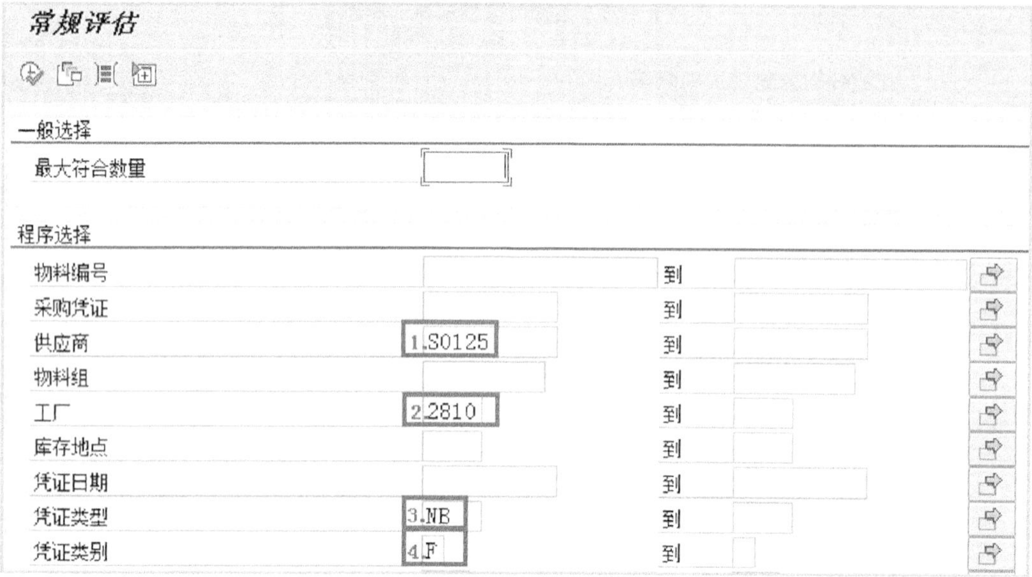

图 8－58　采购报表 查询界面

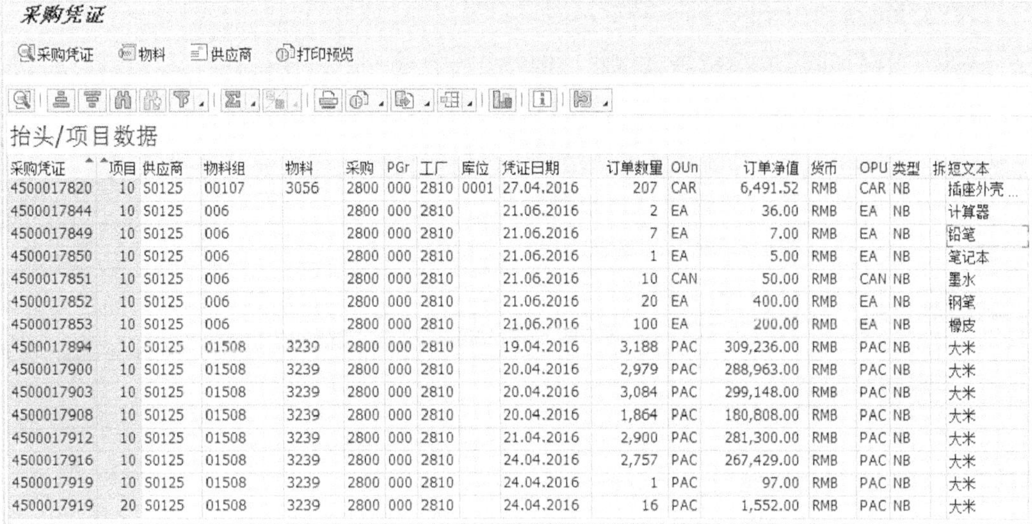

采购凭证	项目	供应商	物料组	物料	采购	PGr	工厂	库位	凭证日期	订单数量	OUn	订单净值	货币	OPU	类型	拆	短文本
4500017820	10	S0125	00107	3056	2800	000	2810	0001	27.04.2016	207	CAR	6,491.52	RMB	CAR	NB		插座外壳...
4500017844	10	S0125	006		2800	000	2810		21.06.2016	2	EA	36.00	RMB	EA	NB		计算器
4500017849	10	S0125	006		2800	000	2810		21.06.2016	7	EA	7.00	RMB	EA	NB		铅笔
4500017850	10	S0125	006		2800	000	2810		21.06.2016	1	EA	5.00	RMB	EA	NB		笔记本
4500017851	10	S0125	006		2800	000	2810		21.06.2016	10	CAN	50.00	RMB	CAN	NB		墨水
4500017852	10	S0125	006		2800	000	2810		21.06.2016	20	EA	400.00	RMB	EA	NB		钢笔
4500017853	10	S0125	006		2800	000	2810		21.06.2016	100	EA	200.00	RMB	EA	NB		橡皮
4500017894	10	S0125	01508	3239	2800	000	2810		19.04.2016	3,188	PAC	309,236.00	RMB	PAC	NB		大米
4500017900	10	S0125	01508	3239	2800	000	2810		20.04.2016	2,979	PAC	288,963.00	RMB	PAC	NB		大米
4500017903	10	S0125	01508	3239	2800	000	2810		20.04.2016	3,084	PAC	299,148.00	RMB	PAC	NB		大米
4500017908	10	S0125	01508	3239	2800	000	2810		20.04.2016	1,864	PAC	180,808.00	RMB	PAC	NB		大米
4500017912	10	S0125	01508	3239	2800	000	2810		21.04.2016	2,900	PAC	281,300.00	RMB	PAC	NB		大米
4500017916	10	S0125	01508	3239	2800	000	2810		24.04.2016	2,757	PAC	267,429.00	RMB	PAC	NB		大米
4500017919	10	S0125	01508	3239	2800	000	2810		24.04.2016	1	PAC	97.00	RMB	PAC	NB		大米
4500017919	20	S0125	01508	3239	2800	000	2810		24.04.2016	16	PAC	1,552.00	RMB	PAC	NB		大米

图 8－59　采购报表查询结果

8.5 采购管理常用代码

（1）XK01 创建供应商。

（2）ME11 创建信息记录。

（3）ME12 信息记录更改。

（4）ME21N 创建采购订单。

（5）ME22N 采购订单更改。

（6）ME51N 创建采购申请。

（7）ME52N 采购申请单修改。

（8）ME5A 采购申请报表显示。

（9）ME41N 创建报价单。

（10）ME42N 询价单修改。

（11）ME4L 询价报价单查询（按供应商）。

（12）ME4M 询价报价单查询（按物料）。

（13）ME47 报价维护。

（14）ME49 报价比较。

（15）FK03 供应商清单（单个）。

（16）MKVZ 供应商清单。

（17）ME5A 采购申请单查询。

（18）ME80FN 采购订单清单。

（19）ME1E 报价记录查询（按供应商）。

（20）ME1L 信息记录查询（按供应商）。

（21）ME1M 信息记录查询（按物料）。

（22）ME2L 采购订单查询（按供应商）。

（23）ME2M 采购订单查询（按物料）。

（24）ME1P 订单价格分析（按产品）。

（25）ME81N 订单价值分析。

8.6 本章问题

（1）供应商创建有哪些信息是必须输入的？

（2）采购申请有哪些创建方法？

（3）采购询价、报价、比价操作有什么相关之处？

（4）采购订单如何确定价格？

（5）采购的信息流中有哪些是关键信息流，每个环节的关键信息又有什么不同？

8.7 案例分析

华创力有限公司的采购策略

华创力有限公司销售一种水果饮料，该饮料每天需求为 300 瓶，库存不足时需向一家饮料供应商采购。华创力有限公司采取按日盘点库存的方法，以安全库存的标准决定是否购买这种饮料。如果需要购买，采购人员开车去饮料厂可当天买回饮料。每次去饮料厂的高速公路收费和汽油费用达 180 元，其他费用不考虑。

饮料包装是 1 箱 10 瓶，每瓶 27 元出售，财务部门如果需要估计库存的饮料变现的话，年利率至少 13%。

饮料供应商的报价如下：

（1）如果华创力有限公司采购量每次达到 700 箱，供应商将给 1.1% 的折扣；如果每次采购量达到 1300 箱，供应商将给 2.1% 的折扣。

（2）如果网上下订单给供应商，华创力有限公司估计上网费用为 9 元。华创力有限公司拟采用第三方物流公司运送饮料，至于运输费用，第三方物流公司的给定的运费报价为 8 元每箱，按包车来付费，每辆车最多可装 80 箱，每趟运费 100 元。

案例分析问题：

（1）试协助华创力有限公司制定采购策略。

（2）根据案例给定的条件，在系统中模拟下采购申请单、询价报价单，选择合理的供应商供货，然后在系统内下达采购订单订货。

本章小结

通过本章的学习，需要掌握采购管理的一些相关概念，熟悉采购管理操作的整个流程，对采购管理的每一个环节、每一个步骤都要求非常熟练的操作。采购是一个连续且环环相扣的过程，任何一个环节出现错误都会造成很大的影响，在作业过程中，必须减少意外和错误的发生。同时本章学习了采购单证、采购申请单、供应商询价报价比价单、供应商信息记录、采购订单、发票校验等的建立或维护。通过本章的学习同学们能够获得深层次的采购认识。

9 库存管理

引言 库存管理是将销售管理、生产管理和采购管理这些功能有效连接在一起，形成完整的供应链管理体系的重要组成部分。传统的库存管理是指对生产物资的进、销、存的管理。现代企业管理中，库存管理已拓展到为满足顾客需求而进行的各种仓储管理活动，包括物料的管理、仓库的管理、运输的管理等。

本章学习目的

- 理解收退货、调拨、发货、库存查询、库存盘点的相关知识点
- 掌握收退货操作步骤及流程
- 掌握调拨操作步骤及流程
- 掌握库存查询操作步骤及流程
- 掌握发货操作步骤及流程
- 掌握库存盘点操作步骤及流程

9.1 库存管理的意义

库存是为了满足顾客需求而短暂存放于仓库的有价值的资源。库存管理的任务是保证生产和销售活动的有效进行，但库存无疑会增加企业的资金负担，必须控制。因此库存管理的目的是在满足企业需求的前提下，尽最大能力降低库存，减少企业资金占用。

库存按存在的状态分有原材料库存、半成品库存、成品库存；按用途分有周转库存、安全库存、调节库存、在途库存。库存的作用主要有以下 3 个方面。

（1）满足客户预期的需求。市场是波动的，企业很难准确把握市场的销售数量或者苛刻的交货期，为了不丧失市场销售机会，企业只能按预测进行生产，并在预期的交货期内交货。这时一定会存在成品库存。

（2）平衡生产过程。生产过程中，总会出现机器异常、产品品质不佳等意外情况，为了保证生产的正常连续进行，适当的原材料库存和半成品库存是生产连续运行的保证。

（3）批量导致的成本下降。企业生产运作过程中，通常要求按客户需求的数量进行生产采购，这样可以做到零库存，但这样做有时会因为数量太少而导致生产运作成本高，为此最佳成本的采购生产数量、批量的概念应运而生。实际采购和生产过程通常按批量进行，这样运作的总成本最低，但会导致一定的库存。

库存管理的内容包括采购订单入库、退货、生产发料、产成品入库、销售发货以及库内移动和盘点，具体内容如图 9－1 所示。

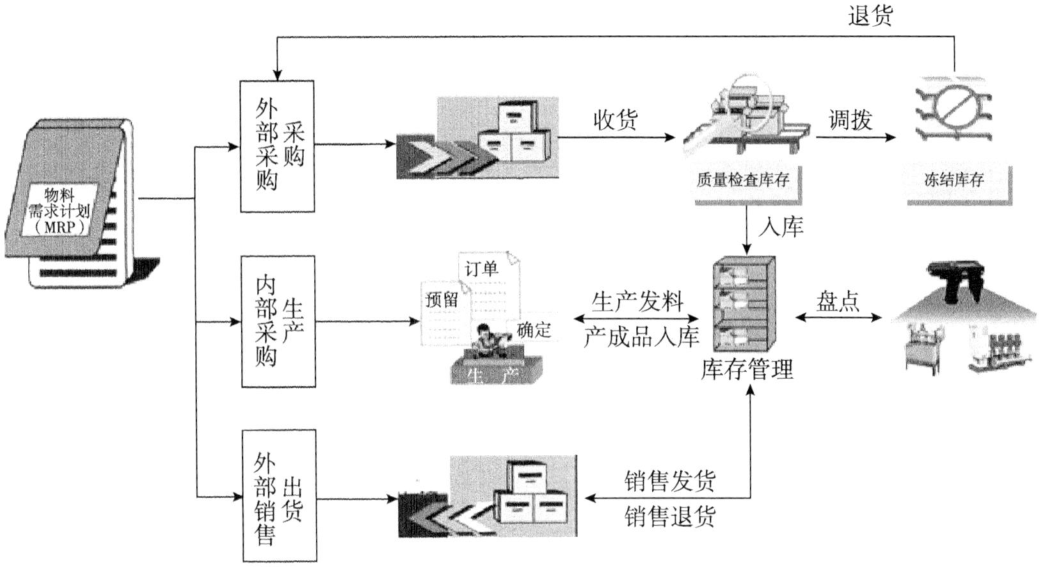

图 9－1 库存管理主要操作流程

9.1.1 基于数量管理库存

导致库存发生变化的收发记录必须实时输入系统，以保证库存总是实时最新，用户也可以随时查看最新的库存信息。这些最新的库存信息同时也应用于企业的各个部门，如采购、计划、生产、销售等。

库存变化后的任何操作记录在系统中都有保存，当对某个数量有疑问时，可在 MRP 系统中找到相关的收发记录来追溯。

9.1.2 基于金额管理库存

每当库存因为收发数量发生变化时，库存的金额也会发生变动，如当采购订单入库时，采购的金额也会随着数量带入库存；当仓库发料时，库存的金额也会随着发料数量的减少而减少。因此，仓库在收发过账时，库存金额也会发生变动。

9.2 库存管理组织结构

库存管理的组织结构如图 9－2 所示。

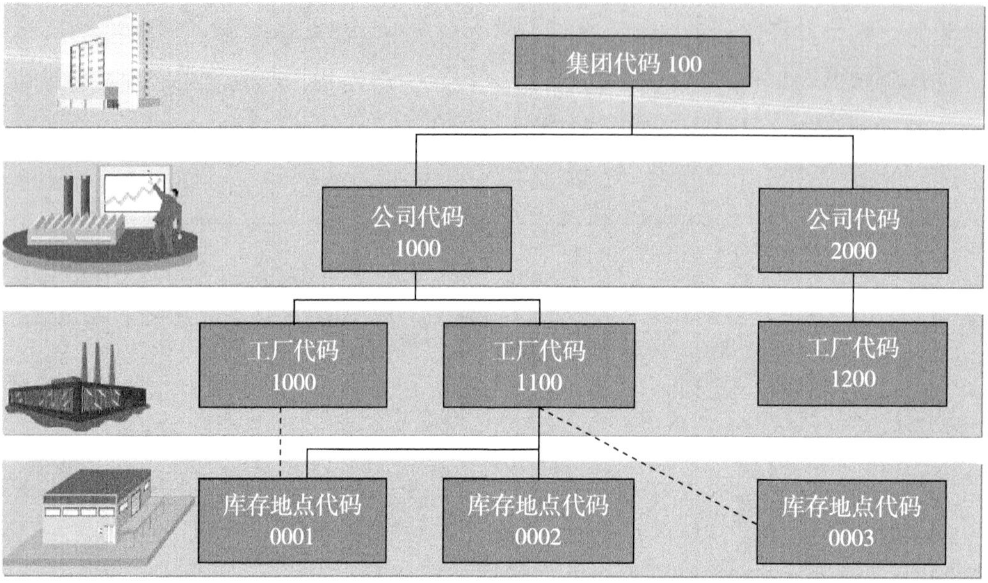

图 9－2 库存管理的组织结构

9.3 库存管理的相关概念

9.3.1 移动类型

在 SAP 中，用于区分货物不同移动方向的是移动类型。货物移动简单分为三种移动类型如图 9－3 所示：入库、出库、转移，如：101 代表物料入库、311 代表存储地点间转移、261 代表生产订单发料。移动类型在库存管理中发挥着非常重要的作用，其一，移动类型能够扮演账目检查的角色；其二，移动类型有非常重要的控制功能；其三，移动类型还能够控制数量的更新、存货价值的更新等。常用的库存移动类型及功能如表 9－1 所示。

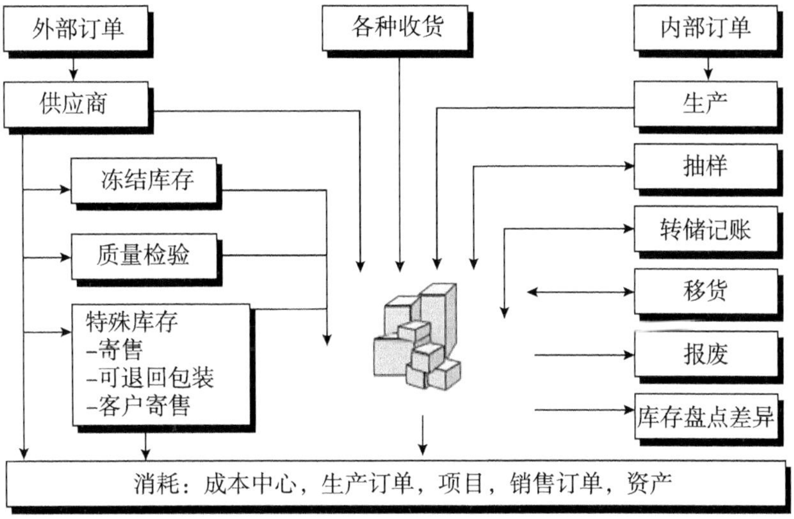

图 9－3　库存移动类型

表 9－1　　常用的库存移动类型

库存移动类型	细分功能	事务代码	移动类型
收货	采购入库	MIGO	101
出库	采购退货	MIGO	122
出库	生产订单发料	MIGO	261
收货	生产订单入库	MB31	101
出库	成本中心消耗	MB1C	201
转移	存储地点间转移	MB1B	311
出库	冻结库存报废	MB1B	555
出库	销售订单发货	VL01N	601
出库	盘点差异过账	ML09	901

9.3.2　物料凭证

物料凭证是物料移动后产生的物料凭证记录，在需要的情况下，还可以产生会计凭证。物料移动的物料凭证和会计凭证是同时创建的。

9.3.3　物料评估

物料评估的中心任务是确定并记录一个物料的库存价值。库存价值使用下列简单公式进行计算：库存价值 = 存货数量 × 物料单价，公式中的存货数量和物料单价及库存价值都保存在物料主数据中；物料的单价有两种，即移动平均价和标准价格，物料评估体现了物料管理和财务会计直接的联系，因为它在财务会计中起着更新总账账户的作用。

成本计算方法如下。

（1）首先是选择价格控制方法，通常有两种，即标准价格 S 和移动平均价 V。

（2）如果价格控制为标准价格 S，移动平均价 = ［期初库存金额（即期初库存数量 × 标准价格）+ 本期收货数量 × 物料的标准价格］/总的库存数量。

（3）如果价格控制为移动平均价 V，移动平均价 = ［期初库存金额（即期初库存数量 × 期初移动平均价）+ 本期收货数量 × 物料采购价格］/总的库存数量。

采用标准价格计价时，如果采购价格和标准价格不一致，那么差异的部分会过账到当期的损益中。

移动平均价和标准价格的不同之处在于当移动平均价在有采购订单收货后，库存价格会随采购价格变动而变动，因此移动平均价较为接近市场价。但是下采购订单时使用的价格和供应商提供的发票价格差异较大时，会导致系统价格差异较大。而采用标准价格时不存在这方面的问题，因为差异会直接过账到当期损益账户中；且当标准价格制定合理时，对财务预算制定和执行都比较有利，也便于考核，只是标准价格的计价方式不能正确反映当时的市场价格。

存货的计价方式选择不同，对企业的预算计划、财务管理和现金流量会产生的影响不同，因此选择标准计价方式还是选择移动平均计价方式应根据企业的实际情况而定。

9.4 库存管理的内容及操作步骤

9.4.1 采购订单收货

采购订单收货时，总是根据采购订单的内容进行收货，这样做有如下优势：

（1）采购订单收货时，可以直接从采购订单中的行项目中选择收货，这样可以减少数据的重复输入，避免收错货物。

（2）采购订单收货后，采购订单的历史数据和供应商评估的数据会被更新，更新后的采购订单数据便于采购人员及时跟踪监督未到货物，收货日期和交货数量也可应用于对供应商的绩效评估。

（3）供货商的发票处理是基于采购订单的收货记录进行的。

（4）收货的估价以采购订单价格和发票的价格进行。

9.4.1.1 采购订单收货概述

采购订单收货的流程有多种，不同企业基于自身的需要做不同的选择，如有些贸易企业对供应商所送货物免检，但客户退货也全部退给供应商。但有的企业对采购的原材料要控制质量，以免影响生产产品的品质。一般生产型企业要对来料进行检验，因此要求检验合格和未检验的物料分开，在系统内也要求分开以免误发误用。

1. 采购订单收货的影响

收货最直接的影响是对库存的影响；收货对财务有影响，意味着财务的支出；收货对采购订单有影响，意味着采购订单的变化；收货对历史数据的影响在于数据的变化。如图 9－4 所示产生两个凭证即物料凭证和会计凭证，收货后收货信息会自动更新物料主数据“仓库地点库存”和更新“订单历史记录”。

收货后的库存价值也会改变，但系统如何记账，取决于对收货的价值评估。

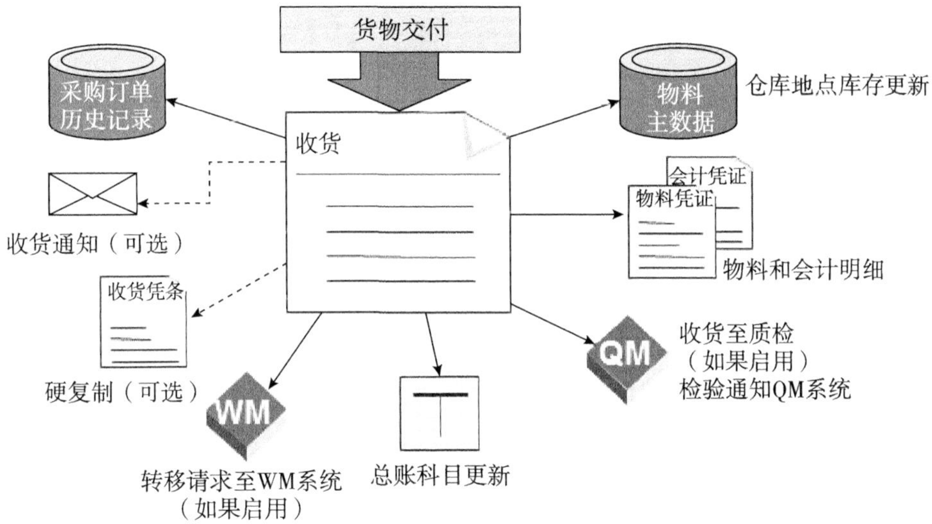

图 9－4 货物交付影响

2. 采购订单收货后的价格评估

由于每次采购的价格可能不同，就需要考虑库存计价的方法。前面讲到库存计价方法有移动平均计价和标准计价，如采用标准计价，库存价格不随采购价格变动而变动，采购价格和标准价格差异的部分在收货时直接记入采购差异；如采用移动平均计价，每次采购收货时，库存单价会发生变动。

3. 收货后的几种库存状态

收货后的物料通常有两种，即库存物料和非库存物料，库存物料又分为非限制库存、收货冻结库存、质检库存等；非库存物料收货后通常直接进入成本中心或项目。

（1）收货到非限制库存。

在 SAP 系统中，非限制库存就是不受限制可以自由收发的合格物料的库存。

（2）收货到待检库位。

对于公司规定的需要做来料检验的物料，收货后首先入库到质检库位，由品检部门抽样检验后，根据检验结论在 SAP 系统内做相应的货物移动，合格品从质检库位调拨到非限制性库存，不合格品从质检库位调拨到冻结库存，日后退给供应商。

（3）收货到冻结库存。

收货到冻结库存是指到货未检货物先收货到冻结库存，然后再申请检验。

收货操作的移动类型常用的是 101、103、105。

9.4.1.2 采购订单收货的关键字段的解释（见表 9－2）

表 9－2　采购订单收货的关键字段的解释及操作

字段名	解释	R/O	操作	备注
业务类型	指出要在系统中输入的业务交易	R	A01	
参考凭证	指出当前输入事务时参考的凭证类型	R	R01	采购订单
移动类型	货物移动的方式	R	101	用于入库
采购订单号	在此处输入采购订单号码	R	4500017954	
凭证日期	凭证处理的日期	R	23.04.2016	
过账日期	过账的日期	R	23.04.2016	

9.4.1.3 采购订单收货操作步骤

收货的根据是采购订单，因此在收货前先检查采购订单需求数量，再核点送货数量，比对送货单数量，确认正确后才能签收。

1. 采购订单收货的菜单路径（见表 9－3）

表 9－3　采购订单收货的菜单路径和事务代码

SAP 菜单	后勤 → 物料管理 → 库存管理 → 货物移动 → 货物移动
事务代码	MIGO
操作实例	图 9－5

2. 采购订单收货操作

在命令栏输入 MIGO 后，按回车键进入采购订单收货窗口，如图 9－5 所示。

（1）收货业务类型选择：A01（收货）。

（2）订单类型选择：R01（采购订单）。

（3）采购订单号码输入：4500017914。

（4）确认 GR 收货移动类型：101。

（5）检查凭证日期：23.04.2016。

（6）检查过账日期：23.04.2016。

（7）输入交货单号码：004518。

检查正确后按回车键，订单项目会自动出来。在找到需要收货的物料号后，修改需要收货的数量。

（8）选择需要收货的物料：3241。

（9）在方框内打钩。

（10）修改确认需要收货的数量。

（11）检查确认收货的库存地点，库存地点：0001，原材料库存。

（12）检查确认收货的库存类型，库存类型：质量检查。

输入完成后点击检查，如果没有错误，点击保存，系统会自动生成收货凭证号；如果有错误，会在窗口下方出现黄灯或红灯警示错误。如果是黄灯，说明有问题需要核实，请确认后再次按回车键即可保存；如果是红灯，则有错误，必须修改错误后，方可保存。

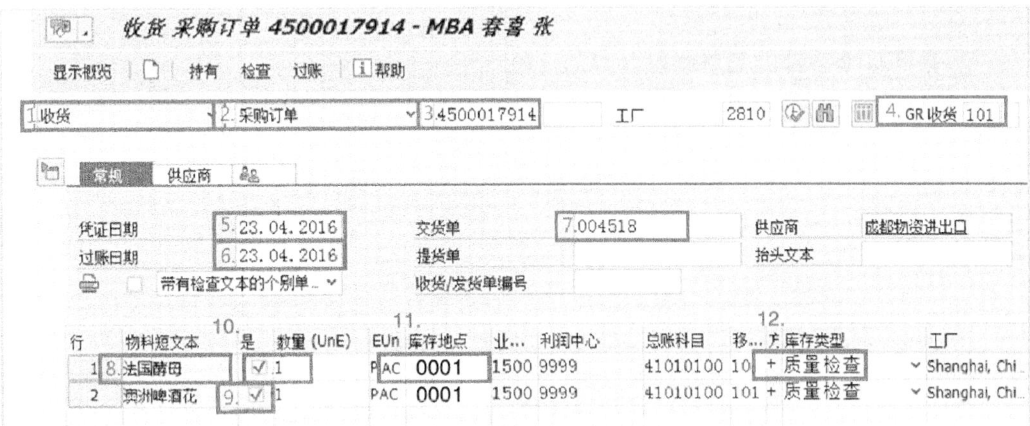

图 9-5 采购订单收货

9.4.2 采购订单退货

冲销和退货都是把材料退回供应商，但是冲销无收货凭条，而退货有退货凭条并且要和货物一起退回给供应商。

9.4.2.1 采购订单退货概述

若因销售合同变更、生产计划变更、物料存在质量问题等原因需要退货，可以与供应商协商或谈判得到同意后执行退货。退货有两种方式，一种为冲销，即将原来收货的凭证撤销；另一种为退货，通常是指从不良品库位将不良品退货给供应商。

9.4.2.2 采购订单退货的关键字段解释（见表9-4）

表9-4　　采购订单退货的关键字段解释及操作

字段名	解释	R/O	操作	备注
业务类型	指出要在系统中输入的业务交易	R	A01	
参考凭证	指出当前输入事务时希望参考的凭证类型	R	R01	采购订单
移动类型	货物移动的方式	R	161	收货退回
库存地点	退货的库位	R	0001	
移动原因	退货的原因	R	0001	破损

9.4.2.3 采购订单冲销的操作步骤

1. 采购订单冲销的菜单路径（见表9-5）

表9-5　　采购订单冲销的菜单路径和事务代码

SAP 菜单	后勤 → 物料管理 → 库存管理 → 货物移动 → 货物移动
事务代码	MIGO
操作实例	图9-6

2. 冲销操作

进入冲销初始界面窗口后，进行以下操作，如图9-6所示。

（1）首先要选择取消。

（2）选择物料凭证。

（3）输入物料凭证号：5000000770。

按回车键，原来收货的凭证出现在下列窗口，如图9-6所示。

（4）在数量前面的方框内打钩。

按保存键，冲销操作完成。

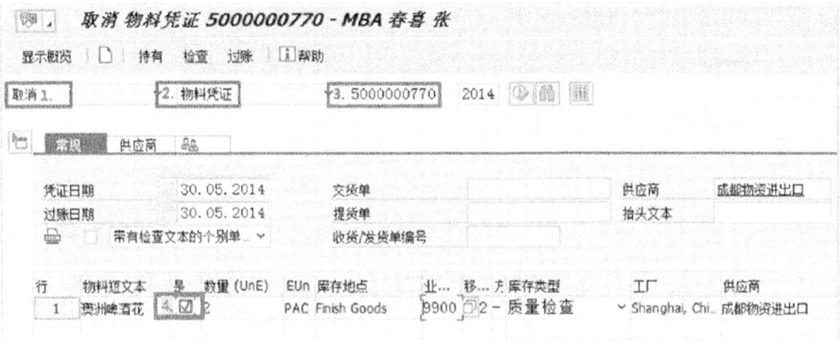

图 9-6 采购冲销操作

9.4.2.4 退货给供应商（有退货订单的退货操作）

在命令栏输入退货操作命令 MIGO，按回车键，进入下一个窗口（如图 9-7 所示）。

（1）选择收货。

（2）选择采购订单。

（3）输入退货采购订单号：4500017914，按回车键，调入原先收货时的采购凭证。

（4）移动类型确认为收货退回：161E。

（5）确认要退货的物料料号和数量。

（6）在正确的数量前的方框内打钩。

（7）输入库存地点：0001（Materials）。

（8）选择退货的库存类型：质量检查。

图 9-7 采购退货

（9）选择退货的原因：0001（破损）。

输入完成后，按回车键确认无误后保存，退货过账完成。

9.4.3 库存查询

如要知道某个物料的实时库存，则需要随时查看库存，这里查看的库存是各组织层次的库存，可以看到每个具体存储地点的库存。高一级可以看到该工厂的所有库存，再高一级可以看到该公司的所有库存。

9.4.3.1 库存查询概述

SAP 系统中的库存按库存状态分有非限制库存、待检库存、在途库存、冻结库存、退货库存；按特殊库存分有寄售库存、销售订单库存等；在库存查询时还显示采购订单未收货的数量、订单需求的数量。

9.4.3.2 库存查询的关键字段解释（见表 9－6）

表 9－6　库存查询的关键字段解释及操作

字段名	解释	R/O	操作	备注
特殊库存	用于特定用途，如销售	O	用于已经固定的用途	限制性
无限制使用	自由模式下的库存	R	可用于满足任何需求	无限制

9.4.3.3 单个料号库存查询

1. 单个料号库存查询的菜单路径（见表 9－7）

表 9－7　单个料号库存查询的菜单路径和事务代码

SAP 菜单	后勤 → 物料管理 → 库存管理 → 环境 → 库存 → 库存概览
事务代码	MMBE
操作实例	图 9－8、图 9－9

2. 库存查询初始屏幕

进入库存查询筛选屏幕，如图 9－8 所示。

（1）输入物料：3240。

（2）输入工厂：2810。

输入完成后，打钩，进入下一个窗口操作。

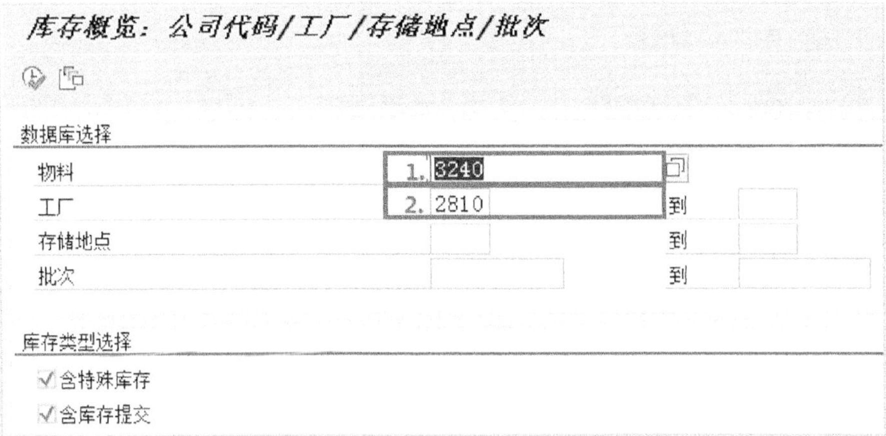

图 9-8　单个物料库存查询筛选屏幕

3. **库存查询结果显示**

进入查询结果界面，可以看见该工厂不同库位的库存，有非限制库存、质量检验库存、运输途中的库存、冻结库位库存、退货库存。在这个窗口还可以设置看到未清采购订单数量和待发生产订单数量，这样可以比较现有的库存能否覆盖生产订单需求。如果想看到更详细的库存信息可以双击【显示明细】，会出现更详细的库存列表供参考（见图 9-9）。

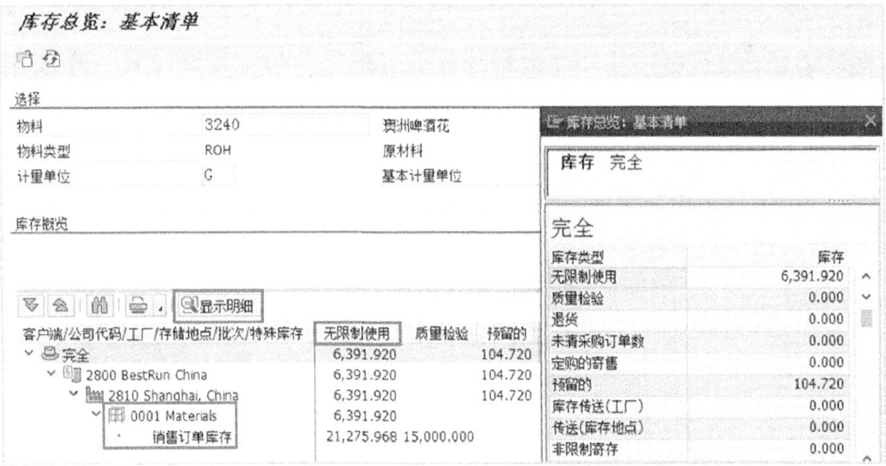

图 9-9　单个物料库存明细

9.4.4　库存调拨

库存调拨是仓库管理的需要，不仅涉及库存物料不同状态之间的调拨，还涉及库存物料不同库位之间的调拨。SAP 系统中库存调拨的代码为 MB1B。

9.4.4.1 库存调拨概述

库存调拨通常在三个层次进行：从一个公司到另一个公司；从一个工厂到另一个工厂；从一个库存地点到另一个库存地点。

具体进入的路径为【移动类型】→【转账过账】→【库存至库存】→【质检到非限制】（见图 9－10）。

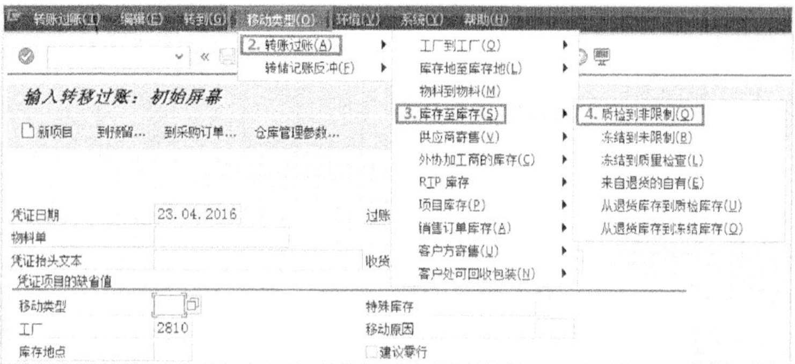

图 9－10　库存调拨

在 SAP 系统中，也可以利用库存调拨功能实现传递过账功能。但传递过账和库存调拨两者之间的区别在于传递过账通常不涉及具体的实物移动，而仅改变物料的料号或批号。

传递过账有三种类型：从一个批号到另一个批号的传递过账；从一种物料到另一种物料的传递过账；从代销物料传递到公司库存。

库存状态转移的移动类型如图 9－11 所示，主要有 8 种类型。

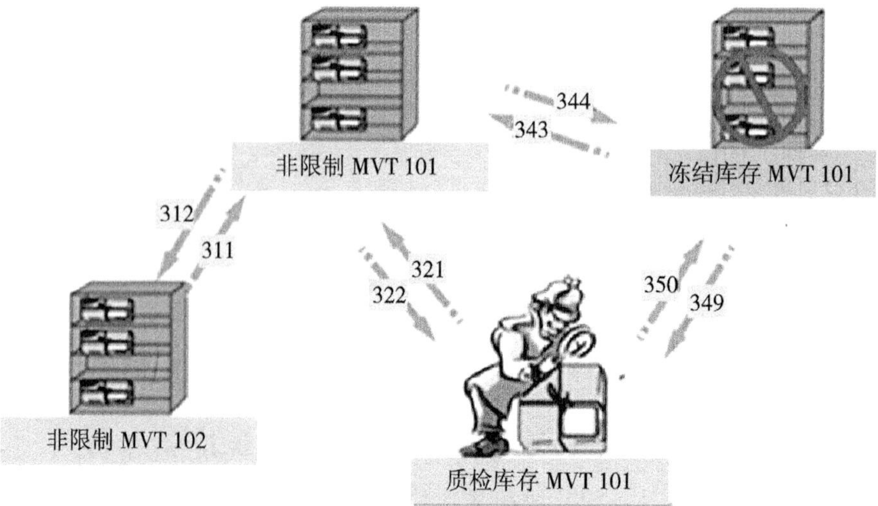

图 9－11　库存状态转移的移动类型

9.4.4.2 库存调拨的关键字段解释

表 9－8 库存调拨的关键字段解释及操作

字段名	解释	R/O	操作	备注
物料	物料代码	R	3240	
数量	具体调拨的数量	R	120	
库位	物料移出库	R	0001	原材料库
接收地点	物料移入库	R	0002	

9.4.4.3 不同库位调拨的操作步骤

1. 不同库位调拨的菜单路径

库存调拨可以分一步或两步进行。分两步时，数量从库存中移出并放入库存调拨，直至放入收货点，库存才成为非限制库存。两步库存调拨也可通过库存调拨预留使用（见表 9－9）。

表 9－9 不同库位调拨的菜单路径和事务代码

SAP 菜单	后勤 → 物料管理 → 库存管理 → 货物移动 → 转账过账
事务代码	MB1B
操作实例	图 9－12～图 9－15

2. 库位调拨操作初始屏幕

在命令栏内输入 MB1B 后，按回车键进入调拨初始界面，如图 9－12 和图 9－13 所示。

（1）选择移动类型：311。

（2）输入工厂：2810。

（3）选择调入库存地点：0002。

特殊库存标志如有可以输入，然后按回车键，进入下一个界面。

（4）输入要调拨的物料：3240。

（5）输入调拨数量：120。

（6）输入调出库位：0001。

按回车键确认无误后点击保存，调拨操作完成。

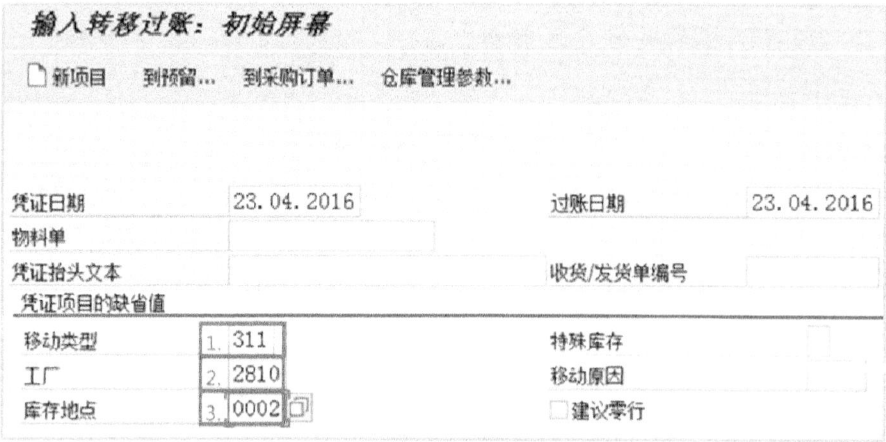

图 9－12　库位调拨 初始屏幕

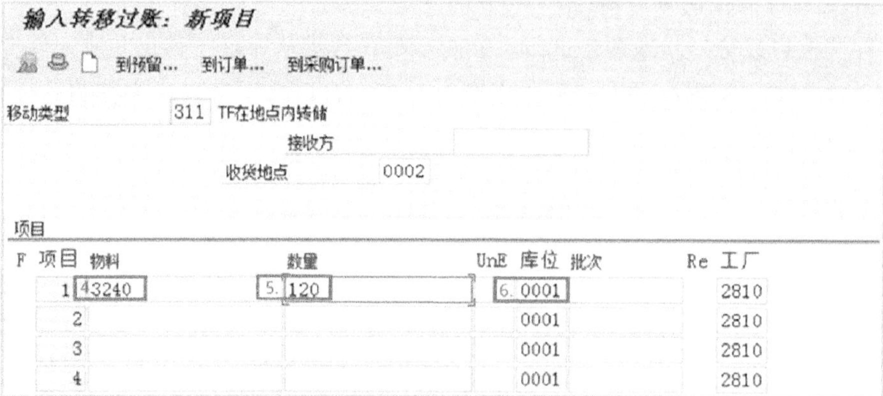

图 9－13　库位调拨 新项目

9.4.4.4　质检库存到非限制性库存调拨

当入库到质检库位的物料经检验合格后，需要从质检库存调拨到非限制库存，具体操作为在命令栏内输入 MB1B，按回车键进入调拨初始界面，如图 9－14 和图 9－15 所示。

（1）选择移动类型：321。

（2）输入工厂：2810。

（3）选择调出的库位：0001。

（4）选择或输入需要调拨到的收货地点：0002。

（5）输入物料：3241。

（6）输入需要调拨的数量：12。

输入完成后，按回车键确认无误，点击保存，调拨完成。

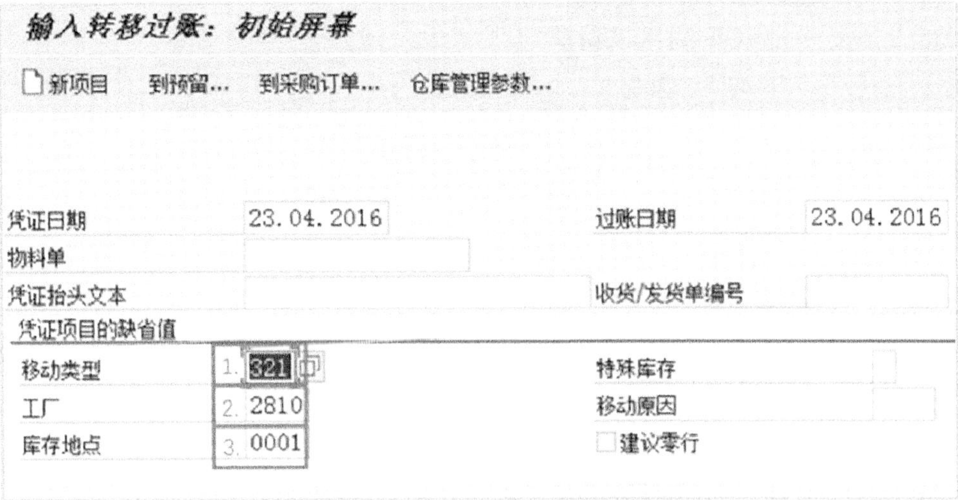

图 9－14 输入转移过账 初始屏幕

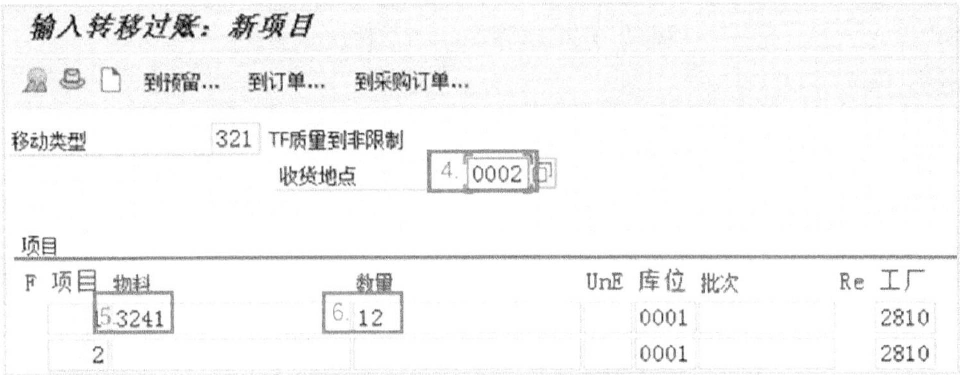

图 9－15 输入转移过账 新项目

9.4.5 发料过程

发料过程实际上是将物料从库存转移至生产的过程。发料使库存下降、生产成本上升，发料分计划内发料（生产工单发料）和计划外发料（生产成本发料）。

9.4.5.1 发料过程概述

发料会减少库存，物料主数据中的库存显示也会更新；发料同时会生成发料凭证和会计记账凭证。物料发货业务种类有：生产订单发料、预留、成本中心发料、项目订单发料、外协发料、样品抽取和物料报废。

9.4.5.2 发料过程关键字段解释（见表9－10）

表9－10　　发料过程关键字段解释及操作

字段名	解释	R/O	操作	备注
移动类型	货物移动的方式	R	261	
工厂	生产及储存物资的工厂	R	2810	
库存地点	货物存放的地点	R	0001	原材料库
生产订单	用来生产成品的订单	R	60004111	

9.4.5.3 库存物料发料的菜单路径（见表9－11）

表9－11　　库存物料发料的菜单路径和事务代码

SAP 菜单	后勤 → 物料管理 → 库存管理 → 货物移动 → 发货
事务代码	MB1A
操作实例	图9－16～图9－30

库存物料发料一般是根据生产订单发料，计划部门在生成生产订单时，同时会生成并打印领料单，领料单上系统会给出建议需要发料的物料料号、名称、数量、库存地点等。

在命令栏内输入 MB1A，按回车键进入发货窗口，如图9－16所示。

（1）选择发货。

（2）选择订单。

（3）输入生产订单的订单号：60004111。

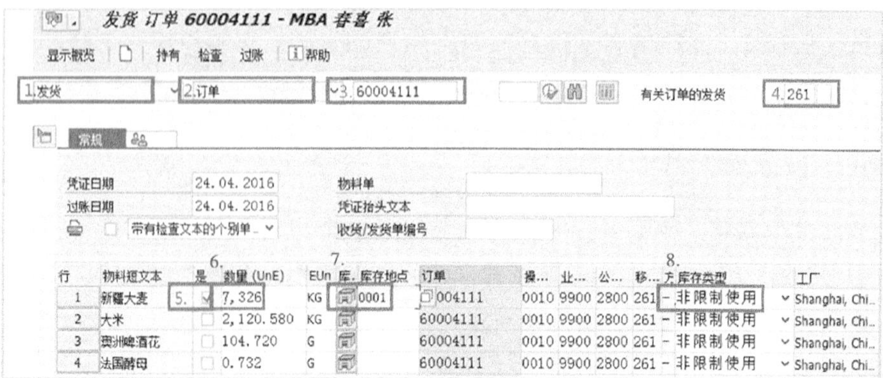

图9－16　生产订单发料

（4）移动类型选择：261。

（5）确认发货数量，并打钩。

（6）确认或修改发货数量。

（7）输入库存地点：0001。

（8）选择库存类型：非限制使用。

输入完成后，按回车键确认，无误后点击保存，发货完成。

9.4.5.4 库存物料发料的批量处理

库存物料发料的批量处理代码为 CO29/COOIS，通过输入发料查询条件，查询需要发料的生产工单组件的清单，点击拣配按钮，即显示【拣配清单】（如图 9－17 所示），每张拣配清单中，都会列出所有待发的生产订单号码及其待发的物料料号和数量。单击【批次确定】和【库存确定】功能键，系统会自动确定待发物料的批次和数量，如有变动，可以手动输入批次或修改库位，完成操作后，系统会自动生成发料凭证，实现生产订单的批量发料。

订单信息系统 - 项目

订单	项目编号	物料	物料描述	数量	报废	收货预计	GR 量	订单单位
60004105	1	3249	燕山啤酒（640mL）	55	0	0	0	CAN
60004111	1		燕山啤酒（640mL）	55	0	0	0	CAN
60004106	1		燕山啤酒（640mL）	450	0	0	0	CAN
60004088	1		燕山啤酒（640mL）	1,209	9	0	1,200	CAN
60004108	1		燕山啤酒（640mL）	1,222	22	0	0	CAN
60004109	1		燕山啤酒（640mL）	1,447	7	0	0	CAN
60004110	1		燕山啤酒（640mL）	1,631	11	0	0	CAN
60004107	1		燕山啤酒（640mL）	1,799	11	0	1,788	CAN
60004090	1		燕山啤酒（640mL）	1,895	11	0	1,884	CAN

图 9－17 库存物料发料 批量处理

9.4.5.5 库存物料退料操作步骤

退料过程实际上是发料的反向操作，移动类型是 262。在命令窗口输入 MB1A，按回车键后进入生产退货的初始屏幕，输入退货操作的日期，选择移动类型：262，输入工厂：2810，按回车键进入退货窗口操作，如图 9－18 所示。

（1）输入物料：3240。

（2）输入数量：2。

（3）输入库位：0002。

输入完成后，按回车键确认，无误后点击保存，退货操作完成。

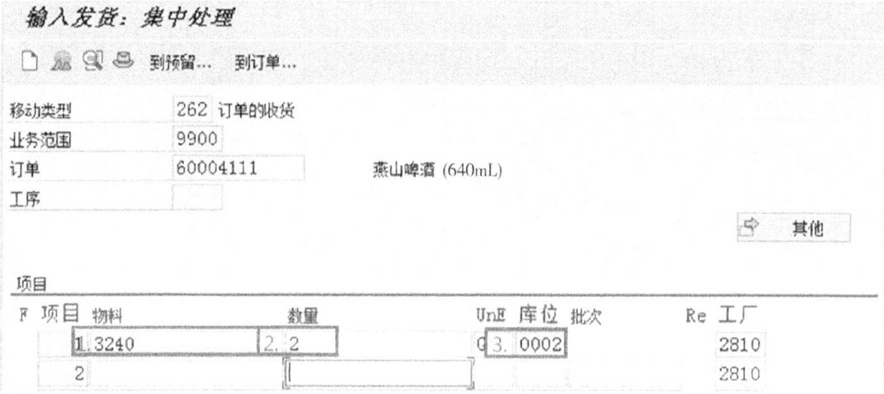

图 9－18 生产订单退货操作

9.4.5.6 预留操作步骤

预留是按工单需求预先将库存物料有计划地调拨给该工单的操作过程，因此预留也称为计划移动，预留对成本控制和仓库管理会产生影响，直接导致成本增加，仓库管理也变得复杂。预留会对货物接收计划、发货计划以及转储计划产生影响，货物接收计划会比销售订单接收的货物数量要多，而对发货计划能快速作出反应、满足客户要求、提高服务能力，这要求我们对预留作出合理判断，才能获得最大的收益。预留操作后在系统中有以下几种变化：

（1）系统创建了预留单，可作为物料需求凭证。

（2）在物料主数据记录中，非限制库存数量保持不变，预留库存增加预留的量。

（3）在 MRP 计算中，预留操作的物料可用量减少了预留数量。

（4）保证预留的物料不被占用，只能留给预留的工单或部门使用。

预留的操作步骤如下。

在命令栏输入 MB21，按回车键进入预留操作，如图 9－19 和图 9－20 所示，输入相关的内容。

（1）输入基准日期：24.04.2016。

（2）输入移动类型：261。

（3）输入工厂：2810。

输入完成后，按回车键进入下一个窗口的设置。

（4）输入预留的订单号码：60004111。

（5）输入物料：3238。

（6）输入预留数量：32。

（7）输入库位：0001。

输入完成后，按回车键确认，无误后点击保存，预留操作完成。

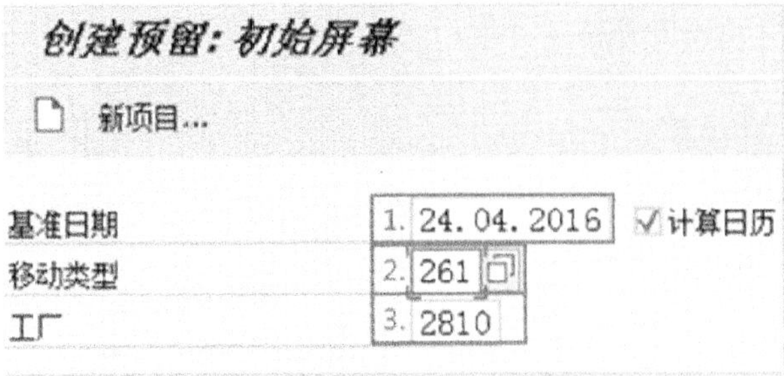

图9-19 创建预留操作 初始屏幕

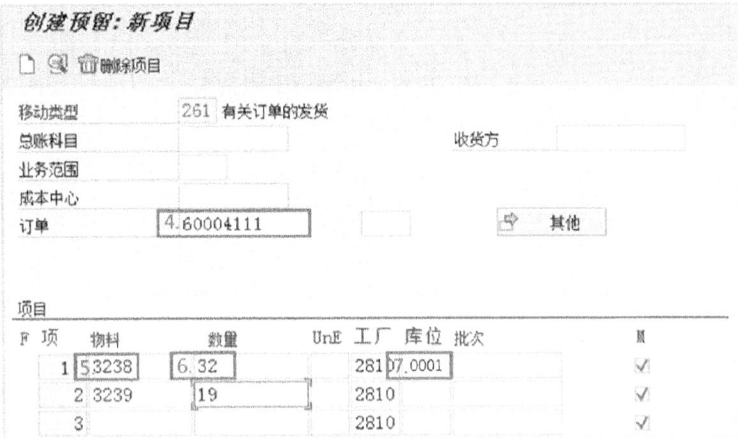

图9-20 创建预留操作 新项目

9.4.5.7 成本中心发料操作步骤

无生产订单发料又称成本中心发料，是指待发物料不在生产订单的发料清单内，无法使用生产订单发料，只能直接发到成本中心内，月底由财务部门将所有成本中心的成本分摊到相应订单中。具体操作如下。

在命令栏内输入操作命令 MB1A，后进入成本中心发货初始窗口，如图9-21和图9-22所示。

（1）选择移动类型：201。

（2）输入工厂：2810。

按回车键，进入下一个窗口。

（3）输入成本中心：12008。

（4）输入物料：3239。

（5）发料数量：15。

（6）输入库位：0001。

输入完成后，按回车键确认，无误后点击保存，成本中心发料完成。

图 9－21　成本中心发料 初始屏幕

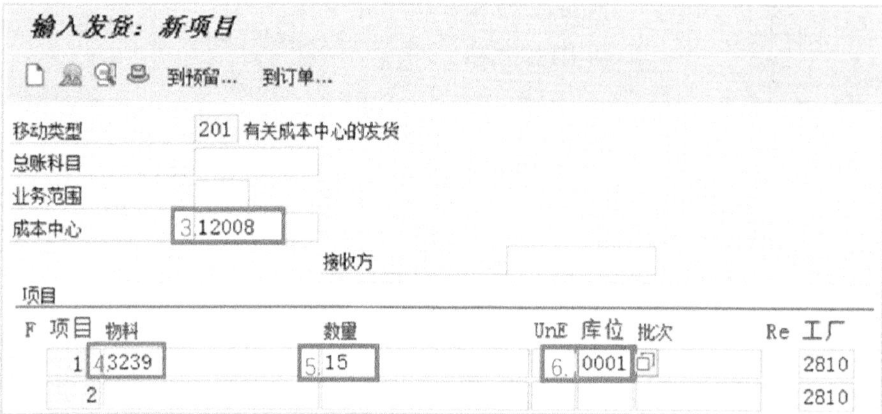

图 9－22　成本中心发料 新项目

9.4.5.8　发料到外协供应商

同样也可以发料到外协供应商。在命令栏内输入 MB1A，按回车键进入外协发料初始窗口。如图 9－23 和图 9－24 所示。

（1）选择移动类型：541。

（2）输入工厂：2810。

（3）输入库存地点：0001。

按回车键，进入下一个窗口。

（4）输入供应商：s0113。

（5）输入物料：3241。

（6）输入发料数量：5。

（7）输入发料库位：0001。

输入完成后，按回车键确认，无误后点击保存，外协发料完成。

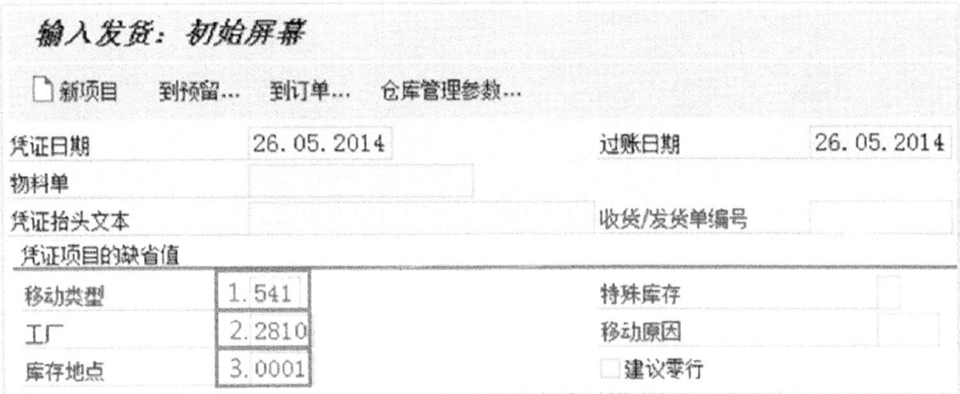

图 9－23　外协发料 初始屏幕

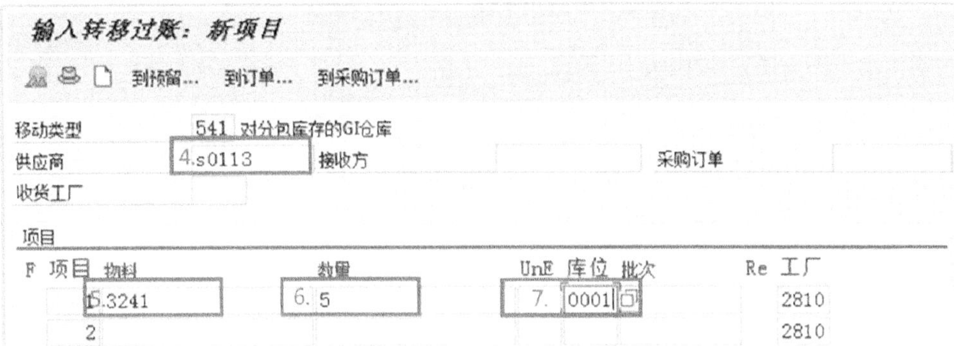

图 9－24　外协发料 新项目

9.4.5.9　报废操作步骤

1. 报废调拨

对于要报废的物资首先要调拨到冻结库存，在命令栏输入 MB1B 后，按回车键进入转移过账初始屏幕，如图 9－25 所示。

（1）选择移动类型：344。

（2）输入工厂：2810。

（3）输入库存地点：0001。

输入完成后，按回车键进入下一个转移过账窗口，如图 9－26 所示。

（4）输入待过账的物料：3240。

（5）输入过账数量：15。

输入完成后，按回车键确认，无误后点击保存，报废调拨完成。

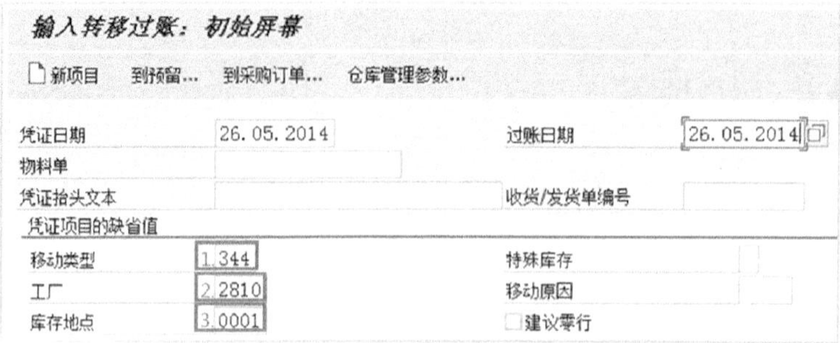

图 9－25　报废操作 初始屏幕

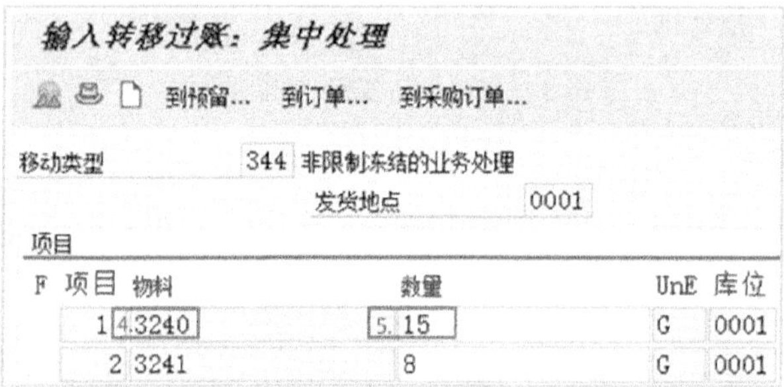

图 9－26　报废操作 集中处理

2. **打印报废清单**

在命令栏输入 MB52，进入报废清单查询打印窗口，如图 9－27 所示。

（1）输入工厂：2810。

（2）输入库存地点：0001。

（3）输入移动类型：555。

输入完成后，打钩，进入查询报废打印明细，如图 9－28 所示，按工具栏内的【打印】按钮打印。报废清单需要领导批准后才能执行报废操作。

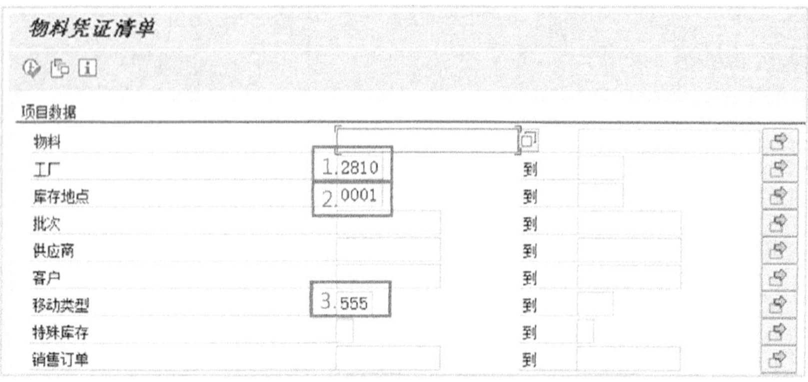

图 9－27　报废清单打印 选择屏幕

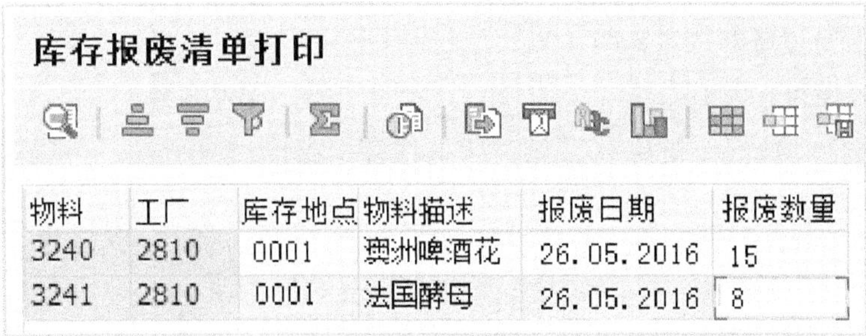

图 9－28 报废清单打印

3. 报废过账

获得领导的报废批示后，进入系统过账阶段。在命令栏输入 MB1A，进入报废过账操作窗口，如图 9－29 和图 9－30 所示。

（1）输入移动类型：555。

（2）输入工厂：2810。

（3）输入成本中心：12008。

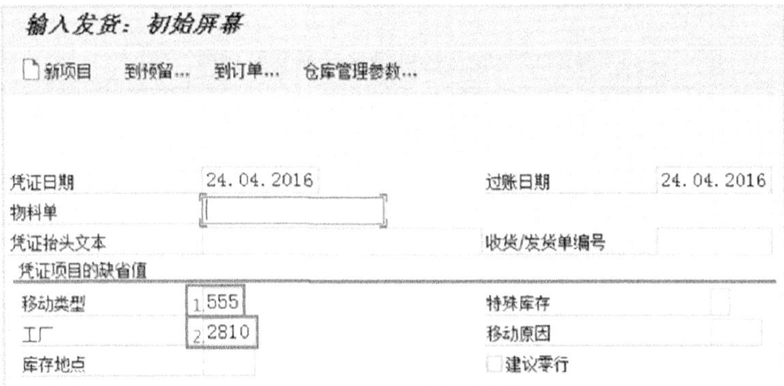

图 9－29 报废过账 初始屏幕

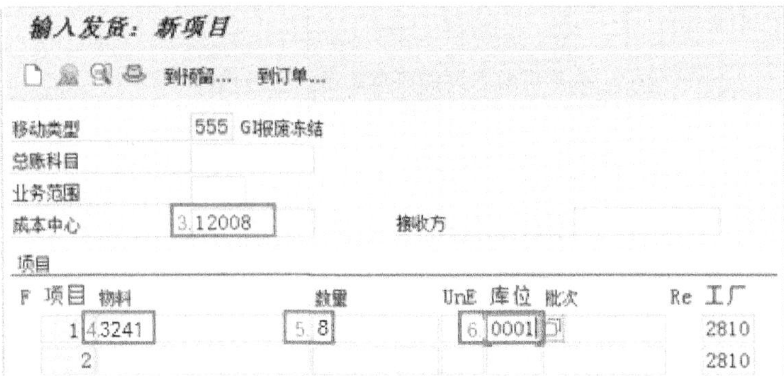

图 9－30 报废过账 新项目

（4）输入要过账的物料：3241。

（5）输入要过账的数量：8。

（6）输入库位：0001。

输入完成后，按回车键确认，无误后点保存，报废过账成功。可以通过查询库存和移动凭证确认报废过账结果。

9.4.6 生产订单收货

生产订单收货是指生产订单生产出的成品的入库过程，半成品入库过程也是一样操作。

9.4.6.1 生产订单收货概述

一旦生产订单完成后，所生产的货物需要入库保管。收货的流程包含了品质检验与数量的确认。任何货物品质不良或数量短缺时，入库的货物将被冻结，直至完成品质确认和数量清点清楚。

9.4.6.2 生产订单收货的关键字段解释（见表 9－12）

表 9－12　　生产订单收货的关键字段解释及操作

字段名	解释	R/O	操作	备注
移动类型	货物移动的方式	R	101	生产订单收货
库存地点	货物储存地点	R	0002	成品库位
订单	生产订单号码	R	600004111	
工厂	工厂代码	R	2810	

9.4.6.3 生产订单收货的操作步骤

1. 生产订单入库的菜单路径（见表 9－13）

表 9－13　　生产订单入库的菜单路径和事务代码

SAP 菜单	后勤 → 物料管理 → 库存管理 → 货物移动 → 收货
事务代码	MB31
操作实例	图 9－31、图 9－32

2. 生产订单收货初始屏幕

在命令栏内输入 MB31，进入生产订单的收货操作窗口，如图 9－31 和图 9－32 所示。

（1）选择移动类型：101。

（2）输入订单号码：60004111。

（3）输入工厂：2810。

（4）输入库存地点：0002。

按回车键，进入下一个窗口。

（5）确认或修改入库数量：55。

输入完成后，按回车键确认，无误后点击保存，生产订单入库完成。

如果需要入库的数量未完成入库，系统会提示。如果是分批入库，如此次只入库50，直接双击回车键即可完成入库操作。

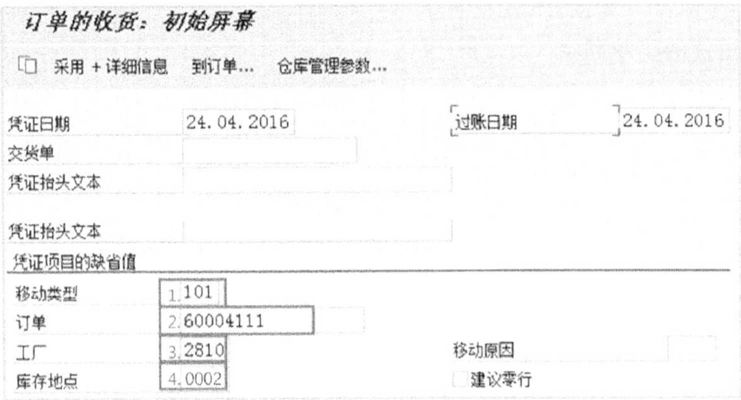

图 9－31 生产订单收货 初始屏幕

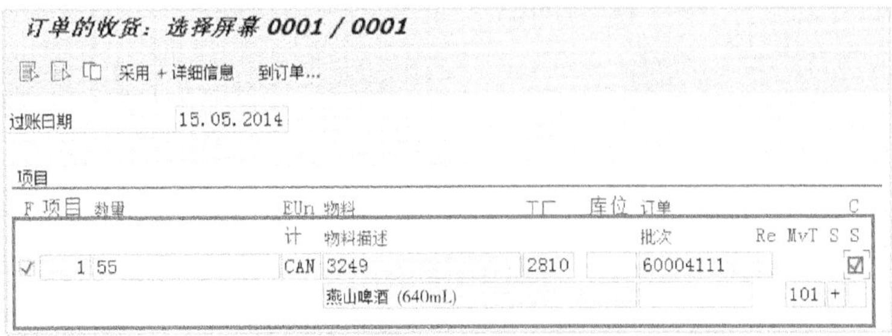

图 9－32 生产订单收货 选择屏幕

9.4.7 销售出货

9.4.7.1 销售出货概述

销售出货的功能涉及库存数量和财务存货资产的减少，同时也意味着应收账款的增加。销售出货完成后，仓库的工作就交接给运输部门，开启运输的货物跟踪，直到客户签收。

9.4.7.2 销售出货关键字段解释（见表 9－14）

表 9－14　　销售出货的关键字段解释及操作

字段名	解释	R/O	操作	备注
外向交货	外向交货的交货单	R	80009119	
库存地点	货物储存的地点	R	0002	成品库位
拣配数量	本次发货实际数量	R	4.583	

9.4.7.3 销售出货操作步骤

1. 销售发货的菜单路径

表 9－15　　销售发货的菜单路径和事务代码

SAP 菜单	后勤 → 后勤执行 → 外向处理 → 外向交货的发货 → 外向交货 → 更改
事务代码	VL02N
操作实例	图 9－33

2. 销售出货

在命令栏内输入 VL02N，按回车键进入销售单的查询修改窗口，在完成拣选货物的操作后可进行出库操作，如图 9－33 所示。

在初始窗口输入出货单号码：80009119，按回车键，进入销售订单修改窗口。

（1）输入拣选库位：0002。

（2）输入拣配数量：4.583。

（3）点“过账发货”，销售订单发货完成。

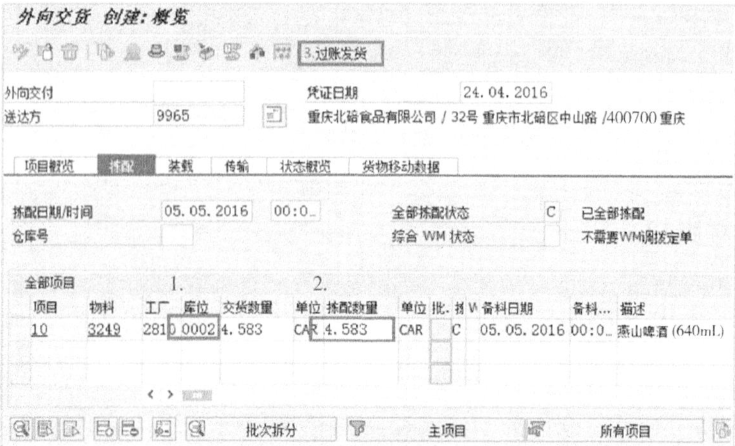

图 9－33　销售出货

9.4.8 盘点

盘点是指定期或不定期重新清点库存数量的过程。由于仓库货物每天进出频繁容易出现差错，盘点时可以对仓库现有物品的实际数量与系统账上的数量相核对，以保证账物相符。

库存盘点的目的就是要保证库存账物相符，盘点时如发现账物不相符，就需要通过盘盈盘亏的方法对系统账目进行调整以保证账物相符。经核实后确实有差异的物料要报请领导批准，才能将差异过账到盘点损益账户中去。盘点时通常会根据 ABC 法则，进出频率较大的 A 类货物要优先安排盘点并增加盘点的频率；对于进出频率较低的 C 类货物，则要减少盘点的频率。

9.4.8.1 仓库盘点的概述

SAP 提供了标准的盘点流程如图 9 - 34 所示 ，包括从生成盘点文档到打印盘点单，再到现场盘点以及输入盘点结果和处理差异的整个过程。

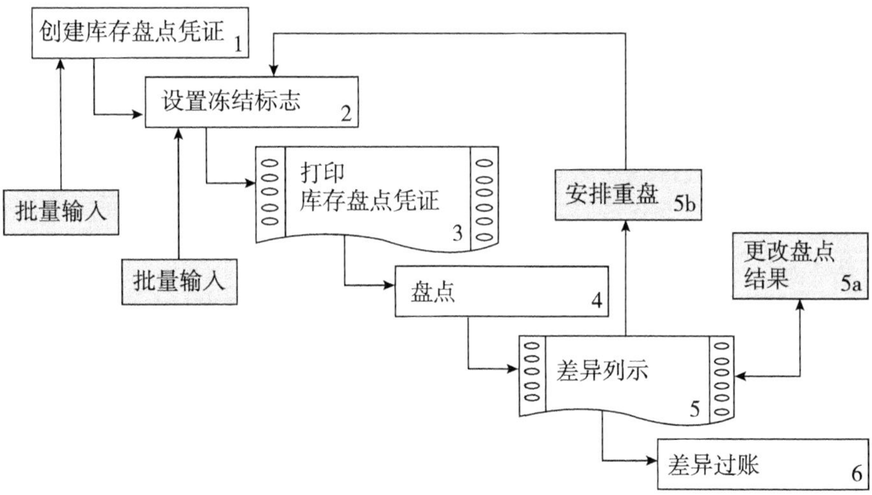

图 9 - 34 盘点流程

（1）周期性（定期）盘点：指盘点周期固定，如一个月、半年、一年等进行一次盘点。周期长短的确定，以盘点的重要性及其所花的时间为参考。

（2）连续性盘点：这种方法实际上是按顺序分架位来进行盘点。如一个仓库有 12 个架位，为了降低对生产活动的影响，全部盘点需要两周的话，那每个月只盘点一个架位的库存，一年内把所有的架位都盘点一次。好处在于一次只盘点一个架位，其他架位的盘点的收发就不受影响。

（3）循环盘点：对不同收发频率的物料采用不同的频率来盘点。假如有 1000 种物料，根据其流转的快慢，其中有100种物料流动量特别大，占整个库存消耗量的70%，就将其设为A类，由于收发频繁，出错的概率较大，因此这种物料需要每个月盘点一次，一年就要盘点12次；有200种物料流动量较小，占整个库存消耗量的20%，因此设为B类，规定3个月盘点一次，一年要盘点4次；还有700种物料流动很少，占整个库存消耗量的10%，将其设为C类，一年盘点一次。循环盘点的核心在于依据一定的标准，对不同的物料设定不同的盘点频率，降低盘点的工作量，提高盘点的精度，属于比较科学的方法，但是就划分物料的标准而言，SAP仅支持按照消耗量的大小区分，这是其不足之处。

（4）抽样盘点：这种方法最为简单，基本上是以监督为目的。通常是每季度末要出季报，审计公司派会计师进行抽样盘点，会计师随机从系统里抽出一部分物料进行盘点，将实物和系统里的数量对比，计算出库存准确率。如果在要求的百分比内，就可以认定系统的账务准确，依据其出具财务报表。

9.4.8.2 库存盘点的关键字段解释（见表9－16）

表9－16　　库存盘点的关键字段解释及操作

字段名	解释	R/O	操作	备注
盘点凭证	进行盘点的单证	R	100000130	
会计年度	进行盘点的当年	R	2014	
凭证日期	库存盘点凭证日期	R	24.04.2014	
计划盘点日期	计划盘点时间	R	24.04.2014	

9.4.8.3 单个库存产生盘点的操作步骤

1. 单个库存盘点创建的菜单路径（见表9－17）

表9－17　　单个库存盘点创建的菜单路径和事务代码

SAP菜单	后勤 → 物料管理 → 库存盘点 → 库存盘点凭证 → 创建
事务代码	MI01
操作实例	图9－35～图9－45

2. 创建库存盘点凭证：初始屏幕

进入初始屏幕窗口，进行如下操作（见图9－35）。

（1）输入凭证日期：24.04.2016。

（2）输入计划盘点日期：24.04.2016。

(3) 输入工厂：2810。

(4) 输入库存地点：0001。

如果需要盘点特殊库存，则需要在特殊库存项设置，设置完成后按回车键。

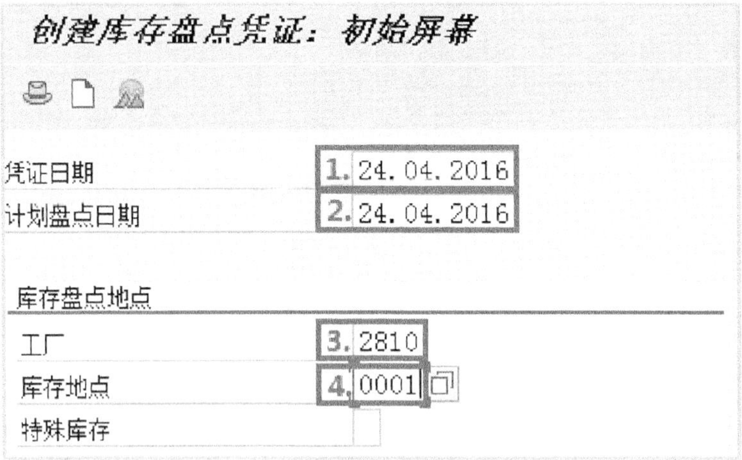

图 9－35 盘点凭证创建 初始屏幕

3. 创建盘点的物料

在下一个窗口输入需要盘点的物料：3238，按回车键，物料描述自动生成后点击保存，系统自动生成一张盘点单（盘点凭证），记录下盘点单单号即可（见图 9－36）。

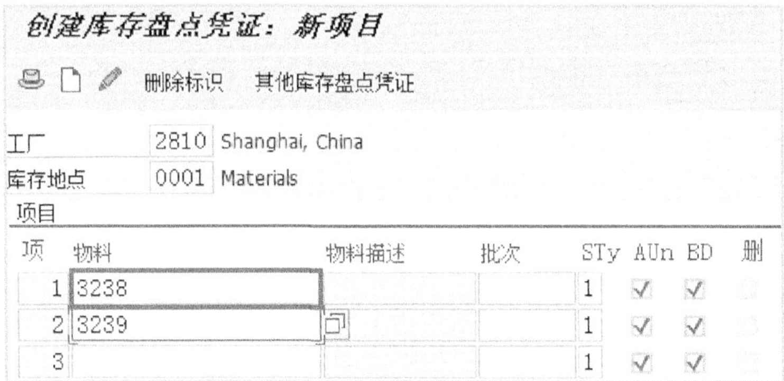

图 9－36 盘点凭证创建

4. 打印库存盘点凭证

进入系统主界面，在命令栏输入 MI21，进入库存盘点凭证打印界面，如图 9－37 和图 9－38 所示。

(1) 输入待打印的盘点凭证：100000130。

(2) 输入会计年度：2014。

(3) 工厂：2810，按回车键，其他内容自动产生。

设置打印输出设备：LOCL，点击打印直接将盘点单打印出来。

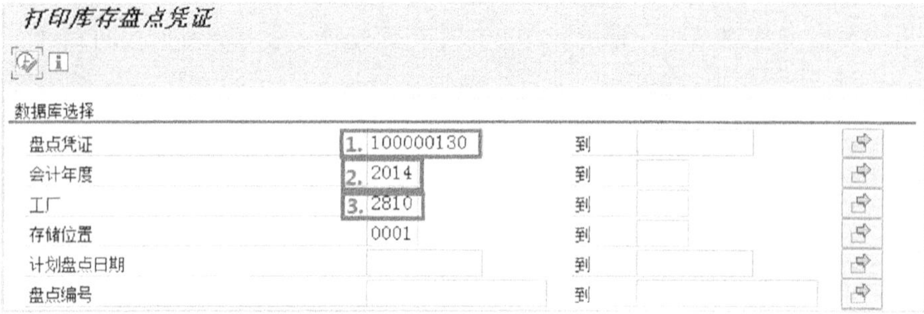

图 9－37　库存盘点凭证打印

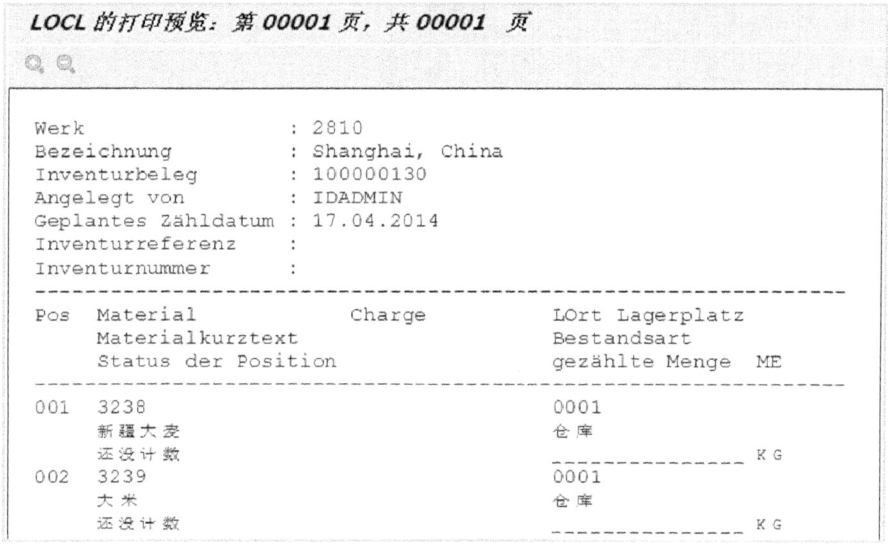

图 9－38　库存盘点凭证 打印预览

5. **初始盘点**

根据打印盘点单的料号和库存地址，到实际现场盘点，并将盘点结果写在盘点单上。

6. **输入初始盘点结果**

在命令栏窗口输入 MI04，按回车键进入盘点结果输入界面（见图 9－39 和图 9－40）。

（1）输入库存盘点凭证：100000130。

（2）输入会计年度：2014。

（3）输入盘点日期：24. 04. 2016。

按回车键，在下面一个窗口直接输入盘点结果。

（4）输入数量：15。

如果还有其他物料，继续输完，盘点结果输完后按保存。

若出现盘点结果是 0 的情况，不需要输入盘点结果 0，但需要在后面的方框内打钩。

图 9－39　盘点单输入 初始屏幕

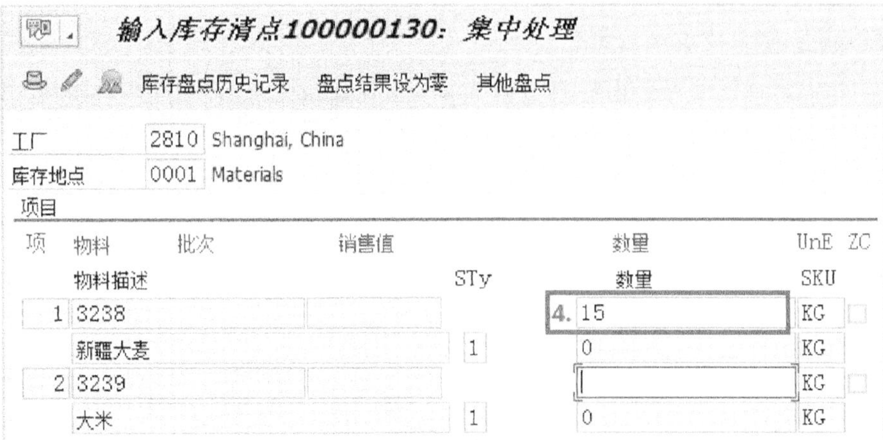

图 9－40　盘点单输入

7. **库存盘点差异清单显示**

若要调看库存盘点差异清单，在命令栏输入 MI20 后按回车键，则进入库存差异清单查询窗口。输入需要查询盘点差异的盘点凭证号：100000130，输入工厂：2810，按回车键，进入下一个窗口，此时显示了该库存盘点的差异清单（如图 9－41 所示），可以直接打印用于复盘；也可以导出到 Excel 进行筛选，只将有差异的项筛选出来；或只打印盘点有差异的盘点数，将系统数量删除，以保证复盘结果的正确性。

库存差异清单

记账差异　更改盘点　输入库存清点　未入账凭证清单

PhysInvDoc	项目	物料	批次	工厂	库位	账面数量	已盘点数量	差额数量	计	差额	货币	S
100000130	1	3238		2810	0001	0.000	15.000	15.000	KG	50.10	CNY	
100000130	2	3239		2810	0001	0.000	19.000	19.000	KG	73.72	CNY	

图 9－41　库存差异清单

8. **库存盘点差异确认**

拿到打印的库存盘点差异清单后，再次到现场复盘。

9. **库存盘点差异修改**

复盘结果输入时，同样在命令栏窗口输入 MI04，但需要进行更改操作，选择【库存盘点】进入【更改】菜单或直接点击工具修改，进入复盘结果输入界面（如图 9－42 和图 9－43 所示）。

（1）输入库存盘点凭证：100000130。

（2）输入会计年度：2014。

（3）输入盘点日期：24. 04. 2016。

（4）修改物料 3238 的盘点数量：13。

按回车键，在下面一个窗口直接输入复盘盘点数量，如果还有其他物料，则继续输完，最后点击保存。

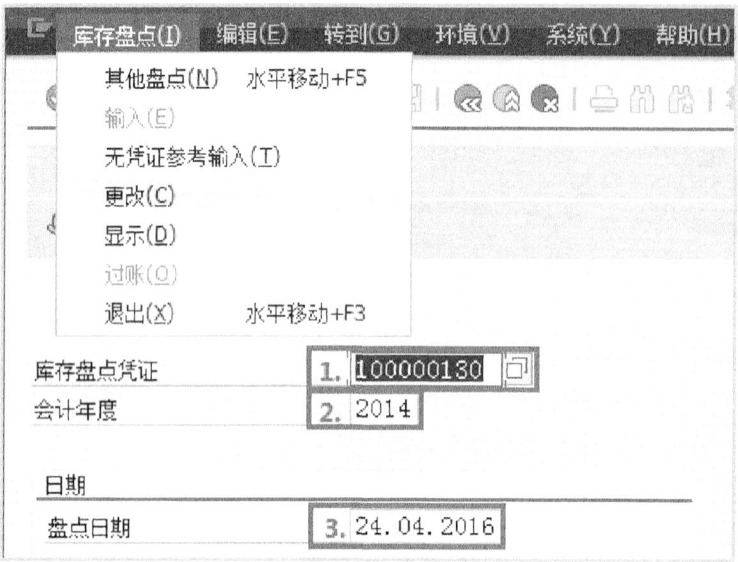

图 9－42　复盘结果输入 初始窗口

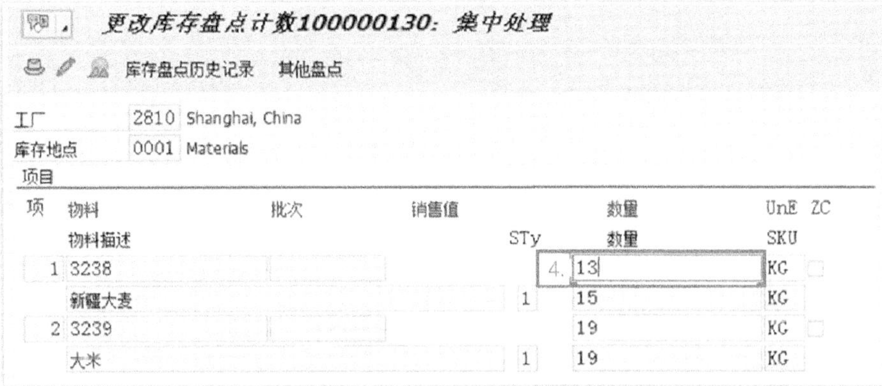

图 9－43 复盘结果输入

10. 库存盘点差异过账

库存盘点差异经过反复确认后，需要用命令 MI21 导出最终盘点差异报告，同时解释差异原因，以便报请领导审批。审批完成后，差异需要过账更改系统库存（见图 9－44和图 9－45）。

在命令栏输入 MI09，出现过账库存差异初始屏幕。

（1）输入库存盘点凭证号码：100000130。

（2）输入会计年度：2014。

（3）输入过账日期：08. 05. 2014；按回车键进入下一个窗口。

在下一个窗口，选择需要进行过账的行，在项前面的方框内打钩并输入差异原因后保存，过账成功。可以输入 MMBE 查看库存变化情况，也可以输入 MB51 查看库存变动的操作记录行。

图 9－44 盘点差异过账 初始屏幕

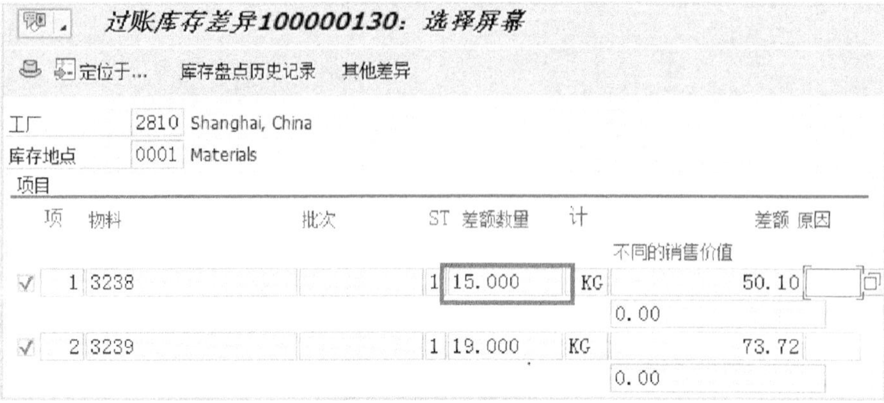

图 9 – 45　盘点差异过账

9.4.8.4　批量库存盘点

1. 批量库存产生盘点单的菜单路径（见表 9 – 18）

表 9 – 18　批量库存产生盘点单的菜单路径和事务代码

SAP 菜单	后勤 → 物料管理 → 库存盘点 → 会话 → 创建库存盘点凭证 → 无特殊库存
事务代码	MI31
操作实例	图 9 – 46、图 9 – 47

2. 批量产生盘点单窗口

在命令栏内输入 MI31 后按回车键，进入批量库存盘点筛选窗口。筛选方法多种多样，可以根据物料类型，也可以根据存储位置或根据物料组等（如图 9 – 46 所示）。

（1）输入工厂：2810。

（2）选择存储位置：0001。

（3）选择直接创建凭证。

（4）选择仅无零库存的物料。

（5）选择非限制使用。

筛选窗口设置完成后，选择左上方的工具打钩，筛选结果如图 9 – 47 所示。

3. 盘点流程

接着打印盘点单、盘点、输入盘点结果、盘点差异查看、复盘、复盘结果输入盘点差异确认过账等流程同单个盘点的操作，可参见 9. 4. 8. 3 小节。

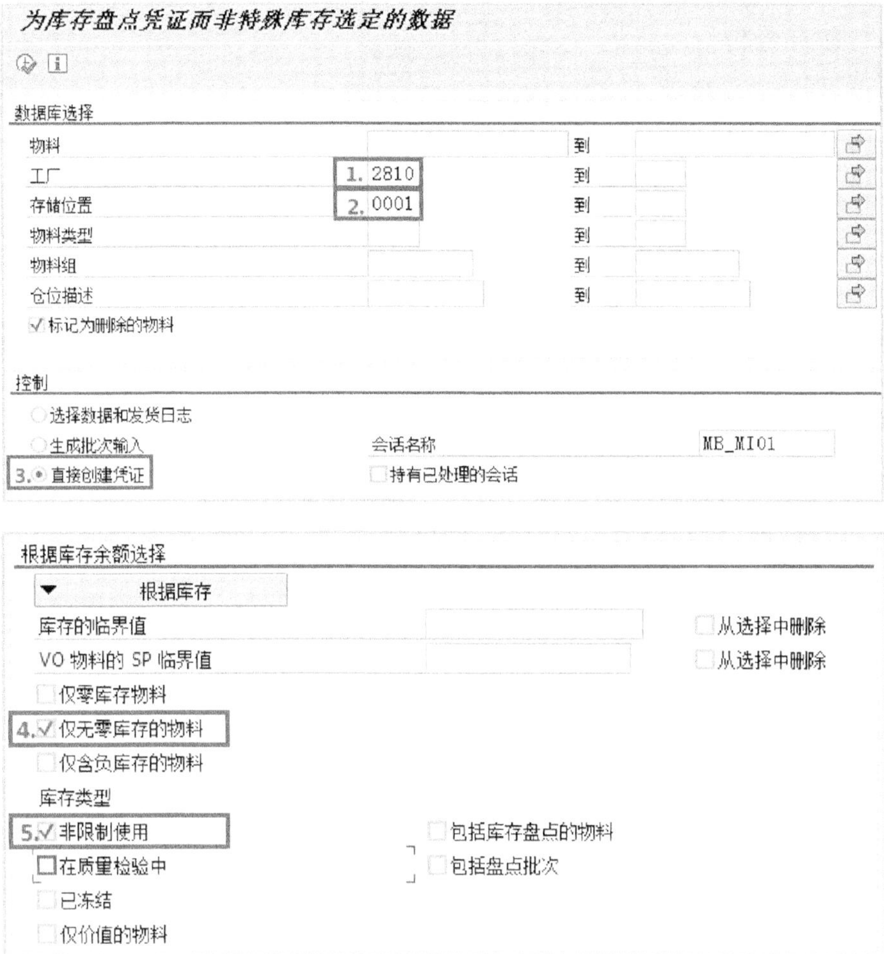

图 9 – 46 批量盘点单创建 查询窗口

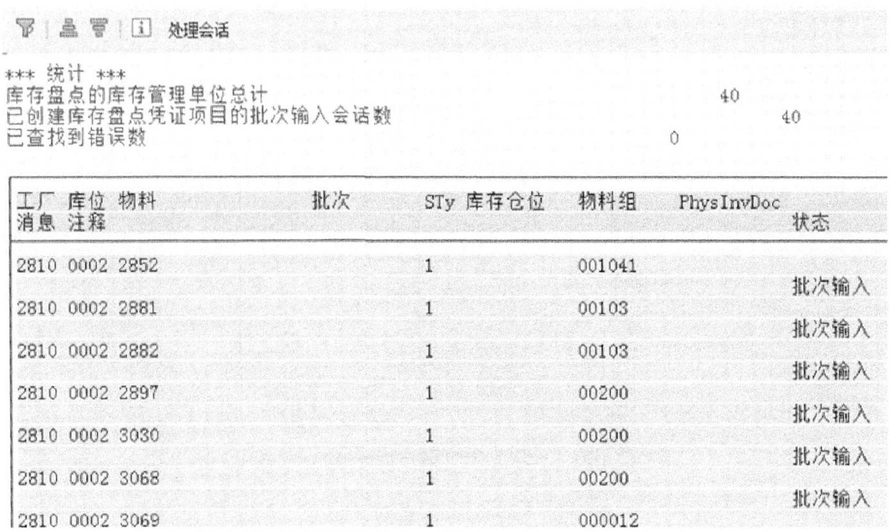

图 9 – 47 批量盘点单创建 筛选结果

9.4.9 库存分析

9.4.9.1 库存报告

在命令栏输入 MB52 后，进入库存查询的初始屏幕（见图 9－48）。

（1）输入工厂：2810。

（2）输入存储地点：0002，查询仓库内所有成品的库存。

按回车键，进入查询结果窗口如图 9－49 所示，2810 工厂下所有的成品全部可以看到，可以根据自身需求设置个人定制的报表，并导出到 Excel 中进一步加工。

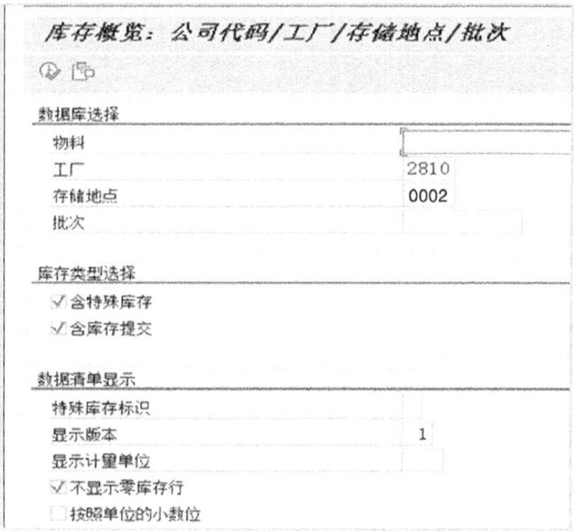

图 9－48　多个物料库存查询概览

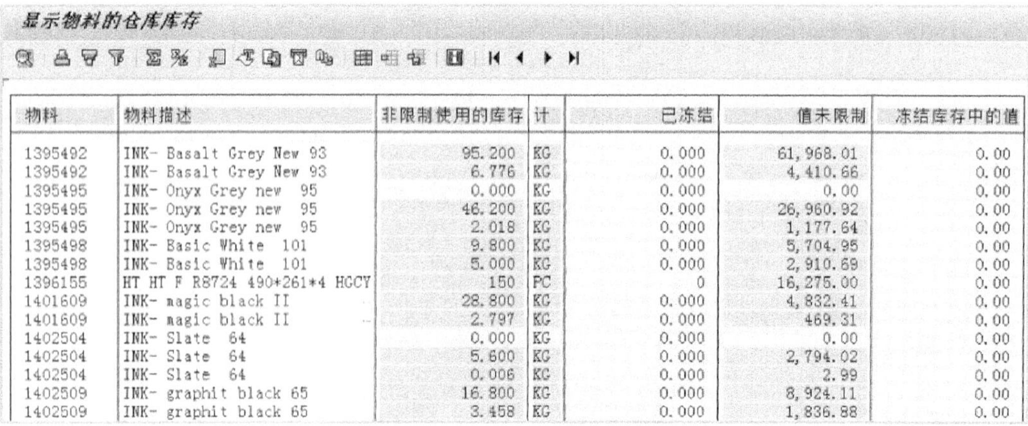

显示物料的仓库库存

物料	物料描述	非限制使用的库存	计	已冻结	值未限制	冻结库存中的值
1395492	INK- Basalt Grey New 93	95.200	KG	0.000	61,968.01	0.00
1395492	INK- Basalt Grey New 93	6.776	KG	0.000	4,410.66	0.00
1395495	INK- Onyx Grey new 95	0.000	KG	0.000	0.00	0.00
1395495	INK- Onyx Grey new 95	46.200	KG	0.000	26,960.92	0.00
1395495	INK- Onyx Grey new 95	2.018	KG	0.000	1,177.64	0.00
1395498	INK- Basic White 101	9.800	KG	0.000	5,704.95	0.00
1395498	INK- Basic White 101	5.000	KG	0.000	2,910.69	0.00
1396155	HT HT F R8724 490*261*4 HGCY	150	PC	0	16,275.00	0.00
1401609	INK- magic black II	28.800	KG	0.000	4,832.41	0.00
1401609	INK- magic black II	2.797	KG	0.000	469.31	0.00
1402504	INK- Slate 64	0.000	KG	0.000	0.00	0.00
1402504	INK- Slate 64	5.600	KG	0.000	2,794.02	0.00
1402504	INK- Slate 64	0.006	KG	0.000	2.99	0.00
1402509	INK- graphit black 65	16.800	KG	0.000	8,924.11	0.00
1402509	INK- graphit black 65	3.458	KG	0.000	1,836.88	0.00

图 9－49　多种物料库存查询

9.4.9.2 物料凭证查询

物料凭证查询主要用于查询每次操作的结果。在命令栏输入 MB51，打钩进入物料凭证清单设置窗口，通过组合设置查询方式，可以得到相应的物料凭证。

查询结果可以显示该物料在该工厂本年度所有的操作凭证，包括采购订单接收、生产入库、库位调拨、生产消耗发出、销售出货等。如果对某笔业务凭证有疑问，可以双击查看该凭证的详细信息。

9.4.9.3 收发存库存报表

库存移动的结果将会形成收发存记录，SAP 系统中提供了多种方法查看收发存记录，如输入 MB5B 可以查询选择期间之内的收发存报表，其中收发为汇总选择期间的收发信息，存为选择期间的期初、期末库存数据。通过组合输入相应条件，能够获得所需的个性化报表如图 9－50 和图 9－51 所示。例如，通过工厂和查询期间可以获得该工厂在这期间的收发存报表。

（1）假如勾选“仓储位置/批次库存”，那么报表仅显示库存地点层次的库存，工厂级别的库存不显示，而且报表中只有数量，没有金额。

（2）假如勾选“已评估库存”，那么报表显示的是工厂下的收发存报表，报表即显示数量又显示金额。

（3）假如勾选“特殊库存”，那么报表显示供应商寄售、客户寄售、销售订单等特殊库存的收发存报表。

（4）注意移动类型的限制，如果查询的内容包括移动类型和期间，这时的期初和期末数据可能因为移动类型而不准确。

（5）注意冲销凭证，如报表中包含冲销数据，则“总收发数量”可能不准确，去除冲销凭证的方法是勾选“无冲销移动”。

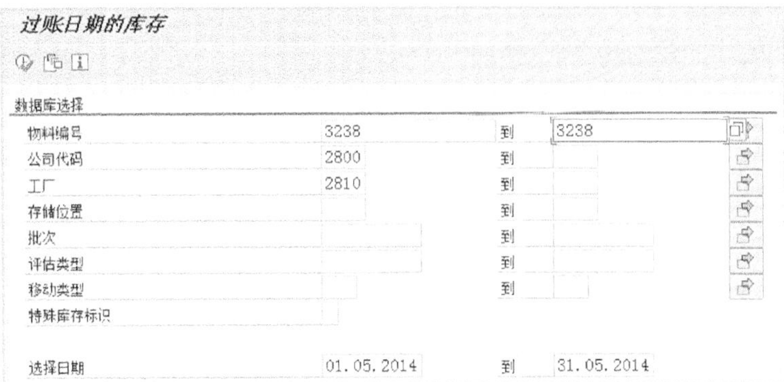

图 9－50 过账日期的库存

工厂　　2810 Shanghai, China
物料　　3238
描述　　新疆大麦

库存于 01.01.0000　　0 KG
　总收货　　500,000 KG
　总发货　　500,000- KG
库存于 31.12.9999　　0 KG

库位	MvT	S	物料凭证	项目	过账日期	数量	计
0001	321		4900002980	1	05.05.2014	250,000-	KG
0001	321		4900002980	2	05.05.2014	250,000	KG
0001	261		4900002981	1	05.05.2014	250,000-	KG
0001	101		5000000752	1	05.05.2014	250,000	KG

工厂　　2810 Shanghai, China
物料　　3239
描述　　大米

库存于 01.01.0000　　0 KG
　总收货　　145,000 KG
　总发货　　145,000- KG
库存于 31.12.9999　　0 KG

图 9－51　收发存报表

9.5　库存管理常用代码

（1）MM60 按工厂查物料清单。

（2）MM1B 物料调拨操作。

（3）MB1A 收货操作。

（4）MB1C 发货操作。

（5）MIGO 订单发料。

（6）MB31 订单成品入库。

（7）MMBE 查看单个物料的库存情况。

（8）MB51 查看物料操作的凭证。

（9）MB52 按一定条件查看某些物料的库存情况。

（10）MB5B 查看某时间段的物料库存变化情况。

（11）MB5S 查看 GR/IR 清单。

（12）ME2M、ME2L 查看采购订单情况。

（13）ME1M、ME1L 查看采购信息记录。

（14）MKVZ 查看供应商清单。

（15）MI01、MI31 产生盘点单。

（16）MI04 输入盘点结果。

（17）MI21 打印盘点报表。

（18）MI20 查看盘点差异。

（19）MI02 盘点单修改。

9.6 本章问题

（1）采购订单收货会影响哪些模块？

（2）物料移动类型有什么作用，常见的移动类型有哪些？

（3）库存物料的单价是如何确定的？

（4）冻结库存的物料是如何处理的？

（5）物料出库有哪些方法，会影响什么？

（6）盘点的流程是什么，如何制订合理的盘点计划？

9.7 案例分析

ERP 在服装行业的应用

目前服装生产典型的外部环境有款式多、订单数量少、交货周期短等问题，它不仅涉及服装生产的上游企业，还涉及服装销售的运输环节，这给服装企业的经营带来了很大的挑战。因此，如何快速跟踪市场变化，及时掌握供应商的交货状况就变得尤其重要。ERP 供应链管理的有效实施为服装企业带来新的思路。

一、ERP 供应链管理架构

海澜之家通过应用 ERP 系统，初步实现了计划、采购、仓储、生产以及运输环节的信息整合，通过 ERP 系统能够做到采购到货计划、生产计划和库存信息的相互共享。同时通过 ERP 系统将不同工业园区的信息连接在一起，能够快速了解企业生产的状况，做到了快速响应市场的目的。公司总部也能够随时掌握各个生产厂的运营情况。

通过多年的探索，海澜之家能够以周为单位收集各环节的信息，然后整合到生产计划和销售计划中做滚动预测，这样能大大提升信息反馈的效率。8 年前，海澜之家通过与上海达策软件公司合作，选择达策 ERP 系统对总部实施信息化供应链管理体系的构建。

1. 服装原材料管理准确透明

服装原材料管理是令大多数服装企业头痛的问题，达策 ERP 系统的引进将这个头痛的问题变成了优势。服装面料的采购周期通常需要两个多月，而且服装行业的季节性又特别强，任何时间的滞后都会影响服装产品的黄金销售期。采用了达策 ERP 后，服装原材料的库存管理水平明显提高，出入库管理的数据也变得准确，工作效率也较以前的粗放式管理有了很大的改善。同时企业的库存能够一直稳定在一个合理的水平上。

2. 订货会管理的优势明显

服装品牌企业多是通过每年的订货会去争取订单并以此安排生产计划。一般的企业在管理订货会上收到的订单方面存在不少问题。海澜之家由于引入了达策 ERP，订单处理速度大大加快，往往在订货会结束当天就可以统计完毕，这还包含了与订单相关的交货日期的统计、生产交货期的安排以及定金的管理等。在订单生产阶段，销售人员可以随时查看每张订单的生产情况，并根据生产能力优化排产，保证准时、顺利交货。

3. 物流配送效率更高

在海澜之家快速发展时期，新店扩张速度相当快，几乎每天都有新店开张，配送运输渠道的管理和终端库存的管理对海澜之家的 ERP 信息系统提出了新的挑战。2004 年开始，海澜之家继续与达策合作，启动 ERP 建设的二期项目，将分布在全国的各营销分公司以及主要旗舰店铺纳入 ERP 的连接范围，包括在线商店订购系统、无线商店系统和库存管理系统等。ERP 平台搭建完成后，市场上的销售信息能够快速传输到总部，如哪个品牌、哪个款式畅销或滞销，哪个店铺有哪些款式积压或缺货，总部都能及时掌握，并及时调整营销策略和生产计划。

二、ERP 不断升级

由于市场竞争激烈，海澜之家制订了新的战略目标，即利用达策 ERP 信息化打造品牌核心竞争力的构想。从 2007 年开始，海澜之家逐渐将所有店铺的终端都纳入了 ERP 系统管理范围。在数据处理上，海澜之家采用的是三层架构：移动通信层使用了无线局域网，数据收集层使用条码扫描和移动打印的方式，而物流配送和生产层使用移动工作的方式。

采用移动数据收集的方法后，库存及入库的账目准确率大幅提升至 100%，出库效率也提升了 50%，仓库盘点的速度由原先的三天缩短到半天，每天可节约人工十余万元，物流配送计划数据的采集也由原先的仅柜台数据采集延伸到移动订单数据采集等环节。

目前，海澜之家每天能监控到全国所有产品的销售数据、原材料成品库存数据、销售订单的全程跟踪等信息，并在此基础上，开发了不少决策支持模块，如销售预测模型、库存预测模型、智能补货模型等。这些体系将海澜之家的库存、销售、设计以及生产财务紧密连成一起，形成功能强大的管理决策支持系统。

因此，海澜之家通过构建整合企业的 ERP 信息系统，形成了企业的竞争和创新的新优势。

案例分析问题：

（1）海澜之家的库存管理有哪些特点？

（2）如何降低海澜之家的总库存？

（3）试用本章学习的知识模拟搭建海澜之家的库存管理信息流程。

本章小结

本章介绍的是现代企业管理中的库存管理，主要讲了库存管理的内容及操作步骤，包括采购订单收货、采购订单退货、库存查询、库存调拨、发料过程、生产订单收货、销售出货单发货、盘点、库存分析的操作和维护。通过对库存操作的学习，了解采购订单收退货的具体流程，明白了库存调拨的细节，也知道了盘点的烦琐。库存管理也同其他部分一样在 SAP 中不可或缺，相关内容需熟练掌握。

10 运输管理

引言 运输是供应链管理最后一个环节，也是成本较难控制、成本构成较为复杂的一个环节。运输成本包括基本费用和额外费用，前期计划时只能模拟成本计算，后期实际发生后才能准确计算。由于运输费用与运输资源和运输路线的选择有关，计算较为复杂，许多公司因为自身没有足够的运输计划资源，往往将此环节外包。

本章学习目的

- 了解运输相关的概念
- 熟悉运输路径的计划
- 掌握运输管理的内容
- 掌握运输管理的操作步骤
- 熟悉运输成本的计算方法

10.1 运输管理概述

运输是企业运作中必不可少的一个环节，企业内部各工序之间、企业与客户之间、企业与供应商之间都会存在大量频繁的货物移动，频繁的运输必然导致高昂的运输成本，这就要求加强对运输的有效管理和监控，有效控制运输成本。SAP 供应链管理中的运输功能总体来说有如下的几种。

（1）监控整个销售发运的过程，将仓库出库到客户收到货这部分的过程细化，主要包含发运路径的选择、运输计划的安排以及装载开始到发运结束全过程的记录。

（2）运输成本的计算与结算，主要用于运输公司包括货运代理公司的结算、各种运输费用的记录，这部分功能与财务直接集成，能直接产生与货运代理公司的相关采购单和结算凭证。

交付运输流程如图 10－1 所示，首先是销售订单，接着是发货单，发货单由销售订单转成，通过拣选、包装等步骤，然后装运上车进行配送，开始运输流程，接着是对运输全程实时监控，直到安全地把货物交给客户。同时由运单可以创建装运成本，进行运费计算。装运成本在系统中可以直接连接到运输公司的付款程序中，通过生成采购订单费用项目，实现运输费用的自动支付。

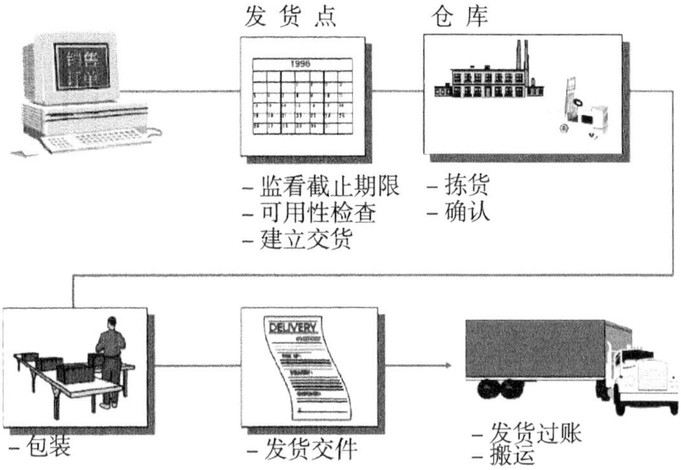

图 10－1　交付运输流程

10.2　运输管理的组织结构

运输管理的组织结构如图 10－2 所示，包括起运点的确定、装载点的选择以及运输路线的规划。

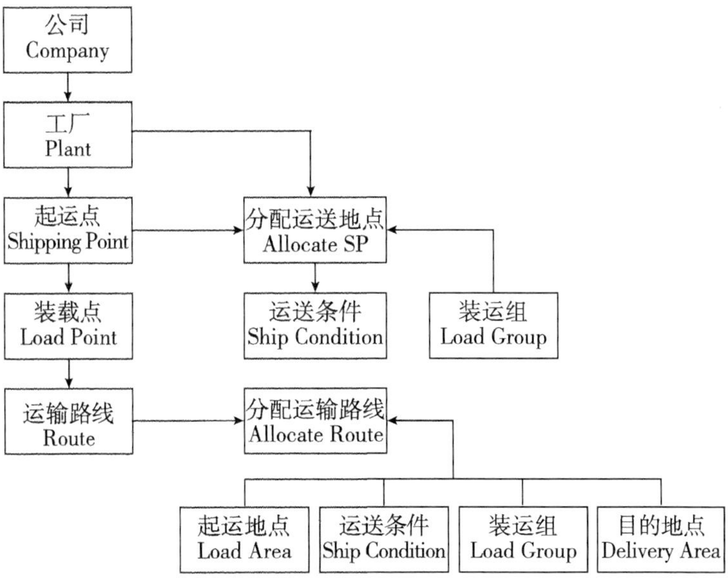

图 10－2　运输管理的组织结构

10.3 运输管理相关概念

10.3.1 装运点

装运点是运输组织中的一个重要组织要素，装运点包含装运所需要的人、设备和运输方式。通过将装运活动分配到合理地点的合理仓库，并且分配给各种类型的设备（叉车、集装箱、货车等）和各种运输方式（铁路运输、航空运输、陆地运输等）形成装运点的属性配置。通常装运点可以分配给一个或多个工厂。

系统会根据销售订单的运送条件、装运组以及交货工厂来自动确定装运点。装运点确认如图 10－3 所示。

装运地点自动确定时的参数来源应注意：

（1）客户主数据的运送屏幕包含有运送条件。

（2）物料主数据的销售屏幕或工厂屏幕包含装载组。

（3）销售订单包含工厂。

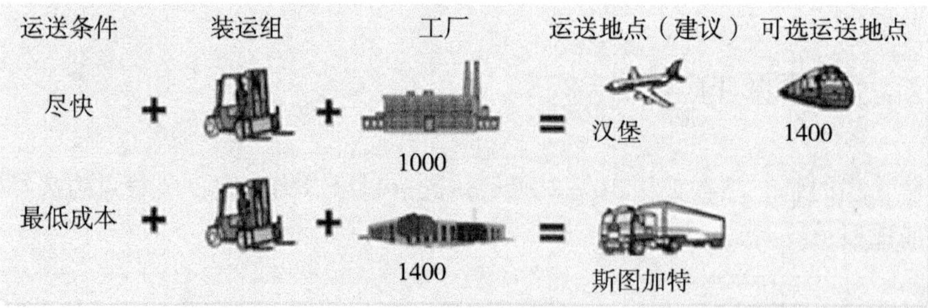

图 10－3 装运点确认

10.3.2 运输路线

运输路线的确定有两种方式，一种是考虑出发国家、出发地运输区域（装运点确定）、客户国家、客户运输区域（客户主数据确定）以及装运条件（客户主数据销售视图的装运部分确定）；另一种是考虑出发国家、出发地运输区域、客户国家、客户运输区域以及运输条件、装运组和重量组（重量组由交货单的总重量来确定）。前一种在订单中使用，后一种在交货中使用，具体确定流程如图 10－4 所示。

运输路线确定时的参数来源包括：

（1）客户主数据的运送屏幕包含有运送条件。

（2）物料主数据的销售屏幕或工厂屏幕包含装运组。

图 10-4 运输路线确认

10.3.3 运输计划点

成本定价过程要在“运输计划点”维度下分配，运输计划点类似于 SD 中交货单的装运点，它用于创建装运凭证，需要分配给一个公司代码。

10.4 运输管理的内容及操作步骤

10.4.1 维护运输单价

1. 维护运输单价的菜单路径（见表 10-1）

表 10-1 维护运输单价的菜单路径和事务代码

SAP 菜单	后勤 →销售和分销 →主数据 →条件 →按条件类型选择 →创建
事务代码	VK11
操作实例	图 10-5 ~ 图 10-8

2. 销售运输单价维护的关键字段解释（见表 10-2）

表 10-2 销售运输单价维护的关键字段解释及操作

字段名	解释	R/O	操作	备注
销售标识	指运输计价方式	R	1	毛重量为 D，距离为 R
等级基础	计费等级基础	R	D	D 代表毛重量
等级类型	计算总价的方式	R	A	基础等级
计算类型	运费计算的方法	R	T	多重层次，运费 = 单价 × 重量 × 距离
服务代理	指货运公司，装运结算方	R	10401	

3. 销售标识维护

在定义运输单价之前，首先维护运价的计价方式，这里举例的是运输单价基于距离和重量的二维定价方式（见表 10－3）。在输入运输价格之前，先要定义二维销售标识。用命令 TS01 维护毛重量销售标识为 1（见图 10－5），同理维护距离销售标识为 2，具体维护步骤如下。

表 10－3　运输价格

重量 \ 距离	100km	10000km
1000kg	0. 67	0. 62
100000kg	0. 55	0. 51

（1）输入销售标识：毛重量销售标识。

（2）选择或输入等级基础：D（指毛重量）。

（3）选择或输入等级类型：A（指基础等级）。

（4）选择或输入等级计量单位：KG。

按回车键确认是否正确，确认正确后点击保存，即可保存输入的销售标识。同样的方法可用于创建销售标识距离。

图 10－5　销售标识

4. 维护条件记录

在命令栏输入 TK11，按回车键后，选择条件类型 FGE0（运费分类/重量），进入条件记录创建界面，如图 10－6 所示。输入服务代理：10401，选择运输费用单位：RMB，然后点击等级按钮，进入条件等级分配窗口，如图 10－7 所示，该窗口用于设置运费的条件，这里选择毛重量和距离，也就是说运费由重量和距离确定。根据创建的毛重量销售标识为 1，距离销售标识为 2，输入完成后按回车键，进入图 10－8 所示的窗口，维护相应的运输单价。维护完成后保存并生成运输单价主记录。运费的计算根据距离和重量选择相应的单价确定，运费＝单价×距离×重量。

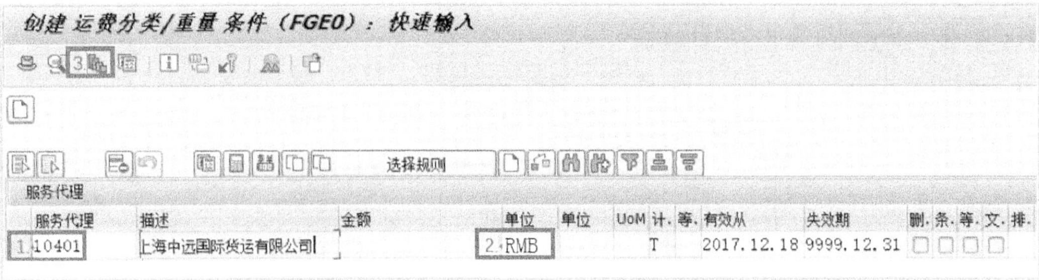

图 10－6　创建 FGE0 条件记录 概览界面

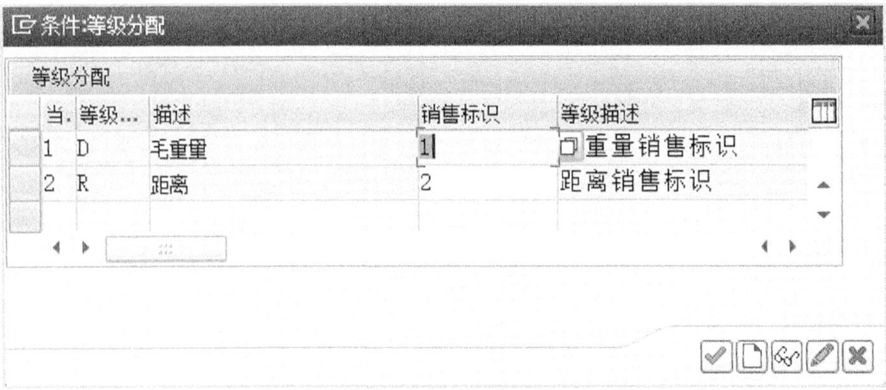

图 10－7　创建 FGE0 条件记录 等级分配

图 10－8　创建 FGE0 条件记录 等级定价输入

10.4.2 检查确认物料主数据

为保证运输功能的正常运行，需要检查物料主数据的设置是否正确。在命令栏输入 MM02 进入物料主数据查询修改界面，检查并确保相关信息输入正确，如不正确可以修改。如图 10－9 所示。

（1）检查物料运输组：0002。

（2）检查运输组：0001（在托盘上）。

（3）检查装载组：0002（叉车）。

（4）检查准备时间：1.00。

（5）检查处理时间：1.00。

（6）检查基准数量：1000。

确认正确后点击保存。

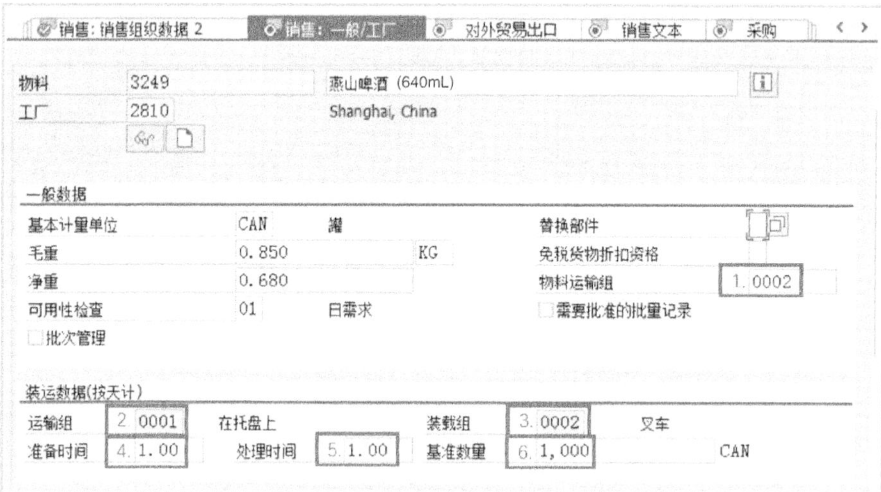

图 10－9　物料主数据（销售）一般/工厂视窗

10.4.3 检查确认销售订单

在命令栏输入 VA02，进入待发运的销售订单页面，打开装运窗口，检查路线、工厂、装运点和毛重数据输入是否正确，如不正确应进行修改。同理检查销售窗口，检查装运条件和装运类型。如图 10－10 所示。

（1）输入卸货点：重庆市北碚区中山路 32 号。

（2）输入工厂：2810。

（3）输入装运点/接收点：2810。

（4）输入路线：99010。

（5）输入物料运输组：0002（叉车搬运）。

（6）输入交货优先权：1（高的）。

按回车键确认是否正确，确认结束后保存，销售订单确认完成。

图 10－10　销售订单界面

10.4.4　创建交货单

创建交货单有两种方法，一种是直接由销售订单创建，另一种是由销售订单手动创建。

10.4.4.1　直接创建交货单

直接创建交货单的方法参见第 5 章销售管理的 5.4.6 小节。

10.4.4.2　手动创建交货单

1. 外向交货单路径（见表 10－4）

表 10－4　　外向交货单创建的菜单路径和事务代码

SAP 菜单	后勤 →销售和分销 →装运和运输 →外向交货 →创建 →单个凭证 →含销售订单参考
事务代码	VL01N
操作实例	图 10－11、图 10－12

2. **由销售订单创建外向交货单**

在命令栏输入 VL01N，按回车键后进入外向交货创建的初始界面（见图 10－11），输入装运地点：2810，选择日期：25. 04. 2016（注意此日期一定要比交货日期晚），输入要创建交货单的销售订单：15625，按回车键进入图 10－12 所示的外向交货单创建窗口，此窗口不需要操作，只需保存并记录下外向交货单号码，交货单创建完成。

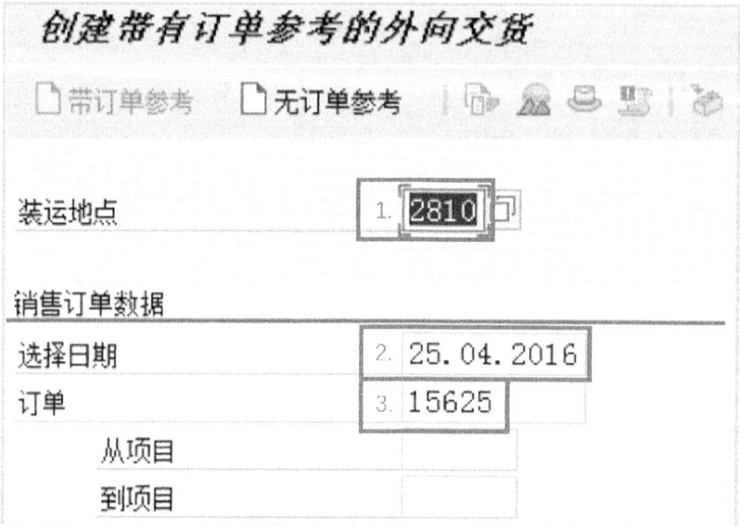

图 10－11　创建带有订单参考的外向交货 初始窗口

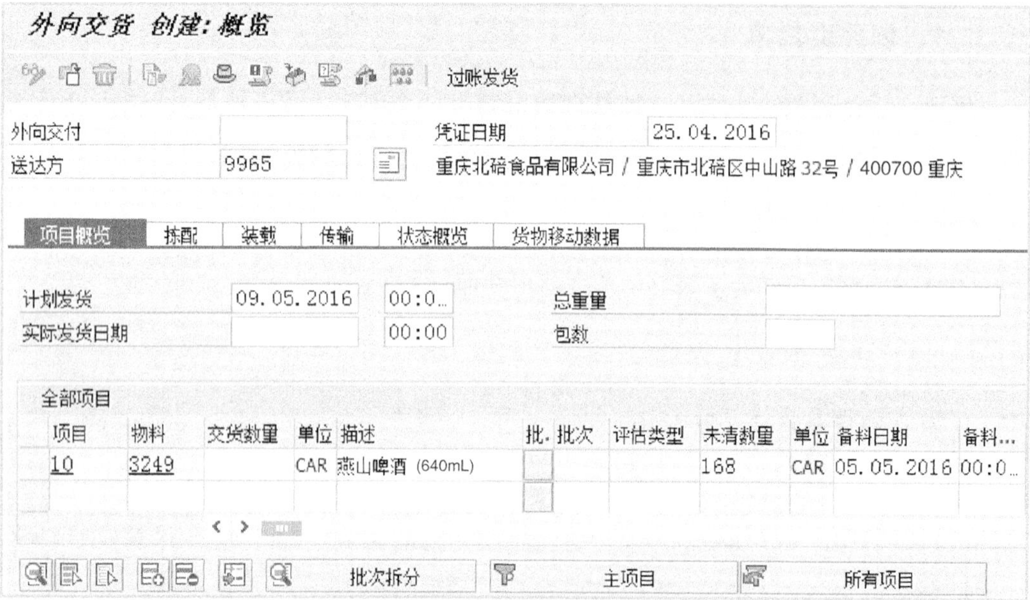

图 10－12　外向交货单 创建窗口

10.4.5　装运

10.4.5.1　装运操作概述

创建装运凭证的目的是用装运凭证来执行运输计划，装运凭证的创建可以用来计划运输的方式，即选择是合并运输还是单一运输。

10.4.5.2　装运操作的关键字段解释（见表10－5）

表10－5　装运操作的关键字段解释及操作

字段名	解释	R/O	操作	备注
运输计划点	负责运输的责任单位，可以是一组员工，也可以按地理划分	R	2800	如海运计划点、公路计划点
装运类型	可以自定义不同的装运方式	R	单个装运－公路	如汽车、铁路、空运、海运
转发代理	指货运公司、装运结算方	R	S0105	
装运路线	运输的路线确定，一个装运路线由一个或多个段组成	R	99010	

10.4.5.3　装运操作步骤

1. **装运创建的菜单路径**（见表10－6）

表10－6　装运创建的菜单路径和事务代码

SAP菜单	后勤→销售和分销→装运和运输→装运→创建→单独凭证
事务代码	VT01N
操作实例	图10－13～图10－15

2. **装运创建初始屏幕**

在命令栏输入VT01N，打钩或按回车键进入创建装运：初始屏幕（见图10－13），输入运输计划点：2800，选择装运类型：单个装运－公路，按回车键进入装运创建窗口。

3. **选择待发的货**

单个装运创建如图10－14所示，点击交货图标 交货，运用装运点2810选择待装运的货物，如果选出来的有不是此次交货的货物可以将其删除，最后留下本次待交的货物。在确认待交货的品名、料号、数量、重量和体积无误后，选中待交货行 0080017661，点击 交货，完成交货单创建过程中的发货单的选择。

图 10－13　创建装运 初始屏幕

图 10－14　单个装运创建

点击，返回原交货窗口，点击执行计划，系统会自动给定计划日期和相关装载运输计划日期以及其他内容，检查确认系统自动选择的转发代理 S0105 和装运路线 99010；如不正确，应进行修改，检查确认计划交货的日期包括计划检入的时间、计划装载开始的时间、计划装载结束的时间、计划装运开始时间、计划装运完成时间，如不正确则要修改正确，修改完成后保存，装运单创建完成。如图 10－15 所示。

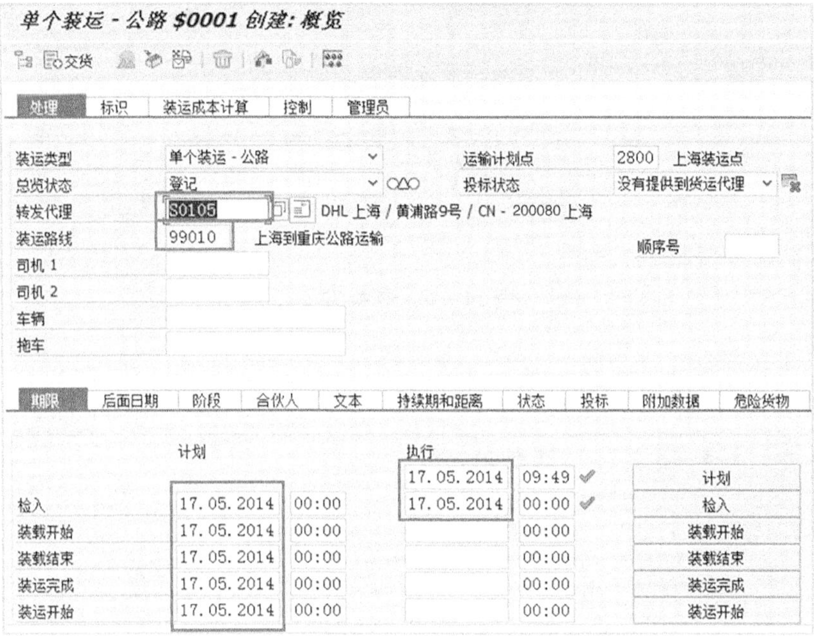

图 10－15　装运计划

10.4.6　分拣

10.4.6.1　分拣操作概述

分拣就是把仓库中需要拣选的产品从正确的库存区域拣选出来的过程，即将产品从存储地转移至某一具体分拣位置，以便装运的过程，是需要实际操作的过程。高效率的分拣对于降低成本来说是十分重要的。

装运时应用销售管理程序能有效保证按需求进行分拣，确定仓库的合理组织。任何一个交付项目都需要明确三点：一是是否必须进行分拣；二是什么时候开始分拣；三是从哪里开始分拣。

每次交货和分拣都可能触及多种仓库设备和各种人员安排，而在配有销售管理的装运过程中，给予相关人员的是按最高效益确定的分拣清单和分拣标签。拣配流程如图 10－16 所示。

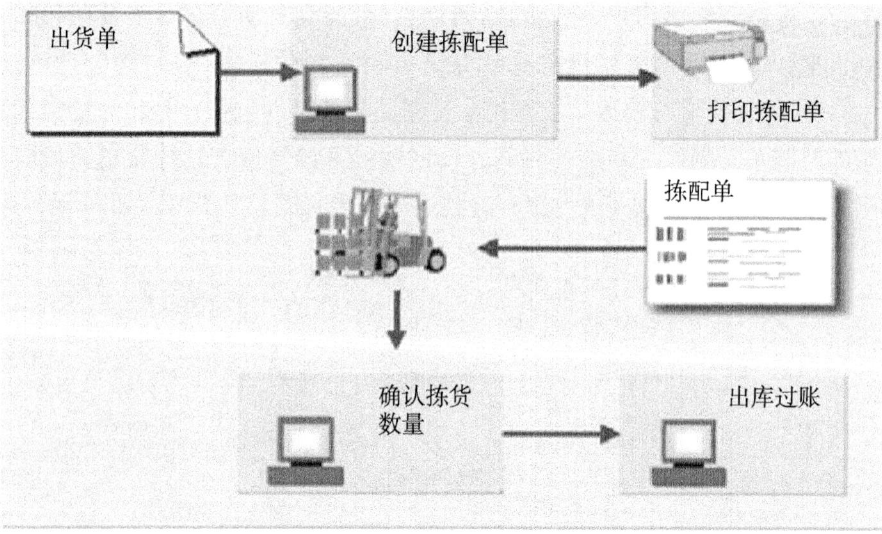

图 10－16　拣配流程

10.4.6.2　分拣操作流程

1. **分拣操作的菜单路径（见表 10－7）**

表 10－7　分拣操作的菜单路径和事务代码

SAP 菜单	后勤→后勤执行 →外向处理 →外向交货的发货 →外向交货 →更改 →单个凭证
事务代码	VL02N
操作实例	图 10－17

2. **拣配进入初始屏幕**

在命令栏输入 VL02N 后，打钩或按回车键，进入外向交货更改窗口，选择拣配工具栏，输入要拣配的交货单号码：80017657，按回车键进入下一个窗口操作。如图 10－17 所示。

3. **拣配操作**

输入拣配数量：157，输入拣配的库位：0002，输入完成后点击保存，则拣配完成。

10.4.7　包装

10.4.7.1　包装概述

根据业务需求，交货包装有时是必需的。销售管理的包装功能作用如下：

（1）用包装信息更新包装材料的存货数量。

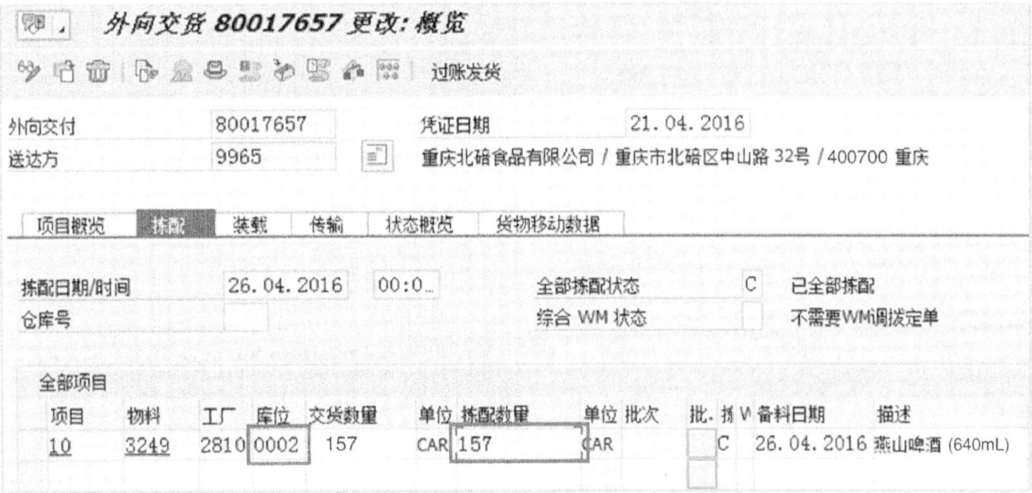

图 10－17 外向交货拣配

（2）用包装信息更新用户或承运人的可回收包装数量。

（3）作为对用户服务提供的包装信息。

（4）对容器以及容器中的产品进行定位，避免客户因为交货不及时或不准确提出赔偿。

（5）计算重量与体积，判断是否超出装载工具的范围。

（6）确保产品进行了合理的包装。

需要清晰定义产品进行包装和必须包装的条件，以便系统能适合实际需要。创建装运材料的物料主数据，应包含装运材料的组别和物料类型、体积限定、码放规定、包装重量、体积容差等多项信息。

销售管理装运中，装运单位中含有包装信息。装运单位实际上是物料和装运材料的组合，或在一起包装和发运的装运单元的组合，用户可以根据包装和装运建立装运单元，装运单元不是唯一固定的，一个栈板、一个货柜都可以称为装运单元。

10.4.7.2 包装操作的关键字段的解释（见表 10－8）

表 10－8 包装操作的关键字段的解释及操作

字段名	解释	R/O	操作	备注
处理单位	指包装的容器单位	R	栈板	
包装物料	包装物料的代码	R	6109445	
每部分数量	指每个包装材料能装的产品数量	R	75	

10.4.7.3 包装操作流程

在命令栏内输入 VL02N，然后输入出货单号码：85984030，进入出货单更改界面（见图 10－18）。

图 10－18 出货单更改

点击包装图标，进入如图 10－19 所示的包装操作窗口后，首先选择待包装的产品行，然后选择用于该物品包装的包装材料：6109445，如外箱、栈板或木箱（必须在系统中已定义为包装材料，否则该功能不能使用），再点击［每部分数量］输入每箱数量。系统会自动计算箱数，最后不满一箱的计为零箱。打包结束后，系统自动记录该产品出货的总托盘数。打包操作完成后，点击保存，即可保存包装的数据。

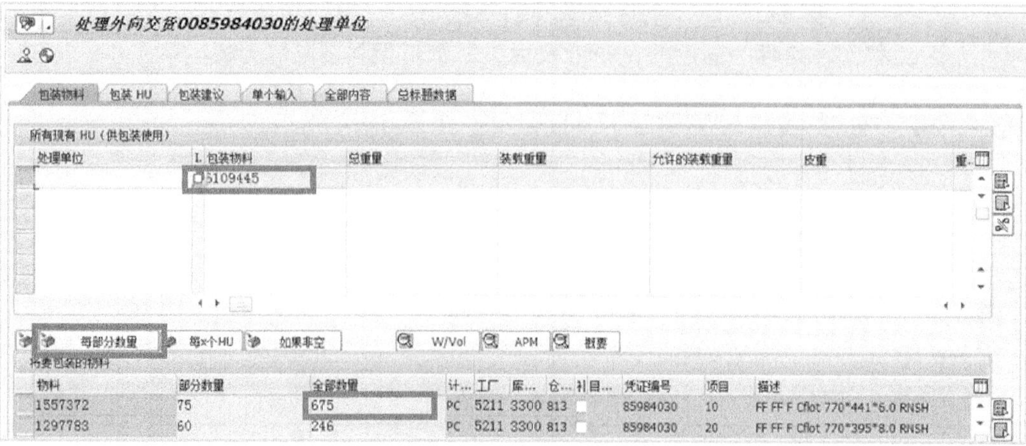

图 10－19 包装操作

10.4.8 发运

从装运观点来看，货物从库存场所离开后发货事务就结束了。在销售管理中，这些都是通过发货过账反映的，满足用户需求在 SAP 中显得非常重要。

发货过账有以下四点影响。

（1）通过评定和刷新相关的资产负债表，在 G/L 和财务会计中库存相应减少。

（2）交货的需求减少。

（3）更新了交货状态。

（4）交货后一旦选择记账，那么后续交货可以用来开票。

具体操作是在出货单修改窗口，点击过账发货，销售出货动作完成，具体如图 10－20所示。

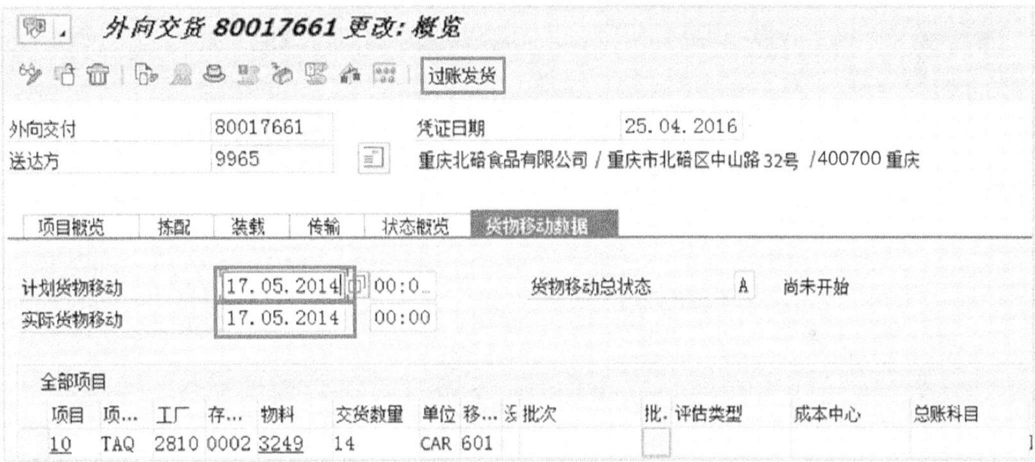

图 10－20 外向交货

10.4.9 运输

10.4.9.1 运输概述

运输过程是指从货物装上车到货物送到客户指定交货地址，并最终交付给客户的整个过程。运输过程的费用一般占比较大，因此运输的计划和控制在任何公司都比较重要。同时运输时间是交付的一部分，货物能否按期交给客户和运输管控有直接关系。

10.4.9.2 运输操作步骤

如图 10－21 所示，在运输过程中，在每个关键时间点需要确认并且将正确的时间输入执行时间窗口，然后和计划时间比对，任何延迟都应及时上报并查明原因，避免不按时交付导致客户投诉。如果公司拥有新技术如车载 GPS，也可以直接和 SAP 系统联网，直接将实时数据传入系统。

图 10－21　装运单

10.4.10　运输成本

10.4.10.1　运输成本概述

运输成本是指因运输货物而产生的成本，是根据货物流向，选择适当的运输方式或运输工具，组织货物运输而发生的所有成本。由于运输组织不当，发生不合理的重复或迂回运输会增加运输成本，应尽量避免这类情况。企业应根据货物特点和交付地点，研究合理的运输路线，选择最经济的运输工具组织运输，以降低运输成本。

运输成本除运输基本运费外，还包括各种额外的零星费用，如装卸费、搬运费、货物保管费、换装费、车辆取送费、节假日加班费等，这些费用成本和基本运费成本一起构成了运输企业的全部运输成本。

10.4.10.2 运输成本创建的关键字段的解释（见表 10－9）

表 10－9 运输成本创建的关键字段的解释及操作

字段名	解释	R/O	操作	备注
装运编号	装运单的编号	R	1476	
装运成本类型	装运成本的分类	R	0001	

10.4.10.3 运输成本模拟计算

在运输主界面，点击，即可完成科目分配，如图 10－22 所示，分配了总账科目和成本中心，分配完点击返回键即可。

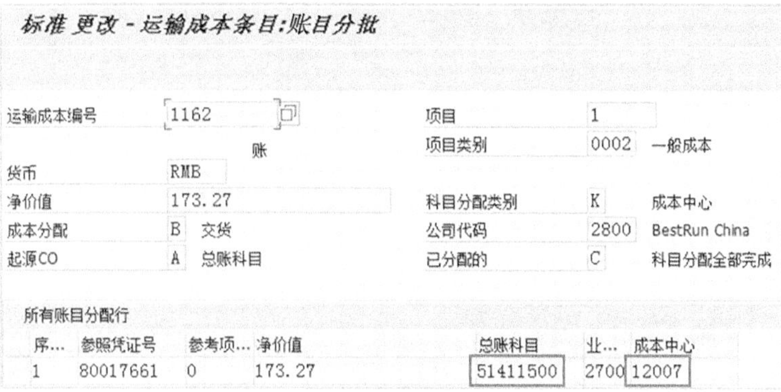

图 10－22 装运成本凭证的科目分配

在生成装运单时，就可以模拟计算，预计运输成本有多少。在命令栏内输入 VT02N，点击装运成本计算窗口（见图 10－23），先要选择装运成本联系，即在装运成本联系前面的方框内打钩，然后在过程中选择：SDFC00，最后点击右上角的（运费估计）可以查看预计成本。

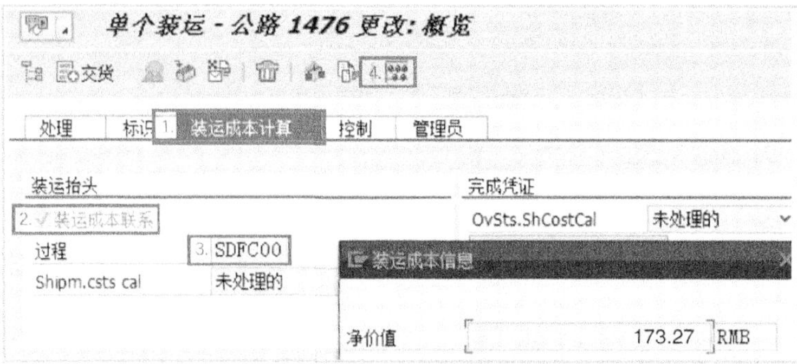

图 10－23 装运成本模拟

10.4.10.4 装运成本计算

1. 装运成本计算的菜单路径（见表 10－10）

表 10－10　　装运成本计算的菜单路径和事务代码

SAP 菜单	后勤 →后勤执行 →运输 →装运成本 →创建 →单个凭证
事务代码	VI01
操作实例	图 10－24～图 10－27

2. 装运成本创建初始屏幕

在命令栏内输入 VI01，打钩或按回车键进入创建装运成本初始界面（见图 10－24）。输入或自动产生装运编号：1476，选好后按回车键生成装运成本凭证。

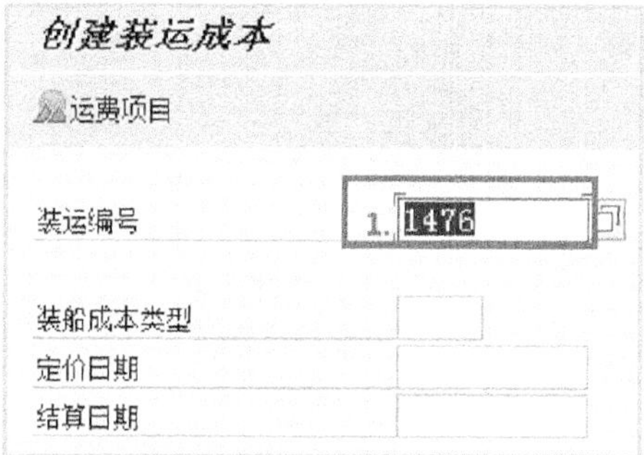

图 10－24　创建装运成本的初始界面

3. 装运成本创建

装运成本的创建如图 10－25 所示，项目第一行就是结算抬头的装运成本。在结算装运成本之前，先检查凭证状态，正常时计算的状态为 C，已分配的状态为 C，已传送状态为 A。如果凭证状态正确，在传输下面的方框内打钩，然后点击保存，完成装运成本的创建和传输。

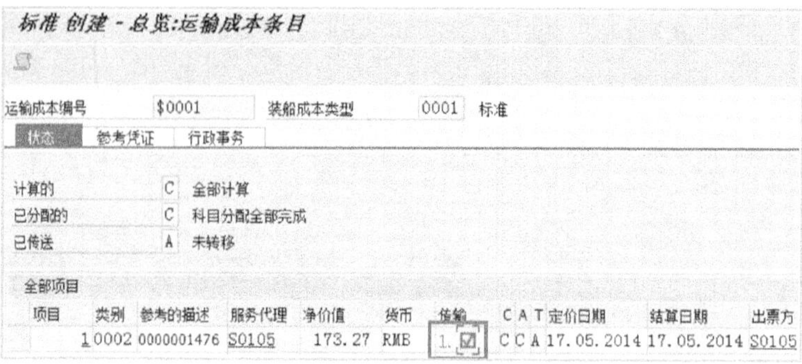

图 10－25　创建装运成本凭证的概览界面

4. 装运成本明细查询

双击子项目 2 进入图 10－26 所示的页面，可以在装运成本项目栏内查看运输总成本（净价值）为 173. 27，和模拟计算的结果一致。同时点击服务采购，可以在采购凭证查到采购订单号：4500017731，用于运输公司结算运输费用。若进一步查看净价值 173. 27 是如何计算出来的，可以双击数字 173. 27，会显示如图 10－27 所示的窗口，然后可以得知计算的运输单价以及其他计算数据。

图 10－26　装运成本凭证的科目分配后的项目

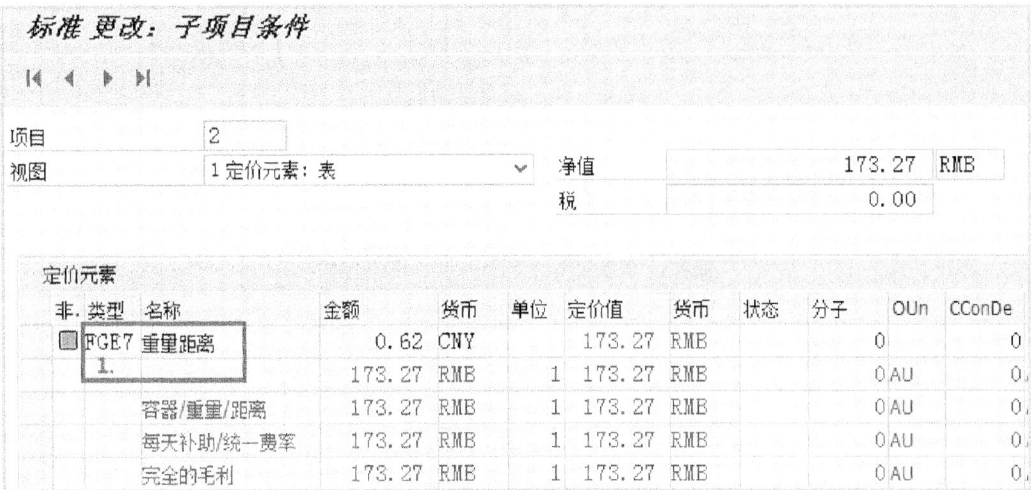

图 10－27　装运成本凭证的条件

10.4.11 查看服务采购订单运输成本（见表 10－11）

表 10－11 查看服务采购订单运输成本的菜单路径和事务代码

SAP 菜单	后勤→物料管理→采购→采购订单→显示
事务代码	ME23N
操作实例	图 10－28

在采购订单查询界面输入采购订单号：4500017731，进入图 10－28 所示的界面。可以看到运费结算的采购订单以及自动收货的记录。

图 10－28 查看采购订单

10.4.12 查看运输路线图（见表 10－12）

表 10－12 查看运输路线图的菜单路径和事务代码

SAP 菜单	后勤→销售和分销→销售→装运和运输→外向交货→更改→单个凭证
事务代码	VL02N
操作实例	图 10－29

点击菜单中的【环境】→【运输信息】→【路线：图形】可查看运输路线图（见图 10－29）。

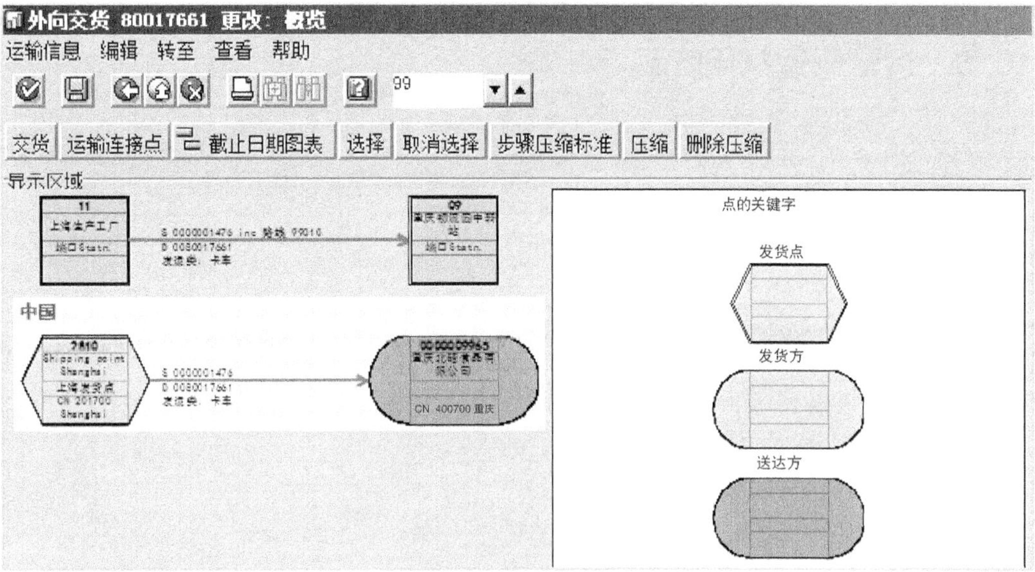

图 10－29　运输路线

10.4.13　运输操作凭证流（见表 10－13）

表 10－13　　查看运输操作凭证流的菜单路径和事务代码

SAP 菜单	后勤→销售和分销→销售→装运和运输→外向交货→更改→单个凭证
事务代码	VL02N
操作实例	图 10－30

点击菜单中的【环境】→【凭证流】即可查看整个运输过程中的凭证（见图 10－30）。

凭证	日期	状态
▾ 外销销售合同 0100002012	2017.12.20	已完成
▾ ⇨ 外向发货 1000000452	2017.12.20	已完成
• 拣配请求 20171220	2017.12.20	已完成
• 装运 0000001020	2017.12.20	装运已结束
• GMDel 到发货评估 SiT 4900027191	2017.12.20	完成
• GD发货：交货 4900027192	2017.12.20	完成
▾ 发票 0090000480	2017.12.20	已完成
• 会计凭证 0090000480	2017.12.20	已清账
▾ 公司间销售发票 0090000481	2017.12.20	已完成
• 会计凭证 0090000481	2017.12.20	已清账

图 10－30　运输凭证流

10.5 运输管理常用代码

（1）MIGO 创建销售初始库存。

（2）VA01 创建销售订单。

（3）VL01N 创建销售订单的外向交货。

（4）VT01N 生成装运凭证。

（5）VL02N 交货拣配和过账发货。

（6）VT02N 记录装运执行步骤。

（7）VI01 创建装运成本凭证。

（8）VI02 科目分配和装运成本传输。

（9）VI03 检查装运成本结算和生成的凭证。

（10）MR11 与货运代理进行结算。

10.6 本章问题

（1）在系统操作时，如何指定车辆装运地点?

（2）在运输管理中，车辆行驶的路线是预先规划还是先执行后规划的? 当实际运输路线和系统路线不一致时，应如何操作?

（3）发运操作有什么意义?

（4）运输成本的记录有哪些作用?

（5）如何支付运输公司的运费?

10.7 案例分析

沃尔玛的供应链分析

20 世纪 60 年代沃尔玛在美国开设了第一家特价商店，其后就迅速发展，目前在全世界已拥有上万家商场、高达 200 万名员工，每周光顾沃尔玛商店的顾客高达 2 亿人次。

沃尔玛公司的核心理念是一站式购物，让顾客满意。公司全心全意为顾客提供高品质服务，不满意可以无条件办理退货，公司每周都会调查客户满意度，以期不断改善服务水平。

沃尔玛公司拥有自己的销售平台，并允许供应商连接到该平台，让供应商能及时了解自身商品的销售情况。沃尔玛公司不仅允许供应商通过平台了解自身商品的销售情况，还主动参与到供应商商品生产的计划以及质量控制中去。

沃尔玛公司建有全球最大规模的配送中心，目前在美国已拥有70个10万平方米左右的仓库，能同时供应700多家商店，这些配送中心支撑着整个公司销售业务的85%，比竞争对手整整高出20个百分点。配送中心的补货系统在EAN数码的帮助下完全实现自动补货。配送中心的运输由自身的车队负责，通过自建运输网络，使用集装箱运输，做到了大批量、低成本的运输。配送中心在整个物流中处于中枢地位，负责将供应商提供的产品配送到各个商场，实现了从工厂仓库到上架的整个过程的无缝衔接。供应商只要将商品发运到配送中心，不需要直接分发到各大商场，因此，沃尔玛针对订单与购买的处理以及运输、配送等所有过程，都有一个完整的网络，这个网络的构建大大降低了沃尔玛的物流运作成本。

沃尔玛非常重视信息处理工作，特别是信息的收集与传输，甚至不惜成本发射卫星实时传输全球门店和总公司之间的销售信息。借助卫星构建的全球网络，沃尔玛公司可在一小时内对全球4000家门店的库存完成盘点一次，这是沃尔玛商店从不缺货的秘密。借助全球网络和EDI系统，沃尔玛公司实现了与供应商的互联互通，文件、订单能够实现自动传送。

根据以上材料，回答以下问题。

（1）沃尔玛的配送有哪些优势?

（2）沃尔玛在供应链管理中是如何发挥信息共享的作用的?

（3）沃尔玛在供应链信息管理方面采取了哪些措施?其效果如何?

（4）参照本案例，探讨运输管理的各环节如何在沃尔玛实施，每个环节又需要收集哪些信息。

本章小结

本章介绍了运输管理的主要流程、组织结构及其相关的概念，详细梳理了运输管理的各个阶段的内容及具体的操作步骤，重点关注运输成本的计算及运输付款的问题。

11　MTO 模式下的 SAP 供应链管理案例操作练习

引言 本章通过 MTO 模式下的 SAP 供应链管理操作案例详细演示整个供应链管理信息流的传输过程，给读者一个整体理念。

本章学习目的

- 学习供应链信息流的每个工序的操作
- 熟悉整个供应链的信息流过程
- 熟悉各个模块之间信息流的连接及传输
- 了解供应链绩效评估的方法

11.1　案例学习的内容及学习方法

本次案例练习主要学习 MTO 模式下 SAP 供应链整个环节的信息流运作，从创建物料主数据、生产主数据，到创建销售订单、制订物料需求计划、创建采购订单，再到库存管理、生产管理、运输管理以及供应链绩效评估，主要是通过案例熟悉 SAP 系统的供应链流程操作。

11.2　物料主数据的创建

11.2.1　物料主数据创建的目的

1. 物料主数据创建的目的

物料主数据的创建是进行其他业务活动的基础和前提，没有完整的物料主数据，就无法进行相应的 SAP 采购仓储业务，创建完整的物料主数据是业务流程执行的必要条件。

2. 物料主数据创建的作用

物料主数据将所有的物料数据集成在单一的物料数据库中，消除了数据冗余的问题，不仅允许采购部门使用这些数据，而且其他应用部门（如库存管理、物料计划及控制、发票校验等相关部门）也可以使用这些数据。

11.2.2 物料主数据创建的菜单路径及结果

1. 物料主数据创建的菜单路径（见表 11－1）

表 11－1　　物料主数据创建的菜单路径和事务代码

SAP ECC 菜单	后勤→物料管理→物料主记录→物料→创建
事务代码	MM01

2. 物料主数据创建的结果

在 2810 工厂，机械工程行业领域创建成品和原材料见表 11－2。

表 11－2　　物料主数据

物料料号	名称	属性	单位	毛重	单价
3303	人科眼镜	成品	EA	1.2	370
3129	镜片	原材料	EA	0.15	150.15
3130	镜框	原材料	EA	0.2	10

11.3 生产主数据的创建

11.3.1 生产主数据创建的目的及作用

1. 生产主数据创建的目的

生产主数据创建的内容主要有物料清单、工作中心和工艺路线。在明确成品 3303 需要组件的基础上，合理安排生产所需要的工作中心和详细的工艺路线。

2. 生产主数据创建的作用

通过物料清单可以明确知道成品和原材料的相关需求，例如本案例中 3303 需要组件 3129 和 3130，相应的数量分别为 2 和 1。工艺路线能够对 3303 的生产过程和步骤进行描述，同时能够确定详细的生产进度。

11.3.2 物料清单创建的菜单路径及结果

1. **物料清单创建的菜单路径**（见表 11－3）

表 11－3　　物料清单创建的菜单路径和事务代码

SAP ECC 菜单	后勤→生产→生产主数据→物料清单→物料清单→物料 BOM→创建
事务代码	CS01

2. BOM **创建的结果**（见图 11－1）

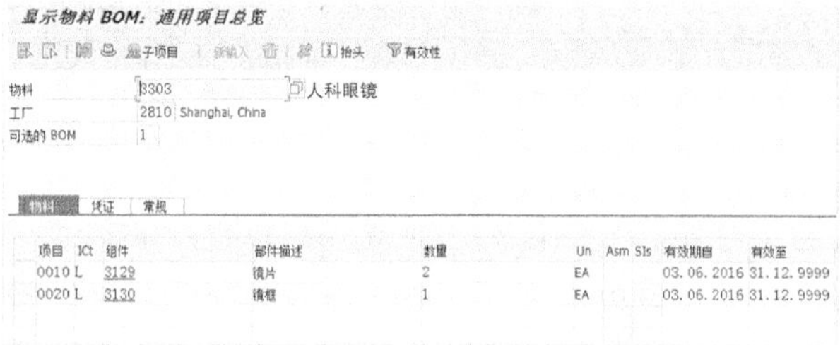

图 11－1　物料 BOM 创建

11.3.3 工作中心创建的路径及结果

1. **工作中心创建的菜单路径**（见表 11－4）

表 11－4　　工作中心创建的菜单路径和事务代码

SAP ECC 菜单	后勤→生产→生产主数据→工艺路线→标准工艺路线→创建
事务代码	CR01

2. **工作中心创建的结果**（见图 11－2）

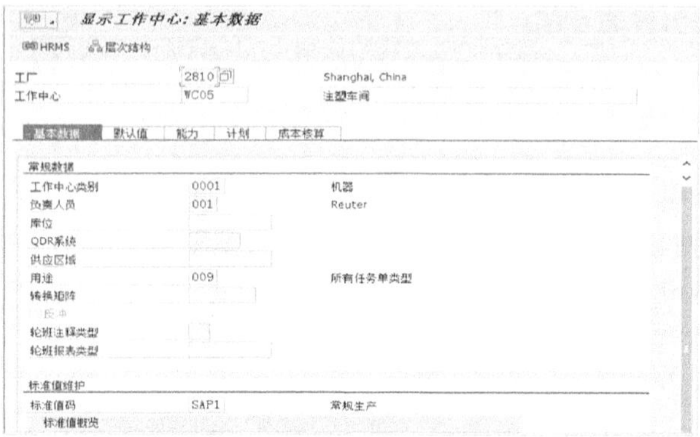

图 11－2　工作中心创建

11.3.4 工艺路线创建的菜单路径及结果

1. 工艺路线创建的菜单路径（见表 11－5）

表 11－5　　工艺路线创建的菜单路径和事务代码

SAP ECC 菜单	后勤→生产→生产主数据→工艺路线→工艺路线→标准工艺路线→创建
事务代码	CA01

2. 工艺路线创建的结果（见图 11－3）

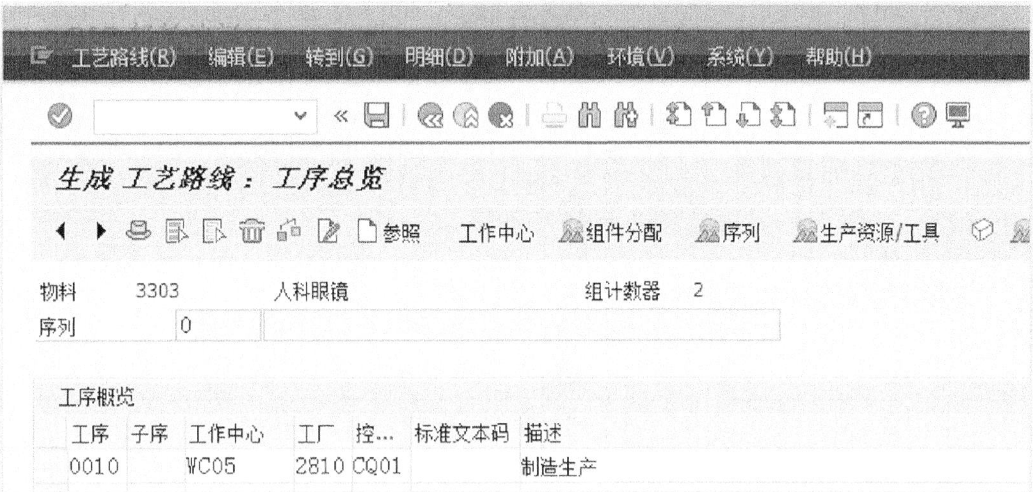

图 11－3　工艺路线创建

本节创建了成品人科眼镜 3303 生产所必需的物料清单、工作中心和工艺路线。

11.4 销售订单的创建

11.4.1 销售订单创建的目的及作用

1. 销售订单创建的目的

加强销售订单的管理，规范订单操作流程，提高订单执行的及时性和准确性。

2. 销售订单创建的作用

（1）列明销售订单的各项，包括产品数量、价格等方面的具体内容。

（2）可直接将销售订单合同的信息传输到销售出库单上，用于跟踪监视发货情况、运输情况等具体执行状况。

（3）销售订单是企业采购原材料，计划生产的依据。

11.4.2 客户主数据创建的菜单路径及结果

1. 客户主数据创建的菜单路径（见表 11－6）

表 11－6 客户主数据创建的菜单路径和事务代码

SAP ECC 菜单	后勤→物料管理→业务伙伴→创建
事务代码	VD01

2. 客户主数据创建的结果（见表 11－7）

表 11－7 客户主数据

客户代码	公司名称	城市	卸货点	公司地址
9998	大庙有限公司	重庆市	草街街道	重庆市合川区草街街道学院街 256 号

11.4.3 销售订单创建的菜单路径及结果

1. 销售订单创建的菜单路径（见表 11－8）

表 11－8 销售订单创建的菜单路径和事务代码

SAP ECC 菜单	SAP→菜单后勤→销售→订单→创建
事务代码	VA01

2. 销售订单创建的结果（见表 11－9）

表 11－9 销售订单

销售订单号	料号	数量	单位	单价	客户	交货地址
15656	3303	10	CAR	20	9998	重庆市合川区草街街道学院街 256 号

本节操作学习创建了成品 3303 的销售订单号。

11.5 物料需求计划

11.5.1 物料需求计划创建的目的及作用

1. 物料需求计划创建的目的

保证物料的可用性。对于销售订单来说，必须保证成品按时交付，原材料的及时、经济供给。

2. 物料需求计划创建的作用

减少库存量，尽量做到零库存，这样可以减少资金压力。

11.5.2　主生产计划运行的菜单路径及结果

1. 主生产计划运行的菜单路径（见表 11－10）

表 11－10　　主生产计划运行的菜单路径和事务代码

SAP ECC 菜单	后勤→物料管理→业务伙伴→创建
事务代码	MD02

2. 主生产计划运行的结果（见表 11－11）

表 11－11　　主生产计划

物料料号	计划订单号	数量	单位	订单开始日期	订单完成日期	计划转换日期
3303	0000042027	100	EA	14.05.2016	16.05.2016	04.05.2016

11.5.3　Plan－转生产工单（见图 11－4 和图 11－5）

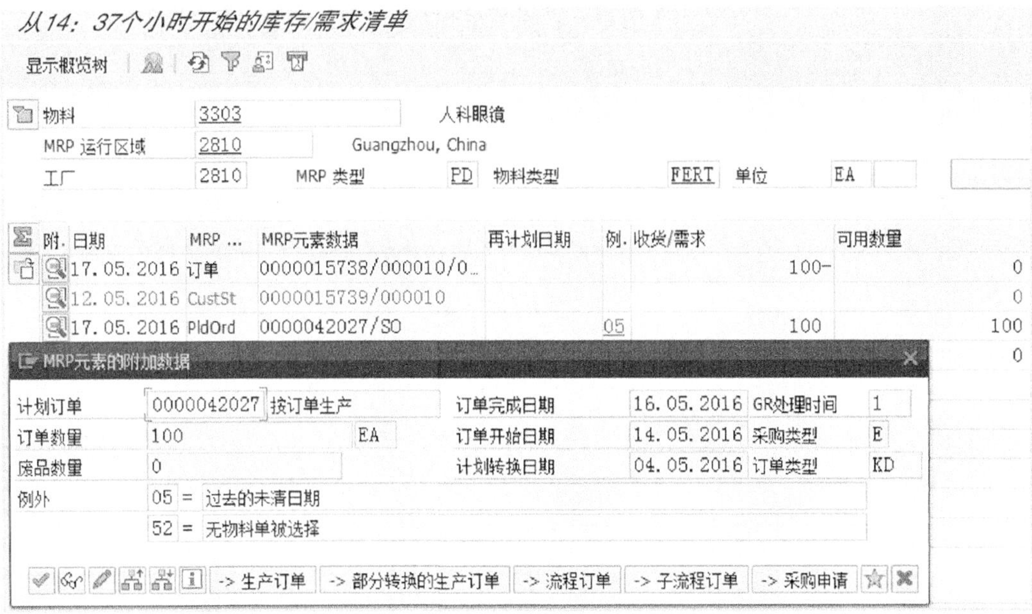

图 11－4　转生产工单

图 11－5　生成生产工单

11.5.4　物料需求计划运行的菜单路径及结果

1. 物料需求计划运行的菜单路径（见表 11－12）

表 11－12　　物料需求计划运行的菜单路径和事务代码

SAP ECC 菜单	后勤→物料管理→业务伙伴→创建
事务代码	MD04

2. 物料需求计划运行的结果（见表 11－13）

表 11－13　　物料需求计划

原材料料号	申请单号	申请数量	单位	凭证类型
3129	0010019788	200	EA	NB
3130	0010019778	100	EA	NB

11.5.5　PR－显示（见图 11－6 和图 11－7）

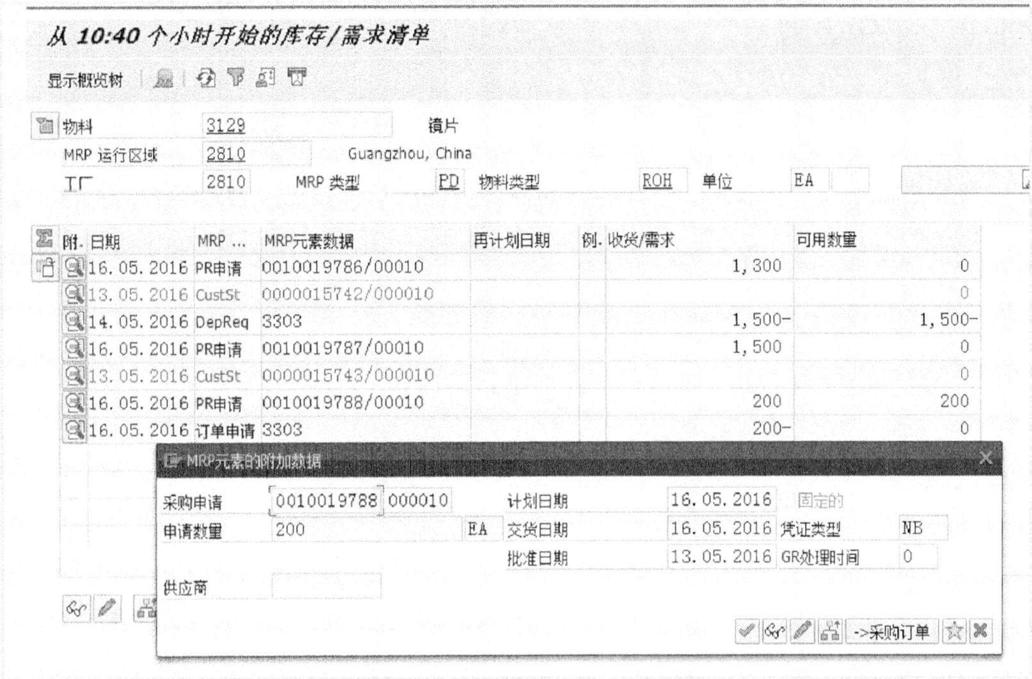

图 11－6　物料 3129 的 PR－显示

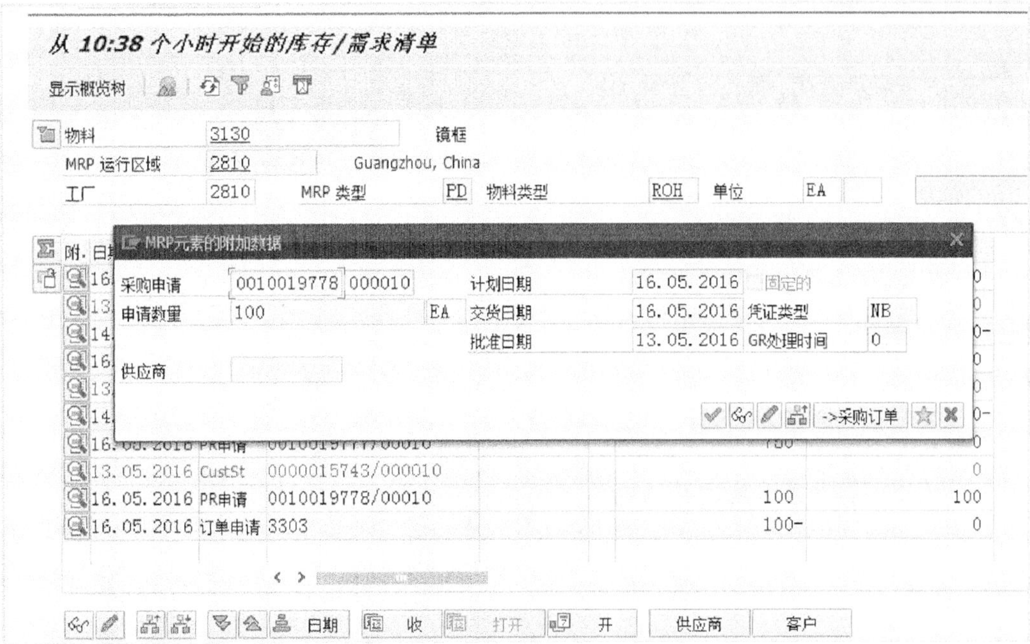

图 11－7　物料 3130 的 PR－显示

本节通过运行物料需求计划创建生成了物料 3303 的生产需求，还分别生成了原材料 3129、3130 的采购需求。

11.6 采购管理

11.6.1 采购管理的目的

采购管理的任务是以经济合理的价格保质保量地按时采购需要的物资，从而满足生产所需。

11.6.2 供应商主数据创建的菜单路径及结果

1. **供应商主数据创建的菜单路径**（见表 11－14）

表 11－14　供应商主数据创建的菜单路径和事务代码

SAP ECC 菜单	后勤→物料管理→采购→主数据→供应商→中央的→创建
事务代码	XK01

2. **供应商主数据创建的结果**（见表 11－15）

表 11－15　供应商主数据

供应商代码	名称	地址	城市	银行代码	银行账户	联系人名	订单货币
S1070	人科眼镜有限公司	重庆市合川区草街街道	重庆	25128551	545322356	王天乐	RMB
S0112	合川草街千叶眼镜店	草街 22 号	重庆	556469784	52134689	张　三	RMB
S01258	重庆合川百货公司	重庆市合川区朝阳街道 115 号	重庆	546143258	12345685	张　思	RMB

11.6.3 询价创建的菜单路径及结果

1. **询价创建的菜单路径**（见表 11－16）

表 11－16　询价创建的菜单路径和事务代码

SAP ECC 菜单	后勤→物料管理→采购→询价报价→报价邀请→创建
事务代码	ME41

2. 询价创建的结果（见表 11－17 和表 11－18）

表 11－17　　原材料 3130 询价

询价单号码	供应商代码	询价数量	单位	交期	工厂	存货点
60000000293	S1070	100	EA	13. 05. 2016	2810	0001
60000000294	S0112	100	EA	13. 05. 2016	2810	0001
60000000295	S01258	100	EA	13. 05. 2016	2810	0001

表 11－18　　原材料 3129 询价

询价单号码	供应商代码	询价数量	单位	交期	工厂	存货点
60000000296	S1070	200	EA	13. 05. 2016	2810	0001
60000000297	S0112	200	EA	13. 05. 2016	2810	0001
60000000298	S01258	200	EA	13. 05. 2016	2810	0001

11.6.4 报价创建的菜单路径及结果

1. 报价创建的菜单路径（见表 11－19）

表 11－19　　报价创建的菜单路径和事务代码

SAP ECC 菜单	后勤→物料管理→采购→询价报价→报价→创建
事务代码	ME47

2. 报价创建的结果（见表 11－20 和表 11－21）

表 11－20　　原材料 3130 报价

报价单号码	供应商代码	净价	总价格	总价折扣	运费
6000000293	S1070	990	1000	1	2
6000000294	S0112	1470	1500	2	1
6000000295	S01258	1287	1300	1	2

表 11－21　　原材料 3129 报价

报价单号码	供应商代码	净价	总价格	总价折扣	运费
6000000296	S1070	29700	30000	1	20
6000000297	S0112	30380	31000	2	10
6000000298	S01258	29376	30600	4	15

11.6.5 比价创建的菜单路径及结果

1. 比价创建的菜单路径（见表 11－22）

表 11－22　　比价创建的菜单路径和事务代码

SAP ECC 菜单	后勤→物料管理→采购→询价报价→报价→比价
事务代码	ME49

2. 比价创建的结果

通过比价选择最优供应商，将他们确定为公司长期的合作伙伴，并在系统中创建该供应商的信息记录。通过双击供应商 S01258 的白色空白处，在跳转的窗口中选择更新该供应商信息的记录；对于其他两家报价不占优势的供应商点击蓝色区域，在 R（拒绝）处下面打钩，拒绝这两家报价。如图 11－8 和 11－9 所示。

以货币CNY计的价格比较清单

报价　物料　供应商　附加信息

物料 短文本 基本单位的数量	报价： 投标人： 名称：	6000000298 S01258 重庆合川百货公司	6000000296 S1070 人科眼镜有限公司	6000000297 S0112 合川草街千叶眼镜店
3129 镜片 200 EA	值： 价格： 排列：	29,376.00 146.88 1 99 %	29,700.00 148.50 2 100 %	30,380.00 151.90 3 102 %
总报价	值： 排列：	29,376.00 1 99 %	29,700.00 2 100 %	30,380.00 3 102 %

图 11－8　原材料 3129 价格比较

以货币CNY计的价格比较清单

报价　物料　供应商　附加信息

物料 短文本 基本单位的数量	报价： 投标人： 名称：	6000000293 S1070 人科眼镜有限公司	6000000295 S01258 重庆合川百货公司	6000000294 S0112 合川草街千叶眼镜店
3130 镜框 100 EA	值： 价格： 排列：	990.00 9.90 1 79 %	1,287.00 12.87 2 103 %	1,470.00 14.70 3 118 %
总报价	值： 排列：	990.00 1 79 %	1,287.00 2 103 %	1,470.00 3 118 %

图 11－9　原材料 3130 价格比较

11.6.6　采购订单创建的路径及结果

1. 采购订单创建的菜单路径（见表 11 - 23）

表 11 - 23　　采购订单创建的菜单路径和事务代码

SAP ECC 菜单	后勤→物料管理→采购→采购订单→创建
事务代码	ME21N

2. 采购订单创建的结果（见表 11 - 24）

表 11 - 24　　采购订单

采购订单号	料号	供应商	采购组织	采购组	公司代码	数量	单位	单价	总价	交货日期
4500018028	3129	S01258	2800	000	2800	200	EA	146.88	29376	13.05.2016
4500018029	3130	S1070	2800	000	2800	100	EA	9.9	990	13.05.2016

本节操作学习创建了三个供应商：S1070、S0112、S10258；在经过询价、报价、比价后，物料 3130 以 9.9 元的价格选择了 S1070 供应商，生成采购订单号 4500018029；3129 以 146.88 元的价格选择了 S01258 供应商，生成采购订单号 4500018028。

11.7　库存管理

11.7.1　库存管理创建的目的

库存管理的目标是控制库存并避免短缺，要在企业现有资源的限制下，以最低的成本提供给用户高水平的服务。也就是说要在客户期望的服务水平的前提下，将库存成本减少到可接受的范围内。

11.7.2　收货的菜单路径及结果

1. 收货的菜单路径（见表 11 - 25）

表 11 - 25　　收货的菜单路径和事务代码

SAP ECC 菜单	物料主数据→后勤→库存管理→货物移动
事务代码	MIGO

2. 收货的结果（见表 11－26）

表 11－26 收货

订单号	料号	品名	数量	库位	状态	供应商
4500018028	3129	镜片	200	0001	质量检查	S01258
4500018029	3130	镜框	100	0001	质量检查	S1070

11.7.3 库存调拨的菜单路径及结果

1. 库存调拨的菜单路径（见表 11－27）

表 11－27 库存调拨的菜单路径和事务代码

SAP ECC 菜单	物料主数据→后勤→库存管理→货物移动→调拨
事务代码	MB1B

2. 库存调拨的结果（见表 11－28）

表 11－28 调动方向（质检到冻结）

物料料号	从质检库存	到冻结库存	到非限制库存	调拨时间	调拨库位
3129	200	40	160	13. 05. 2016	0001
3130	100	20	80	13. 05. 2016	0001

11.7.4 退货的菜单路径及结果

1. 退货的菜单路径（见表 11－29）

表 11－29 退货的菜单路径和事务代码

SAP ECC 菜单	物料主数据→后勤→库存管理→货物移动→退货
事务代码	MIGO

2. 退货的结果（见表 11－30）

表 11－30 退货方向（冻结给供应商）

物料号	冻结库存	退货数量	退货时间	退货订单号	退货供应商	退货库位
3129	40	40	16. 05. 2014	4500018028	S01258	0001
3130	20	20	16. 05. 2014	4500018029	S1070	0001

本节中我们收到了供应商 S01258、S1070 的货物数量：镜片 200、镜框 100，通过采购订单收货到了质检库存。经检验有 20% 的不良品调入冻结库存，并退还给供应商，将剩余的检验合格品调入非限制库存以供生产。

11.8 生产管理

11.8.1 生产管理创建的目的

（1）保证生产的高效运作，全方位完成生产指标。

（2）合理利用企业的资源，持续降低物耗，降低生产成本，缩减生产周期，减少在制品占用的生产资金，增强企业的经济效益和核心竞争力。

（3）努力提高生产系统的柔性以便适应快速变化的市场环境，持续推出市场需求的新产品，快速切换生产产品的运作方式，促进生产系统向多元化方向发展。

11.8.2 生产订单创建以及释放

1. 生产订单创建

生产订单的创建参见 11.5.3。

2. 生产订单释放的菜单路径（见表 11－31）

表 11－31　　生产订单释放的菜单路径和事务代码

SAP ECC 菜单	后勤→生产→生产计划→需求管理→计划独立需求→修改
事务代码	CO02

（1）生产订单释放的路径。

在维护生产订单数据之后点击左上角“⚐”图标（见图 11－5）完成生产订单的释放。

（2）生产订单释放的结果。

生成可以用于生产的生产订单，生产订单号：60004152，工单状态为“REL”。如表 11－32 所示。

表 11－32　　成品 3303 生产订单释放

料号	总数量	结束时间	开始时间	下达时间
3303	100	16.05.2016	14.05.2016	10.05.2016

11.8.3 生产订单发料的菜单路径及结果

1. 生产订单发料的菜单路径（见表 11－33）

表 11－33　生产订单发料的菜单路径和事务代码

SAP ECC 菜单	后勤→商品管理→库存管理→货物移动→发货
事务代码	MIGO

2. 生产订单发料的结果

生产订单号：60004152。如表 11－34 所示。

表 11－34　原材料生产订单释放

料号	工单需求数量	实际发料数量	发料库位	发料时间
3129	200	100	0002	16. 05. 2014
3130	100	50	0002	16. 05. 2014

11.8.4 生产订单成品入库的菜单路径及结果

1. 生产订单成品入库的菜单路径（见表 11－35）

表 11－35　生产订单成品入库的菜单路径和事务代码

SAP ECC 菜单	后勤→商品管理→库存管理→货物移动→货物移动
事务代码	MB31

2. 生产订单成品入库的结果

生产订单号码：60004152。如表 11－36 所示。

表 11－36　成品入库

料号	入库数量	入库地点	入库时间
3303	50	0001	16. 05. 2014

本节我们创建了生产订单 60004152，释放之后，根据采购物料的状况安排生产了 50 个，入库了 50 个。

11.9　运输管理

11.9.1　运输管理创建的目的及作用

1. 运输管理创建的目的

将客户所需要的成品在最为适当的时候，以最低的费用运送到规定的地点。

2. 运输管理创建的作用

通过对运输业务的管理和监督，实现了资源充分有效利用，运输信息和状态的及时更新和反馈，在有效控制运输成本的前提下最大限度地满足了客户的需求。

11.9.2　外向交货单创建的菜单路径及结果

1. 外向交货单创建的菜单路径（见表 11－37）

表 11－37　　外向交货单创建的菜单路径和事务代码

SAP ECC 菜单	后勤→销售和分销→销售→装运和运输→外向交货→单个凭证
事务代码	VL01N

2. 外向交货单创建的结果

根据销售订单 15656，创建生成了外向交货单 80017675（见图 11－10）。

图 11－10　外向交货单

11.9.3 运输计划创建的菜单路径及结果

1. 运输计划创建的菜单路径（见表 11－38）

表 11－38　运输计划创建的菜单路径和事务代码

SAP ECC 菜单	后勤→销售与分销→装运与运输→装运→创建
事务代码	VT01N

2. 运输计划创建的结果（见表 11－39）

表 11－39　运输计划

转发代理：	S0105	装运路线：	99010	运输计划点：	2800
计划时间			执行时间		
检入：	22. 05. 2014		检入：	23. 05. 2014	
装载开始：	23. 05. 2014		装载开始：	23. 05. 2014	
装载结束：	23. 05. 2014		装载结束：	23. 05. 2014	
装运完成：	23. 05. 2014		装运完成：	25. 05. 2014	
装运开始：	26. 05. 2014		装运开始：	27. 05. 2014	

11.9.4 分拣、发货创建的菜单路径及结果

1. 分拣创建的菜单路径（见表 11－40）

表 11－40　分拣创建的菜单路径和事务代码

SAP ECC 菜单	后勤→销售与分销→装运与运输→外向交货→创建→单个凭证
事务代码	VL02N

2. 分拣创建的结果

进入外向交货窗口，点击拣配工具栏输入装货单号码：80017675。

检货以下内容：（1）数量：50。（2）拣配的库位：0002。

3. 发货创建的菜单路径（见表 11－41）

表 11－41　发货创建的菜单路径和事务代码

SAP ECC 菜单	后勤→销售与分销→销售→装运与运输→外向交货→更改→创建单个凭证
事务代码	VL02N

4. **发货创建的结果**

在命令栏输入 VL02N 后，输入要拣配的交货单号码：80017675，然后进行以下操作。

（1）输入货物移动计划时间。（2）输入货物移动实际时间。（3）点“过账发货”发货成功。

11.9.5 运输跟踪（见表 11－42）

表 11－42　　运输跟踪

成品料号	实际装车时间	实际发货时间	实际到货时间
3303	23. 05. 2014	27. 05. 2014	30. 05. 2014

11.9.6 运输成本创建的菜单路径及结果

1. **运输成本创建的菜单路径**（见表 11－43）

表 11－43　　运输成本创建的菜单路径和事务代码

SAP ECC 菜单	后勤→后勤执行→运输→装运成本→创建→单个凭证
事务代码	VI01

2. **运输成本创建的结果**（见图 11－11）

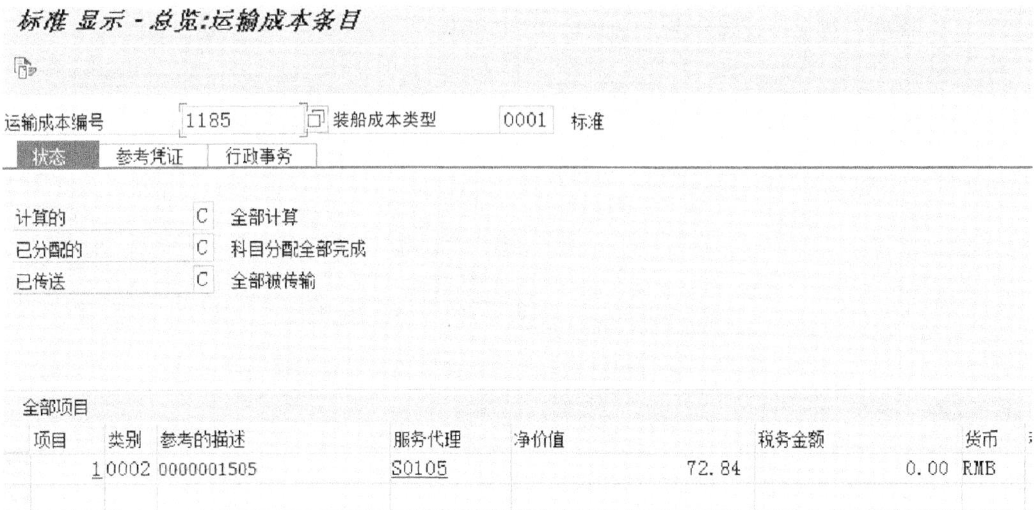

图 11－11　运输成本

本节我们将产品 3303（人科眼镜）交付到 9998（客户）手中，需要创建外向交货单 80017675，然后进行运输计划的维护，明确运输的装载开始时间“23. 05. 2014”和执行时间“27. 05. 2014”，再进行拣货、发货的操作，最后自动计算运输成本为 72. 84 元，并最终转化为采购订单支付运输公司的运输费用。

11. 10 流程综述

本案例在创建物料主数据、生产主数据的基础之上，打通了 SAP 供应链系统模型中销售管理、物料需求计划、仓储库存管理、生产管理、采购管理和交付运输管理等模块，从接受客户订单开始，从产品最初的物料确定，到工艺路线设定、生产加工处理，直至交到客户手中，整个过程是一个紧密联系的流程。如图 11 – 12 所示。

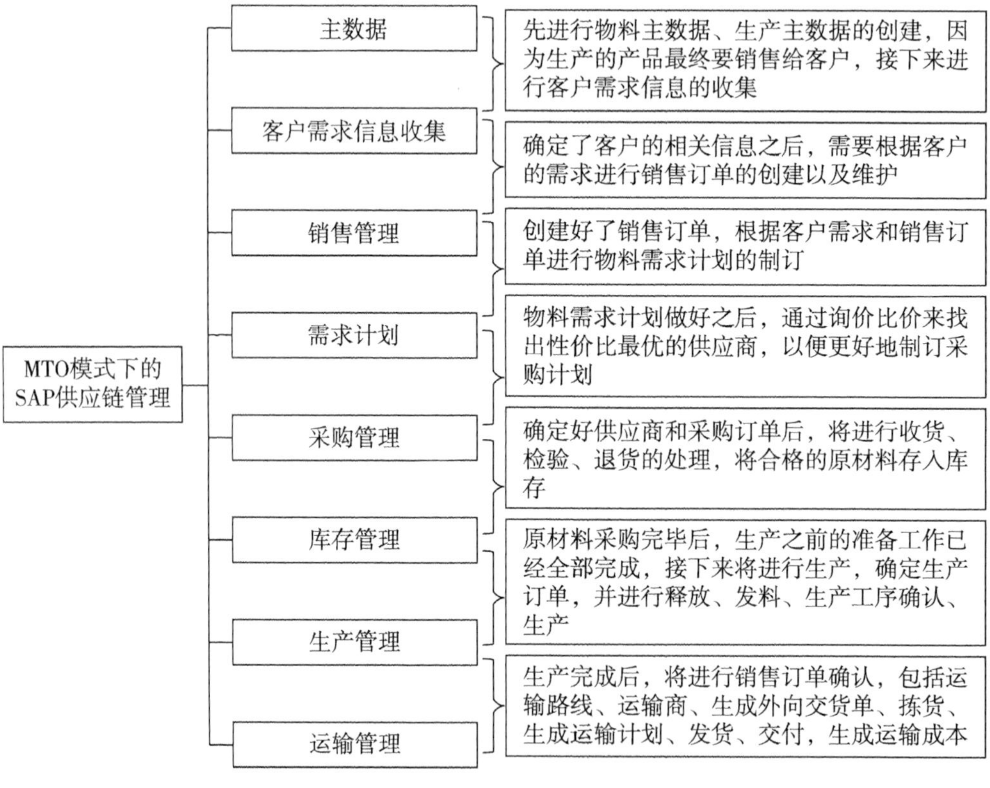

图 11 – 12 MTO 模式下的 SAP 供应链管理流程

11. 11 供应链管理绩效评估

MTO 模式下的 SAP 供应链管理做到了客户准时交货率为 100%，其存在的优缺点如下。

1. 优点

①产品是按照 MTO 方式生产，可以根据消费者的需求接受预定，可以满足消费者的个性化需求。

②降低库存、降低成本和风险。由于产品按时交货，避免了库存对资金的占用，所以降低了成本，同时缓解了资金压力。

2. 缺点

①产品种类多，因为是按订单生产且客户订单的需求不同（镜框形状、大小、材质等），导致了面向订单生产的产品种类比较多。

②生产工艺复杂，如镜框的形状大小、镜片的厚度均会影响生产工艺。生产中多会用到长采购提前期的关键物料和复杂的生产工艺。

11.12 案例总结

在本案例中我们进行了 SAP 供应链管理九个模块的实训操作与学习交流，了解并掌握了供应链信息流的每个工序的操作，从创建物料主数据开始直到最后的运输管理。

在物料主数据模块中创建了成品料号 3303、原材料料号 3129 和 3130，同时维护了有关产品的详细信息，如名称、价格、数量、重量等。在此基础上进行了生产主数据的维护，主要内容包括 BOM 的创建、工作中心和工艺路线的创建，如创建的物料清单中需要组件 3129 2 个、3130 1 个，由工作中心 WC05 制造生产。

创建生产主数据之后，又创建了销售订单 15656。根据销售订单生成了物料需求计划，并由物料需求计划生成采购订单，根据采购订单制订采购计划。经过创建供应商、询价、报价、比价，最终确定了 3129 和 3130 的最佳供应商为 S01258 和 S1070，并向其购买了对应数量的物料。之后完成了原材料 3129 和 3130 的采购入库操作，在货物质量检验的过程中，有 160 个镜片和 80 个镜框进入了非限制库存，有 20% 的不良品分别退还给了供应商。在原材料确定的基础上进行了产品的生产活动，最终在运输管理的基础上将生产的 50 副眼镜送到了客户 9998 手中。

参考文献

［1］吴群．物流与供应链管理［M］．北京：北京大学出版社，2015.

［2］杨华龙，刘进平．供应链管理［M］．3 版．大连：东北财经大学出版社，2015.

［3］克里斯托弗．物流与供应链管理［M］．4 版．何明珂，卢丽雪，张屹然，等译．北京：电子工业出版社，2012.

［4］黄云碧．物流与供应链管理［M］．北京：电子工业出版社，2010.

［5］斯托克，兰伯特．战略物流管理［M］．邵晓峰，等译．北京：中国财政经济出版社，2003.

［6］马士华，林勇，等．供应链管理［M］．5 版．北京：机械工业出版社，2016.

［7］乐立骏．SAP 后勤模块实施攻略——SAP 在生产、采购、销售、物流中的应用［M］．北京：机械工业出版社，2013.

［8］李沁芳．SAP ERP 原理与实训教程［M］．北京：机械工业出版社，2015.

［9］俞洋，文燕．SAP 供应链管理［M］．北京：东方出版社，2008.

［10］克诺尔迈尔，默滕斯，泽埃尔．供应链管理与 SAP 系统实现［M］．SAP 中国研究院，译．北京：机械工业出版社，2004.

［11］科蓝，莱德．SAP 业务蓝图：理解供应链管理［M］．朱岩，肖勇波，译．北京：中国人民大学出版社，2003.